Keramische
Oberflächen

Keramische Oberflächen

Dekorieren und Gestalten

Aus dem Englischen
von Monika Krumbach

JO CONNELL

HANUSCH VERLAG

Titel der englischen Originalausgabe:
The Potter's Guide to Ceramic Surfaces.
How to decorate your ceramic pieces by
adding colour, texture, and pattern
Copyright © 2002 Quarto Publishing plc

Project Editor Tracie Lee Davis
Art Editor Sally Bond
Assistant Art Director Penny Cobb
Photographer Ian Howes
Text Editor Mary Senechal
Proofreader Anne Plume
Indexer Dorothy Frame
Art Director Moira Clinch
Publisher Piers Spence

Printed in China

Satz   Martin Kring, Lahnstein
Lektorat
und fachliche
Bearbeitung   Wolf E. Matthes

Jo Connell
Keramische Oberflächen
Dekorieren und Gestalten
Aus dem Englischen von Monika Krumbach
5. Auflage 2020
ISBN 978-3-936489-08-8

Alle deutschsprachigen Rechte vorbehalten
Copyright © 2003
Hanusch Verlag – Inh. Martin Kring
Emser Straße 3, 56112 Lahnstein
E-Mail info@Hanusch-Verlag.de
www.Hanusch-Verlag.de

Jo Connell unterrichtet seit über 25 Jahren an
Schulen und Hochschulen auf dem Gebiet der
Keramik. Sie hält Kurse und Workshops in
Großbritannien, den USA und Frankreich ab.
Ihre Begeisterung für Reisen, die Natur und
das Meer sowie ihr nie versiegendes Interesse
an der Geschichte der Töpferei ist auch in
ihren eigenen dekorativen Arbeiten zu spüren.
Ihr Markenzeichen sind die fein aufeinander
abgestimmten Farb- und Strukturgebungen. Als
Mitglied der Craft Potters Association stellt
sie ihre Werke international aus. Gleichzeitig
experimentiert sie in anderen handwerklichen
Bereichen, sei es Glas, Metall, Fotografie oder
Drucktechnik. Als engagierte Saxophonistin ist
sie auch musikalisch aktiv. Neben ihrer schöpfe-
rischen Arbeit bietet die Autorin Keramikkurse
in ihrem Studio an, das in einem umgebauten
Stallgebäude an ihrem Wohnort in Warwickshire
untergebracht ist.

Abbildungen 1. Umschlagseite vorne,
im Uhrzeigersinn von oben links: Maria Stewart,
Jo Connell, Juliette Goddard, Peter Beard, Gerry
Unsworth, Heather Morris, Jo Connell, Penkridge
Ceramics. Hintergrund: Ausschnitt aus einer
Keramik von Jo Connell.

Inhalt

Links: *Schale mit appliziertem Eichenlaub-Muster von* JO CONNELL *(Technik siehe Seite 23). Die Teile wurden in eine Form gepresst.*

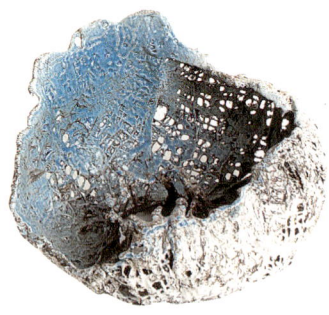

Oben: *Objekt aus Paperclay von* RUTH LYNNE. *Die Masse ist dick auf groben Rupfenstoff aufgestrichen, geschrüht und im Rakubrand gebrannt.*

Einleitung

SEIT VIELEN JAHREN leite ich Keramikkurse. Dabei treffe ich auf die unterschiedlichsten Menschen. Manche können sich nur ein paar Stunden pro Woche mit dem Thema befassen. In dieser Situation stoße ich oft auf ein Problem, das ich das Leere-Leinwand-Syndrom nenne. Die Lernenden konzentrieren sich nur auf das Formen des Tons als ersten und offensichtlichsten Schritt. Nach ein paar Wochen kommen die aus Wülsten oder Platten aufgebauten, gepinchten oder gedrehten Objekte dann aus dem Schrühbrand. Unvermeidlich fordern sie weitere Gestaltung. Aus Angst vor dieser nächsten Stufe bleiben viele roh gebrannte Teile am Ende der Kurse in den Regalen der Töpferstudios stehen und werden nicht abgeholt. Statt womöglich ein gelungenes Gefäß durch eine schlechte Glasur oder ein misslungenes Dekor zu verschandeln, bleibt man unentschlossen und vergisst es lieber ganz. Schließlich staubt es ein und landet in der Mülltonne.

Da ich selber unter den unfertigen Stücken leide, habe ich mich im Lauf der Zeit immer mehr mit Oberflächengestaltung beschäftigt. Sie ist sicher eine ganz persönliche Sache und wir müssen neben den handwerklichen Fähigkeiten, der Kenntnis von keramischen Materialien und Prozessen unseren eigenen Ausdruck finden. Die Aussage entwickelt sich aus der persönlichen Erfahrung, die wir einfließen lassen: was wir sehen, was uns genauer interessiert, was wir lernen und gern haben, wie unsere Ideen von anderen aufgenommen werden etc.

Dekor und Oberflächengestaltung sollten nicht einfach ein Nachtrag sein. Glück ist manchmal ein Teil des Lernprozesses und alle Töpfer hoffen auf günstige Zufälle bei den Herstellungsprozessen. Gekonnt ausgeführte Arbeiten bilden im Zusammenspiel von Form und Oberfläche eine Einheit. Das tiefere Verständnis der Vorgänge und keramischen Materialien ergibt zusammen mit dem optischen Feingefühl schließlich ein harmonisches Ganzes.

Dieses Buch stellt Techniken zur Oberflächengestaltung vor - dekorativ und funktional, zart, kühn oder bizarr, erprobt und experimentell, traditionell und neu. Dutzende von Ausdrucksformen haben ihren Platz in der Welt der Keramik. Dazu kommen viele weitere, die in diesem Buch keinen Platz mehr fanden. Ich widme mein Buch allen Töpfern, die am

Unten: *Der fröhlich bunte Hahn von* JENNIE HALE *ist mit Unterglasurfarben unter der Glasur gestaltet. Beim Rakubrand traten die markanten Craquelérisse deutlich hervor.*

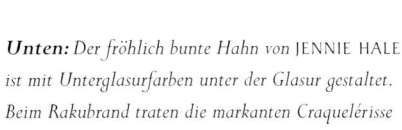

6

anfangs erwähnten Leere-Leinwand-Syndrom leiden. Ich möchte informieren und Ideen vermitteln, die zu wunderbaren Ergebnissen führen.

Keramische Oberflächen können von strahlendem Weiß bis zu rauem, mattem Schwarz das gesamte Farbspektrum des Regenbogens und unendlich viele Texturen zeigen. Der formbare Ton regt beim Herstellen sofort zum Strukturieren, Eindrücken und sorgfältigen Glätten an. Für die Farbgebung gibt es zahllose Möglichkeiten. Die Oberflächen lassen sich auf dem Weg vom rohen Ton bis ins Ausstellungsregal in vielen Zwischenstufen verfeinern. Aktuelle Entwicklungen, die Begeisterung für die Studiotöpferei und eine wahre Informationsflut bewirkten, dass die Auswahl an Material und Gerätschaften für die Oberflächengestaltung nie so groß war wie heute. Wir können wählen zwischen zarten Erdfarben und lebhaften, ja knalligen Tönen,

Oben: Dieser neolithische Krug stammt aus der chinesischen Yangshao-Kultur um etwa 2500 v. Chr. Er ist ein frühes Beispiel für Keramikmalerei mit Eisenoxid auf rötlichem Scherben.

zwischen Druck- und Maltechniken, zwischen rau und glatt. Gleichzeitig sollten wir immer aus der Vergangenheit lernen. Wie Archäologen bestätigen, kannten unsere Vorfahren die Keramik seit Jahrtausenden. Die Entdeckung des Tons war von immenser historischer Bedeutung. Viele archäologische Funde sind heute erhalten. Herrliche Sammlungen mit Töpferwaren warten in Museen und Sammlungen auf der ganzen Welt darauf, bewundert und studiert zu werden. Sie bieten uns reiche Information und Inspiration für eigene Arbeiten.

ANTIKE KERAMIK

Nach vielen Jahren eigener Praxis im Keramikbereich weiß ich die antiken Teile umso mehr zu schätzen. Sie berichten so eindrucksvoll von der Vergangenheit, sie sind einfach erstaunlich. Die meisten Funde sind farblich eher unscheinbar, ja oft nicht einmal glasiert. Dennoch haben sie eine geheimnisvolle, immer wieder faszinierende Ausstrahlung.

Oben: Die Wände dieses chinesischen Dreifußes aus der Zeit von etwa 2500 v. Chr. sind durch dezente Schnurabdrücke in den feuchten Ton reliefiert. Die markante Form braucht keine weiteren Verzierungen.

HAUSHALTSKERAMIK

Gleichzeitig benutze ich gern frühe Haushaltskeramik und Kochgeschirr – besonders Stücke mit hohem Gebrauchswert, die die ursprüngliche Verbindung zwischen Töpferei und Nahrung symbolisieren. Im Zeitalter der Mikrowelle lohnt es sich, die Stellung solcher Waren im Haushalt neu zu bestimmen.

Links: Schlickerware aus Newcastle on Tyne aus dem 19. Jahrhundert. Die in zwei Hälften unterteilte Gemüseschale ist sparsam mit Engobe bemalt. Ähnliches Geschirr wurde von kleinen ländlichen Töpfereien in ganz England hergestellt. Die Muster sind schlicht, flüssig und direkt aufgetragen und betonen gut die Form der Schale.

Was ist ein Dekor?

Ornament, Verzierung, Schmuck, Muster… Zu allen Zeiten haben die Menschen sich selbst, ihren Besitz und ihre Umgebung zu verschönern versucht. Manchmal werden die Begriffe fast abwertend gebraucht, als etwas Überflüssiges oder sogar triviale Spielerei. Das wird aber ihrer Bedeutung und ihrem Wert nicht gerecht.

ERZÄHLENDE BILDER

Verzierungen auf Töpferwaren vergangener Zeiten sollten das Alltagsleben widerspiegeln und verewigen. Vor der Erfindung von Druck und Fotografie dokumentierten Keramikbilder Ereignisse und gaben Wissen weiter. Plastiken wie auch funktionale Objekte hatten diesen Zweck. Die griechischen Vasen beispielsweise sind für Historiker eine unerschöpfliche Informationsquelle.

Oben: Szenen aus Mythologie und Geschichte waren ein beliebtes Motiv auf griechischer Keramik. Die Vase zeigt Herakles im Kampf mit Acheloos (500-475 v. Chr.).

Oben: Die Scherbe aus dem von Römern besetzten Ort Manduessedum im englischen Warwickshire stammt von einer Schale. Die Signatur „Sarri. F" steht für „Sarrius fecit" („Sarrius hat das gemacht").

8

INDIVIDUELLE GESTALTUNG

Dekorieren bedeutet gleichzeitig individualisieren, identifizieren, Ideen ausdrücken. Es beginnt bei einer einfachen Unterschrift, einem Stempel oder Siegel, wie sie schon von römischen Töpfern verwendet wurden. Die Scherbe links aus einer Fundstätte aus dem Römischen Reich zeigt eine schlichte Verzierung am Rand einer Rührschüssel (Mortarium).

Oben: Das reich mit markanten Ritzmustern und Tonauflagen verzierte Gefäß spiegelt deutlich die afrikanische Tradition.

DEKOR UND MODE

Die Verzierung kann auf Inhalt oder Verwendungszweck eines Gefäßes Bezug nehmen, genauso aber auch seine Umgebung oder die Person, von der

Links: Zeitgenössische Keramiker signieren noch immer ihre Werke mit einem Töpferstempel. Das Gefäß von PETER BEARD trägt als Blickpunkt des gesamten Dekors ein markantes Signet.

Rechts: Essteller im Riviera-Stil von Midwinter, von HUGH CASSON um 1954 entworfen. Mit der wachsenden Reiselust in jener Zeit wurden derartige Motive sehr beliebt.

oder für die es hergestellt wurde, zum Thema haben. Sie kann auf traditionelle Motive aus Religion und Mythologie zurückgreifen oder neue Ideen entwickeln. Die markanten Ritzmuster traditioneller afrikanischer Töpfereien erinnern an Körperbemalungen (siehe Seite 8). In den 1950er Jahren brachte der allgemeine Reiseboom einen sogenannten Riviera-Stil auf, der französische Cafés und Fischereiszenen darstellte (siehe Seite 8). Kulturen, Moden und Stilrichtungen haben enormen Einfluss auf Kunst, Kunsthandwerk und Design. Da ist die Geschichte der Keramik keine Ausnahme. Schließlich sind Töpferwaren oft erschwingliche Haushaltsobjekte mit handlicher Größe und hohem Gebrauchswert und damit für weite Bevölkerungsschichten zugänglich.

Oben: *Krug aus den 1930er Jahren aus der POOLE POTTERY mit Unterglasurfarben. Stilisierte Blumenmotive waren zu jener Zeit ganz aktuell.*

Inspiration und Persönlichkeit

Die Vorstellung, so einfach aus dem Blauen heraus zu gestalten, gefällt mir nicht ganz. Die meisten Künstler müssen hart arbeiten. Als kreative Menschen saugen wir wie ein Schwamm unsere Umgebung auf und werden zu ihrem Spiegel. Der gefügige Ton erlaubt uns, Ideen und Vorstellungen, die uns bewegen, auszudrücken.

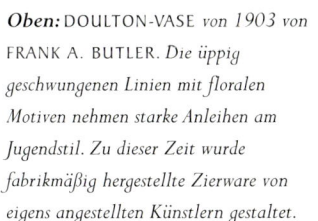

Oben: DOULTON-VASE *von 1903 von* FRANK A. BUTLER. *Die üppig geschwungenen Linien mit floralen Motiven nehmen starke Anleihen am Jugendstil. Zu dieser Zeit wurde fabrikmäßig hergestellte Zierware von eigens angestellten Künstlern gestaltet.*

Rechts: *Kartoffeltopf mit Sgraffito-Dekor.* MOLLY ATTRILL *arbeitet auf dem Land und findet Anregungen im bäuerlichen Alltag. Sie zeichnet gern und benutzt die Tonwände quasi als Leinwand.*

9

Rechts: *Schon immer wurden zu bestimmten Ereignissen, zur Verewigung von Weisheiten oder Porträts Erinnerungsteile herge-stellt, ebenso humoristische Dar-stellungen.* FLEUR HARVEY *bannt hier eine Collage aus privaten Erinnerungen in bildlicher und erzählender Form auf die keramische Oberfläche.*

Oben: JOY BOSWORTH *lässt sich von den industriell geprägten West Midlands inspirieren. Das Objekt erinnert an genietetes Metall und Maschinenteile. Entstanden ist es im Rakubrand mit Nachräuchern. Das absichtlich nicht glatt aufgetragene Blattmetall imitiert Oberflächen aus der Umgebung.*

Oben und rechts: Die Farbpalette der Natur regt zur Nachahmung an. JO CONNELL *übernimmt die ausgeglichene Farbverteilung mit zarten Nuancen in einem Keramikgefäß.*

Rechts und unten rechts: Verwitterter Lack auf einer Schuppen-Tür zeigt eine markante Patina. DAWN KYRA HARBORD *erreicht einen ähnlichen Effekt bei ihren Keramikarbeiten mit stark strukturierten Glasuren.*

VIELSEITIGKEIT

Dem Töpfer kann niemals das Material ausgehen. Nie braucht er die leere Fläche zu fürchten. Der Ton selber ist Thema genug. Beginnt man ihn zu erforschen, zeigt er verschiedenste Verhaltensweisen. Bemalen, Bedrucken, Ritzen, Reliefs, Experimente mit Texturen, Farben, Glasur oder Brenntechniken – immer passiert etwas Neues. Wie verhält er sich? Wie weit kann man gehen? Beim Umgang mit Optik und Techniken bildet sich ein persönliches Vokabular aus dem unendlichen Wörterbuch der Ausdrucksformen.

IMITATION VON OBERFLÄCHEN

Durch seine Vielseitigkeit eignet sich Ton ausgezeichnet zur Imitation materialfremder Oberflächen. Überzeugend übernimmt er deren Erscheinungsformen. Das macht ihn so attraktiv. Die Beispiele zeigen interessante Varianten. Gefäße werden in die Hand genommen und haben angenehme, menschliche Dimensionen. Optisch gelungene Stücke

Links und unten: Es ist wunderbar, wie die Natur Muster und Oberflächen schafft, die bereits an Keramik erinnern. Die gebrochenen Oberflächen des Wassers in einem Steinbett tauchen ähnlich auf einer Tasse von LISA HAMMOND *mit Sodaglasur auf. Das Wasser bewegt sich weiter, doch der einst flüssige Status der Glasur ist für immer auf die Tonoberfläche gebannt.*

Oben: Angeregt durch Natur und Landschaften fand ROSEMARY COCHRANE *bei ihrer Arbeit mit Salzglasuren heraus, dass mit dem Schwamm über Schlickerschichten aufgetragenes Rutil und Kobalt beim Brand verfließen. Das Resultat erinnert an Farben und Muster von Moos und Flechten.*

Links: Rotes Totem von PETER HAYES. Dünne Tonschichten werden auf trockenes Porzellan gerollt, so dass die Oberflächen Risse bilden. Nach dem Polieren wird bei 1050 °C gebrannt. Die Oberflächen erinnern an altes Leder.

begeistern zusätzlich durch Berührung, durch die erfühlbaren Oberflächenqualitäten.

FORM UND DEKOR

Form und Oberfläche können nicht getrennt betrachtet werden. Beides zusammen erscheint als eine Einheit. Dekors können die Form betonen oder zerstören. Sensibel gewählte Wandstrukturen oder gelungene Muster bringen den Charakter eines Gefäßes erst richtig zum Ausdruck. Heute arbeiten Keramiker individuell, erproben Spezialeffekte, nehmen Anleihen an Techniken und Ideen aus anderen Handwerksbereichen und Stilepochen. Sie sind unendlich kreativ beim Entwickeln faszinierender neuer Ideen. Dieses Buch möchte dazu ermuntern, dabei mitzumachen.

Rechts: JANET HALLIGAN imitiert ebenfalls Leder. Sie erreicht tolle Effekte mit Steinzeugglasuren auf ihren von Hand aufgebauten Trompe-l'oeil-Objekten.

Oben: Lüsterschale von JONATHAN CHISWELL JONES. Die runde Fläche ist in strenge geometrische Muster unterteilt, die sich perfekt in den vorhandenen Raum einpassen.

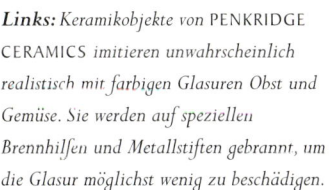

Rechts: Ein schlichtes Dekorband läuft um den Kochtopf aus dem frühen 20. Jahrhundert. Es betont die bauchige, klassische Form.

Links: Keramikobjekte von PENKRIDGE CERAMICS imitieren unwahrscheinlich realistisch mit farbigen Glasuren Obst und Gemüse. Sie werden auf speziellen Brennhilfen und Metallstiften gebrannt, um die Glasur möglichst wenig zu beschädigen.

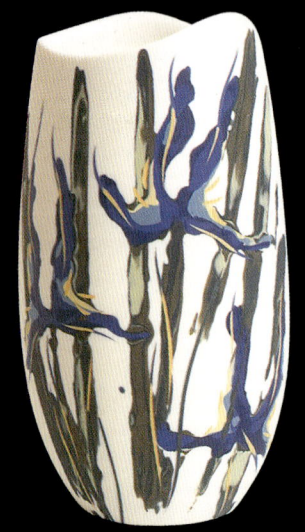

Kapitel 1 Dekortechniken am ungebrannten Scherben

Eine harmonische Verbindung von Form und Dekor ist normalerweise das Ziel beim Töpfern. Die Gestaltung direkt am rohen Ton ergibt dabei meist die besten Resultate. In diesem Kapitel werden zahlreiche Verfahren vorgestellt, vom Relief bis zum Bedrucken, die in späteren Stadien keine weiteren Verfeinerungen benötigen.

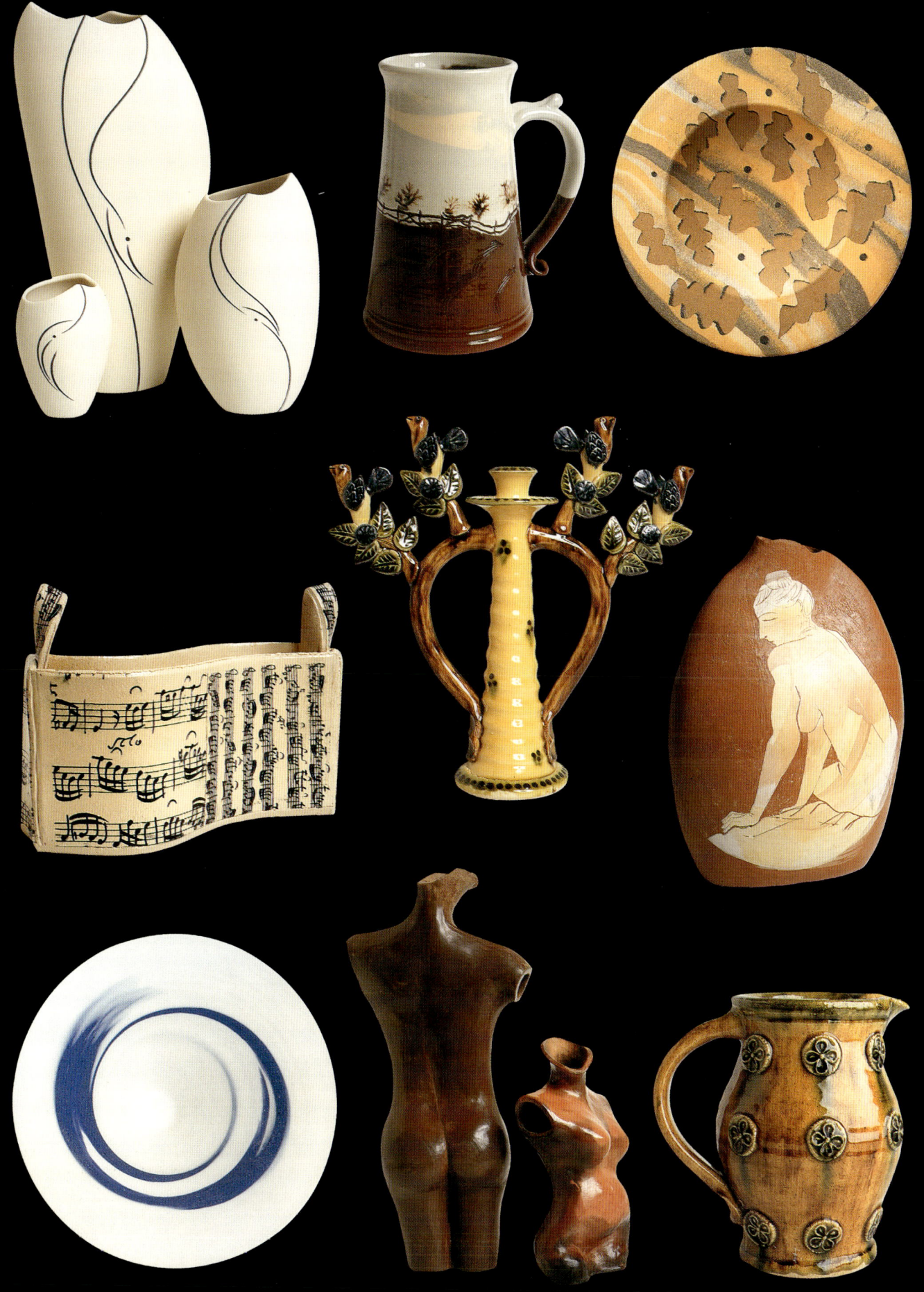

ZUSCHLAGSTOFFE

BRENNBARE UND NICHT BRENNBARE SUBSTANZEN können vor oder beim Formen mit dem rohen Ton vermengt werden. Die Resultate hängen davon ab, wie sich der Zusatz beim Brand verhält. Organische Stoffe brennen weg, nicht brennbare verbinden sich tendenziell mit dem Ton.

BRENNBARE ZUSÄTZE

Sie sind keine neue Erfindung. Bereits die Bibel berichtet von mit Stroh vermischtem Ton zur Ziegelherstellung. Es mag seltsam erscheinen, Zusätze zu verwenden, die beim Brand quasi verschwinden. Dennoch haben sie ihren guten Sinn. Beimischungen von Stroh, Papier oder sonstigen Fasern öffnen die Struktur und lassen sie dadurch gleichmäßiger trocknen. Die Wände werden stabiler und weniger anfällig für Risse und Verziehen. Lehmziegel aus einer Ton-Stroh-Mischung sind selbst in ungebranntem Zustand erstaunlich haltbar.

Oben: Brennbare Zusätze, die in den rohen Ton gemischt werden können (im Uhrzeigersinn von oben links): Papierbrei (fertig gekauft oder selbstgemacht), Sägemehl, Linsen, Weizengrieß, Reis, Papierfetzen

OBERFLÄCHEN

Uns interessieren in erster Linie die Veränderungen der Oberflächen durch derartige Zusätze. Beim Verbrennen verschwindet die Beimengung meist komplett oder hinterlässt nur einen Hauch von weißlicher Asche. Zurück bleibt eine texturierte, vielleicht etwas löcherige Wandung, die sich mit Farbe weiter gestalten lässt. Die Farbe dringt in die Vertiefungen ein und betont sie dadurch dezent. Harte Zuschlagstoffe werden in den rohen Ton gerollt oder gepresst und verbrennen ebenfalls.

GESUNDHEIT UND SICHERHEIT

Beim Verbrennen von Zusatzstoffen entstehen reichlich Abgase. Nach Möglichkeit sollte im Freien gebrannt werden. Gute Belüftung ist auf jeden Fall unerlässlich.

Oben: Das Objekt von RUTH LYNE entstand aus Paperclay mit einer Kupferengobe. Vor dem Auftrag von Porzellanschlicker wurden Tapiokakörner in die Oberfläche gepresst. Nach dem Rohbrand wurde sie mit Bariumglasur überzogen und abgewaschen. So verblieb die Glasur nur in den runden Vertiefungen. Glattbrand bei 1220 °C

Mitte: In den beiden Paperclay-Objekten von FRANK SMITH verbinden sich Form und Oberfläche zu einer gelungenen Einheit. Überzug mit Irdenware-Glasuren und Kupferoxid

Unten: Feine Strukturen mit Porzellanschlicker und hölzernen Cocktailspießen von ANNE BRODIE

BRENNBARE ZUSÄTZE

- Papierbrei / Baumwollfasern, meist 10-30 % Papier zur Tonmasse
- Samenkörner, Linsen, Bohnenkerne, Reis etc.
- Styroporkügelchen
- Stoff, Schnur
- Sägemehl
- Pflanzenfasern

NICHT BRENNBARE ZUSÄTZE

- Metall: Nägel, Ösen, Heftklammern, Maschendraht, Feilspäne
- Glas: aus der Fabrik oder zerschlagene Flaschen
- Ton: gebrannt und zu Schamotte in unterschiedlichen Körnungen vermahlen
- Steinbröckchen

NICHT VERBRENNENDE ZUSÄTZE

Zuschlagstoffe, die sich beim Brand nicht oder nur teilweise zersetzen, eröffnen weitere interessante Perspektiven. Sie werden der Masse beigemengt oder nur äußerlich eingedrückt. Einige Substanzen werden teilweise zerstört und hinterlassen Spuren - beispielsweise Metalle. Andere Einschlüsse wie Glas dagegen, die schmelzen und sich verformen, verbinden sich innig mit der Keramik. Die schrühgebrannten Oberflächen werden nach Belieben glasiert oder ohne weitere Behandlung gelassen. Auch eingefärbter Ton eignet sich.

MATERIALIEN

Zusatzstoffe

Messer und andere Werkzeuge

Tonroller oder Nudelholz

Stoff

Oben: Auswahl von nicht verbrennenden Zusätzen für rohen Ton (im Uhrzeigersinn von links oben): Feine weiße Schamotte (Molochit), Metallstifte, Eisenspäne, blaue Glassplitter, fein gemahlenes rotes Glas, zerschnittene Glasfasern, grobe Schamotte, Messingspäne (Mitte)

WEITERVERARBEITUNG

Alle diese Zusätze verändern die Masse. Meist wird sie dadurch schwieriger zu handhaben. Wird Glas oder Metall eingearbeitet, kann der Ton nicht mehr gefahrlos geknetet werden und sollte auf andere Art geformt werden, etwa mit Pressformen. Manche Keramikkünstler schleifen und polieren ihre Arbeiten aufwändig für eine Art Terrazzo-Effekt, wie David Binns auf Seite 17 demonstriert.

METALL, GLAS UND SCHAMOTTE

Stahlnägel, Ösen, Heftklammern oder Sicherheitsnadeln können sehr markante Wirkung erzielen. Sie verändern sich beim Brand erst ab 1060 °C. Kupfer und Messing schmelzen bereits bei niedrigen Temperaturen. In Löcher oder Vertiefungen gedrückte Glasscherben bilden beim Brand satt glänzende „Pfützen". Die optimale Brenntemperatur hängt von der Glassorte ab. Verwenden Sie zerklopftes Flaschenglas oder besorgen Sie feineren Bruch in unterschiedlichen Körnungen in Glasfabriken. Dieses Glas darf nicht zu heiß gebrannt werden – bei etwa 1000 °C, damit die Farben nicht verblassen. Oft wird der Masse Schamotte (gebrannter, gemahlener Ton) beigemengt. Dadurch verändern sich die Verarbeitungseigenschaften, die Oberflächen gewinnen eine gröbere oder feinere Textur. Manchmal wird weiße Schamotte (Molochit) verwendet.

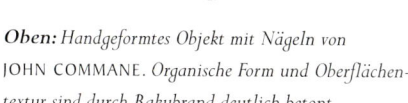

Oben: Handgeformtes Objekt mit Nägeln von JOHN COMMANE. *Organische Form und Oberflächentextur sind durch Rakubrand deutlich betont.*

ARBEITEN MIT NICHT VERBRENNENDEN ZUSÄTZEN

1 Schneiden Sie eine Tonplatte, lassen Sie sie etwas anziehen, drücken Sie sie an den Kanten zusammen. Form aufrichten und fertigstellen.

2 Kanten sorgfältig zusammenpressen, eventuell mit etwas Schlicker verkleben, mit dicken Nägeln vernieten. Diese halten die Teile zusammen und wirken gleichzeitig dekorativ.

↑ Das Objekt ist im Rakubrand mit einer metallisch schimmernden Kupferglasur überzogen (*siehe auch Seite 124*).

15

Brennbare Zusätze

PAPERCLAY IST SEHR VIELSEITIG einsetzbar und wird beim Töpfern immer beliebter. Ein Zusatz von Papierbrei verändert die Verarbeitungseigenschaften der Masse erheblich. Die Zellulosefasern des Papiers erhöhen die Biegsamkeit und machen den Ton beim Trocknen fester. Paperclay lässt sich in hauchdünnen Schichten verarbeiten und erlaubt erstaunliche Freiheit beim plastischen Arbeiten. Seine Anpassungsfähigkeit macht viele beim gewöhnlichen Ton auftretende Probleme gegenstandslos.

SIE BRAUCHEN

Zeitungspapier / Papierbrei

eventuell Schnellkochtopf

Glasurenmixstab

Eimer

Tonschlicker

2 etwa 60 cm lange Holzleisten

Gipsplatte zum Trocknen des Tons

Messer

Lineal oder gerade Leiste

1. Reißen Sie Zeitungspapier in Faserrichtung in Streifen. Streifen mit Wasser mischen und im Schnellkochtopf kochen, um sie zu erweichen. Kochen beschleunigt den Prozess, ist aber nicht unbedingt nötig. Weiche Papiermasse mit reichlich Wasser in einem Eimer einweichen, mit dem Glasurenmixer zu feinem Brei schlagen.

2. Mischen Sie Tonschlicker zum Papierbrei – etwa 10-30 % Papierbrei oder nach Belieben. Nochmals gut umrühren. Für den Schlicker eignen sich alle Tonsorten. Die Mischung sollte ein paar Tage ruhen, um sich zu setzen. Dann wird das überschüssige Wasser abgegossen.

3. Rühren Sie den Brei nochmals und gießen Sie ihn auf eine trockene Gipsplatte. Kanten mit zwei Holzleisten begrenzen. Der Gips nimmt einen Teil des Wassers auf, die Schicht wird dünner und fester. Etwa eine Stunde trocknen lassen.

4. Holzleisten mit einem Messer lösen, Tonschicht vom Gips ziehen. Der Paperclay ist jetzt gebrauchsfertig und hat die typische mehlige Oberfläche.

VARIANTEN

Links: *Keramikpaneel von* RUTH LYNE. *Ansprechende Textur durch Zusatz von Mohnsamen zum Schlickerüberzug.*
Mitte: *Rillen und Scharten entstanden durch Auflage von in Schlicker getauchten Schnüren. Beide Paneele von* RUTH LYNE *sind mit Oxid und Glasurpulver überzogen. Brand bei 1220 °C*
Rechts: *Detail eines aus Wülsten aufgebauten Gefäßes von* SARAH LEYMAN. *In die noch feuchten Wände wurden Styroporkügelchen eingedrückt, die beim Brand kleine Löcher hinterließen.*

Nicht brennbare Zusätze

HIER WIRD EINE SEHR PERSÖNLICHE METHODE der Kombination von Metall und Ton vorgestellt. Aus Hühnerdraht wird ein schalenförmiges Gerüst geformt und mit Ton überzogen. Beim Brand verbindet sich das Metallgitter innig mit Ton und Glasur. Mit dieser Methode lassen sich die ausgefallensten Formen verwirklichen - besonders auch komplexe plastische Arbeiten.

SIE BRAUCHEN

Hühnerdraht,
  etwa 60 x 60 cm

Drahtschere

Käseleinen,
  etwa 60 x 60 cm

Schnur

Paperclay-Brei

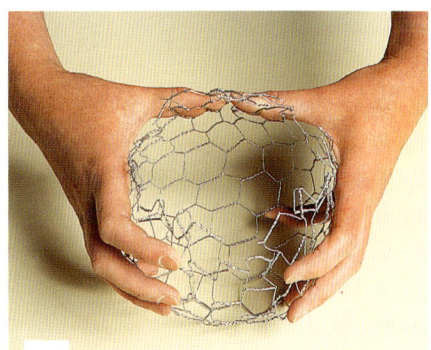

1 Schneiden Sie ein Stück Hühnerdraht mit der Drahtschere zurecht und biegen Sie es in die gewünschte Form.

KOMBINATION VON TON UND METALL

2 Sind Sie mit der Form des Metallgerüsts zufrieden, umwickeln Sie es mit Käseleinen und befestigen die Kanten mit Schnur.

3 Pinseln Sie eine dicke Schicht Paperclay über das Ganze. Der Brei haftet gut am Stoff. Vor dem Schrühbrand durchtrocknen lassen.

← Beim Brand verbindet sich das Metallgitter dauerhaft mit dem Ton. Stoff und Fäden verbrennen. Die geschrühte Form kann glasiert oder sonstwie farblich gestaltet werden, sollte aber möglichst nur bei niedrigen Temperaturen gebrannt werden. Beispiel von RUTH LYNE mit einer Kupferglasur. Rakubrand bei etwa 1000 °C

VARIANTEN

Unten: Messingspäne werden in den Ton gedrückt und bei 1000 °C gebrannt. Das Ergebnis ist ein derber metallischer Überzug, der auf dem Anteil von Kupferoxid basiert.

Mitte: Zerhämmertes oder gemahlenes Glas in unterschiedlichen Körnungen wird in die noch feuchte Tonoberfläche gerollt. Brand bei 1000 °C.

Rechts: Geschwungene Platte aus Porzellanmasse mit Gesteinsand-Einschlüssen von DAVID BINNS. Es wurde bei 1180 °C gebrannt und anschließend mit einer Diamantschleifscheibe geglättet.

EINGEFÄRBTE MASSEN

NATÜRLICHER TON kommt in vielen Regionen in unterschiedlichsten Farbtönen vor. Die Farbe hängt hauptsächlich von Metalloxiden und organischen Stoffen ab, die er bei seiner Entstehung aufgenommen hat. Im Rohzustand lässt sich die Brennfarbe erahnen, manchmal verschätzt man sich aber völlig. Ockerfarbene Rohmassen ergeben im Brand oft ein Terrakottarot, dunkelgraue Sorten können zu Elfenbein brennen. Fertig gekaufter Ton ist genau klassifiziert. Schwarze Rohmassen brennen vielleicht zu dunklem Schokoladenbraun. Setzen Sie diese gegen das marmorartige Weiß einer Porzellanmasse und Sie haben die ganze Bandbreite. Mischen und Marmorieren mehrerer Sorten schafft weitere Vielfalt. Bedenken Sie aber bitte die möglicherweise unterschiedliche Schwindung, die beim Trocknen und Brennen Risse verursacht. Es gibt wissenschaftliche Methoden, um die Verträglichkeit mehrerer Massen zu bestimmen. Experimente sind ein direkterer Weg. Kombinieren Sie möglichst Tonsorten mit ähnlicher Brenntemperatur und Struktur. Gewagte Kombinationen können aber ebenfalls interessante, unerwartete Ergebnisse bringen. Am einfachsten beginnen Sie mit Fertigmassen in kontrastierenden Farbtönen, aber mit vergleichbaren Brenneigenschaften. Bunte Fertigmassen sind allerdings recht teuer - und das Selbermischen ist einfach.

Oben: Aus Platten aufgebaute Porzellanvasen mit Einlagen aus eingefärbten Massen und Engobe von SUSAN NEMETH
Mitte: In Pressform hergestellte Porzellanschale, mit farbiger Engobe ausgelegt, von SUSAN NEMETH
Unten: Teller von SABINA TEUTEBERG *aus Irdenware. Auflagen aus farbigen Tonmassen, auf die Oberfläche gerollt und übergedreht*

GESUNDHEIT UND SICHERHEIT

• Gehen Sie bitte sorgsam mit eingefärbten Massen um. Waschen Sie regelmäßig die Hände und tragen Sie beim Abwiegen und Mischen der Farbkörper eine Maske.
• Bei empfindlicher Haut oder Verletzungen sollten Sie im Umgang mit Farben und Massen Latexhandschuhe tragen.

MASSEN EINFÄRBEN

Verwenden Sie weiß oder sehr hell brennenden Ton mit den gewünschten Eigenschaften – beispielsweise grobere Massen für Aufbautechniken, feine zum Drehen.

SIE BRAUCHEN

Waage
weißen Ton
Mörser oder Nudelholz
Farbkörper,
  Unterglasurfarben oder
  Oxide (siehe Rezepte)
Mischgefäß
feines Sieb
Stoff

1 Trocknen Sie den zu dünnen Platten ausgerollten Ton. Anschließend in einem Mörser zerstoßen oder zwischen zwei Lagen Plastikfolie zu Bröseln zerrollen. Etwa 800 g trockenen Ton abwiegen und in ein Gefäß füllen.

2 Gemäß Rezept passende Menge Farbkörper für 1 kg Masse abwiegen. In einem Gefäß mit etwas Wasser anrühren.

3 Sieben Sie die Flüssigkeit über den trockenen Ton, geben Sie Wasser zu, bis alles bedeckt ist. 30 Minuten stehen lassen, zu einem dicken Brei verrühren. Ist er zu dünn, etwas absetzen lassen und überschüssiges Wasser abgießen.

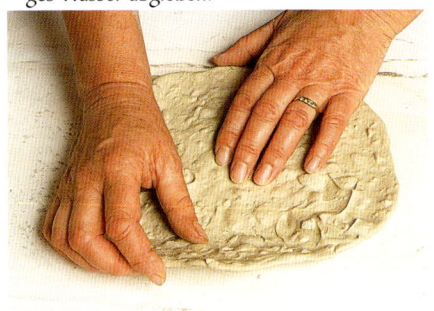

4 Gießen Sie den dicken Brei oder Schlicker auf eine Gipsplatte und lassen Sie ihn antrocknen, bis sich die Ränder hochwellen. Kneten und in einer beschrifteten Plastik-Tüte für die spätere Verwendung lagern. Das Rezept ergibt etwa 1 kg plastische Masse.

Unten: Farbmuster aus weißer Masse. Mit verschiedenen Oxiden und Farbkörpern eingefärbt und unglasiert bei Steinzeugtemperatur gebrannt

WEITERE METHODE ZUM EINFÄRBEN

Alternativ zu dem auf Seite 18 vorgestellten Verfahren hier eine zweite Methode: Färben Sie zunächst Porzellanmasse mit blauem Farbkörper. Etwa 10 g Pulver pro Kilo Masse ergibt einen kräftigen Farbton.

Alternativ zu dem auf Seite 18 vorgestellten Verfahren

SIE BRAUCHEN

1 kg Masse
10 g blauen Farbkörper
Gipsplatte
Pinsel

1 Rollen Sie mehrere kleine gleich dicke Tonscheiben aus. Farbe wie bei der vorigen Methode anrühren, mit Wasser zu einer weichen Paste verdünnen und auf die erste Tonscheibe streichen.

2 Abwechselnd Farbpaste und Tonscheiben aufeinander schichten, bis alles aufgebraucht ist. Drücken Sie die Lagen fest an und beginnen Sie die Masse zu kneten.

3 Kneten Sie, bis sich die Farbe einheitlich verteilt hat. Eventuell eine Gipsplatte unterlegen oder die Mischung vorher kurz anziehen lassen. Da das Ganze eine etwas matschige Angelegenheit ist, am besten Gummi- oder Latexhandschuhe tragen.

REZEPTE FÜR BUNTE MASSEN

Die unten aufgeführten Rezepte erlauben mit einer begrenzten Auswahl von Farben eine gute Farbpalette. Die Mengen beziehen sich auf je 1 kg weiße Masse. Farbkörper und Oxide lassen sich pur oder in den angeführten Mischungen verwenden. Je nach gewünschter Farbintensität werden meist 10-30 g Farbpulver verwendet. Durch Experimentieren ergibt sich ein reiches Farbspektrum.

Farbkörper: Kanariengelb, Orange, Pink, Blau, Schwarz
Oxide: Kobalt, Kupfer, rotes Eisen, Mangan

Farbton	Farbkörper/Oxid	Menge
Blau	Kobaltoxid Ein Hauch rotes Eisenoxid dämpft die Farbe, Kupfer ergibt einen Grünstich.	1-10 g maximal
Türkis	Blau Kanariengelb	10 g 20 g
kräftiges Grün	Blau Kanariengelb	20 g 30 g
helles Olivgrün	Dottergelb Kobaltoxid	10 g 2 g
dunkles Olivgrün	Dottergelb Kobaltoxid	10 g 4 g
Senfgelb	Orange rotes Eisenoxid	20 g 8 g
helles Lila	Pink Kobaltoxid	25 g 2 g
Dunkellila	Pink Kobaltoxid	25 g 4 g
Khakigrün	Kupferoxid ergibt ohne Glasur Khaki, mit Glasur Grün.	10-25 g
Schwarz (A)	schwarzer Farbkörper	45 g
Schwarz (B)	Kobaltoxid Kupfercarbonat Mangandioxid	15 g 15 g 15 g

Gedrehte Achatware

BEIM DREHEN auf der Töpferscheibe verschieben sich die Tonpartikel spiralförmig. Gekonnt wird diese Eigenschaft beim Arbeiten mit bunt eingefärbten Massen genutzt. Beginnen Sie mit einer blau eingefärbten Porzellanmasse, wie auf Seite 18-19 beschrieben. Natürlich können weitere Töne dazu kommen. Im Beispiel wird allerdings nur mit Blau und Weiß gedreht, um markante Kontraste zu erhalten.

SIE BRAUCHEN

weiße Porzellanmasse
blaue Porzellanmasse
Töpferscheibe
Metallschlinge
Ziehklinge

1 Bereiten Sie eine Tonkugel aus Schichten von blauer und weißer Porzellanmasse zum Drehen vor. Die blaue Schicht liegt in der Mitte. Bitte Lufteinschlüsse vermeiden. Beide Massen müssen die gleiche Konsistenz haben.

2 Zentrieren Sie den Ton auf der Scheibe.

Vor dem Öffnen nehmen Sie mit der Schlinge etwas **3** Ton aus der Mitte heraus. So wird die Innenwand später nicht mit einer weißen Schicht überzogen.

VARIANTEN

Links: *Porzellantasse mit Sodaglasur. Verschieden gefärbte Massen wurden von* JACK DOHERTY *auf der Scheibe zu einem überzeugenden Muster verbunden.*
Mitte links: *Konisches Porzellangefäß von* BRIDGET ALDRIDGE, *nach der oben vorgestellten Methode entstanden*
Mitte rechts: *Die unglasierte Porzellanvase von* REG MOON *zeigt eine feine Farbabstimmung, die sich durch Drehen mit farbigen Massen erreichen lässt. Die Töne erscheinen in vielen Abstufungen, je nachdem, wie sie ursprünglich angeordnet waren.*

Rechts außen: *Gedrehte Flasche aus Porzellan- und Terrakottamasse von* LES RUCINSKI. *Vor dem Brand bei 1250 °C wurde die Oberfläche sorgfältig abgedreht und poliert.*

4 Drehen Sie die Schale möglichst zügig in wenigen Aufwärtsbewegungen, um den blauen Streifen kräftig zu halten.

5 Die Wände sind in diesem Stadium noch recht dick, der Fuß ist kräftig. Später wird er zu einem hohen Ring abgedreht, der der Schale Leichtigkeit und Eleganz verleiht.

6 Das streifige Muster wirkt vielleicht noch etwas verschmiert. Lassen Sie es antrocknen, bis Sie die Form abdrehen können. Dadurch tritt es scharf und exakt hervor. Eine Metallschiene oder –schlinge kann beim Bearbeiten hilfreich sein.

Nach dem Schrühbrand (links) ist die Farbe noch blass, der Scherben ist ziemlich weich. Mit Schmirgelpapier können die Wände vor dem nächsten Brand bei höheren Temperaturen zusätzlich geglättet werden. Die Farben werden beim zweiten Brand viel kräftiger (rechts). Das Beispiel unten von BRIDGET ALDRIDGE ist unglasiert im Gasofen bei 1260 °C reduzierend gebrannt und zeigt einen intensiven Farbton auf durchscheinenden Wänden.

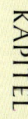

Achatware und Aufbautechnik

DURCH AUSROLLEN farbiger Tonstreifen ergibt sich eine Musterung, die an geologische Schichtungen erinnert. Eingefärbte Massen kann man auf viele Arten per Hand verarbeiten. Sie lassen sich ausrollen, als Platten und bei der Wulsttechnik einsetzen, rollen, schichten, zerstückeln und neu zusammensetzen. Die Fotos zeigen, wie man den Ton bearbeitet, um eine Art „Erdschichten" zu erhalten. Zusätzlich werden durch Schnitte oder Risse die Linien geologischer Verwerfungen nachgeahmt. Die dünne gemusterte Tonplatte wird zur Stabilisierung auf eine dickere aufgerollt.

SIE BRAUCHEN

Ton in mehreren Farben

Tonroller

Stoff als Unterlage beim Rollen

Messer

eventuell Gipsformen zum Einpressen dreidimensionaler Objekte

1 Rollen Sie mehrere unterschiedlich eingefärbte dünnere und dickere Tonstränge und verdrillen Sie diese. Je fester Sie drehen, desto feiner werden später die Streifenmuster.

2 Walzen Sie das Ganze mit dem Tonroller zu einer dünnen gestreiften Platte aus. Rollen Sie nur in eine Richtung, damit sich die Streifenbahnen nicht verzerren.

3 Zerschneiden Sie die Platte und arrangieren Sie die Hälften mit einer markanten Schnittlinie in der Mitte neu. Nochmals rollen, damit sich beide Hälften gut verbinden.

4 Legen Sie das Ganze auf eine zweite Tonplatte aus derselben Masse. Rollen Sie nochmals darüber, bis die beiden Lagen gut aufeinander halten und Ihnen das entstehende Muster gefällt. Nach und nach werden die Farbstreifen immer flächiger und teilweise fast durchscheinend, wo die darunter liegenden Farben zum Vorschein kommen.

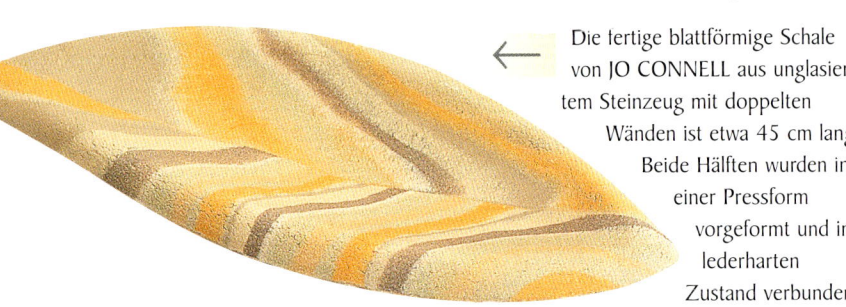

← Die fertige blattförmige Schale von JO CONNELL aus unglasiertem Steinzeug mit doppelten Wänden ist etwa 45 cm lang. Beide Hälften wurden in einer Pressform vorgeformt und im lederharten Zustand verbunden.

VARIANTEN

Rechts: *Die Fotos zeigen weitere Farbkombinationen und Muster, die ebenfalls nach der oben beschriebenen Methode entstanden. Das mittlere Beispiel aus Terrakotta und Porzellanmasse ist mit Kobalt und Eisen eingefärbt und salzglasiert. Die beiden anderen aus unglasiertem Steinzeug wurden bei 1250 °C im Elektroofen gebrannt.*

DEKORTECHNIKEN AM UNGEBRANNTEN SCHERBEN

KAPITEL 1

Bunte Applikationen

SIE BRAUCHEN

Ton in mehreren Farben

Tonroller

Künstlermesser (Skalpell)

Stoff als Unterlage beim Rollen

eventuell Gipsformen zum Einpressen dreidimensionaler Objekte

DIE AUF DER VORIGEN SEITE vorgestellten Prinzipien gelten hier ebenfalls. Der Ton wird dünn ausgerollt, auf eine dickere Platte gelegt und nochmals überrollt. In diesem Fall werden die Dekorelemente vorgeschnitten. Sie bleiben - eventuell mit etwas Wasser oder Schlicker befestigt - entweder reliefartig erhöht stehen oder werden platt in die Tonscheibe eingerollt.

Schale mit Eichenlaub-Dekor von JO CONNELL. In zwei Teilen in Form eingepresst und zu einer tiefen Tellerform verbunden. 25 cm Durchmesser

1 Kleben Sie zwei dünn ausgerollte Tonscheiben aufeinander. Sanft, aber fest aufeinander rollen. Mit dem schräg angesetzten Cutter oder Skalpell Blattformen ausschneiden, so dass sich an den Schnittkanten die untere Schicht zeigt.

2 Blatt auf eine vorbereitete Tonplatte applizieren. Der Untergrund muss eine ähnlich weiche Konsistenz wie die Applikation haben, damit die Verbindung gut hält.

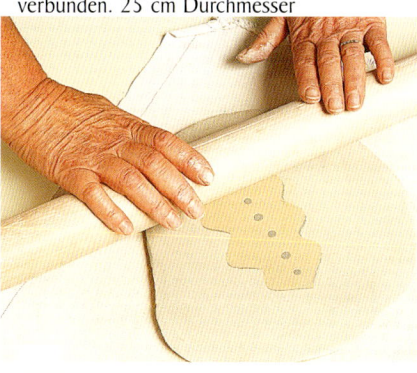

3 Blattornament aufrollen. Dabei verbreitern sich beide Tonschichten und die untere Blattschicht bildet Schattenlinien um das Ornament. Entlang der Mittellinie der Blätter aufgelegte Pünktchen bringen zusätzlichen Reiz.

VARIATION: GEMUSTERTE TONPLÄTTCHEN

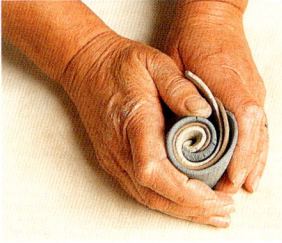

1 Schichten Sie dünne Tonscheiben in unterschiedlichen Farben aufeinander. Fest aufeinanderrollen, damit keine Luft eingeschlossen wird. Gleichmäßig dicke Scheiben von der Rolle abschneiden.

2 Verbinden Sie die Scheiben zu einer größeren Platte. Falls die Oberfläche dabei verschmiert, kann sie später im lederharten Zustand vorsichtig abgeschabt oder nach dem Schrühbrand abgeschmirgelt werden.

VARIANTEN

Links: Achat-Schale von MAL MAGSON. *Die bunten Farbschichten wurden ausgerollt, gefaltet, in Stücke zerschnitten, auf einer flachen Unterlage neu arrangiert und gründlich ausgerollt, damit sich die Elemente gut verbinden. Die Platte wurde in einer Gipsform hergestellt und nach dem Trocknen mit Stahlwolle abgerieben, um die Muster gut hervorzubringen. Brand bei 1260 °C*

Mitte und rechts: Details von zwei in Gipsformen entstandenen Schalen von JO CONNELL. *Kleine Zierelemente aus pastellfarbenem Ton wurden auf den farbigen Untergrund gelegt und fest aufgerollt. Die linke Grundfläche ist mit Kobaltoxid gefärbt, die rechte mit Kupferoxid.*

23

EINGEFÄRBTE MASSEN

KAPITEL 1

TEXTUREN

GIBT MAN EINEM KIND einen Tonklumpen in die Hand, ist die erste Reaktion fast immer gleich: Es steckt den Finger in die Masse und probiert verschiedene Abdrücke. Kaum ein anderes Material lässt sich so willig wie Ton verändern. Er ist weich und formbar, gibt dem sanftesten Druck nach und behält jede Veränderung exakt bei. Das Ergebnis lässt sich durch Trocknen und Brennen verewigen. Strukturierte Oberflächen sind angenehm fürs Auge. Das Spiel von Licht und Schatten belebt sie optisch. Gleichzeitig reizen sie immer wieder zum Anfassen. Der Brand macht sie hart und unempfindlich. Dies ist einer der spannendsten Aspekte bei der Keramik.

In diesem Kapitel finden Sie Vorschläge zur Oberflächengestaltung. Struktur oder Textur lässt sich durch verschiedenste Schritte in allen möglichen Bearbeitungsstadien schaffen. Doch der noch weiche, plastische Ton fordert am meisten zur Veränderung heraus. Tonplatten sind leicht zu bearbeiten und können vielfältig weiterverwendet werden: als dekorative Kacheln oder Zierplatten, als Wände zum Zusammensetzen größerer Objekte, zum Pressen von Schalen in Gipsformen oder für noch komplexere Arbeiten.

MATERIALIEN

geeignete Massen

Stoff

Tonroller

Cutter oder Tonmesser

Modellierhölzer

Gegenstände zur Struktur-
gebung (Naturobjekte,
sonstige Gegenstände)

Ton und Gips zur Her-
stellung von Stempeln
und Rollsiegeln

Unten: Durchlöcherte Terrakottaform von DAVID BINNS. *Brand im Elektroofen bei 1120 °C*

Unten: Auswahl von Werkzeugen zur Strukturgebung. Von links nach rechts: Töpfermesser, Sgraffitowerkzeug, Modellierschlingen, Rollenschneider, Lochschneider, Stahlwerkzeug zum Kerben, Modellierhölzer

Oben: Aus Platten aufgebaute Laternen mit per-forierten Wänden mit von Hand aufgebauten Deckeln von NIGEL EDMONDSON. *Ton mit hoch feuerfesten Farbkörpern eingefärbt. Brand bei 1245 °C*
Mitte: In mehreren Schritten gedrehte Porzellanschale von JOANNA HOWELLS. *Texturen durch Porzellanschlicker, Wellenlinien mit Gummiriere und Fingern gekämmt. Brand bei 1320 °C*
Unten: Schalen mit farbigen Engoben, Stempel-mustern und Sodaglasuren von MAY LING BEADSMOORE

Denken Sie bitte daran, dass der Ton sich zwar leicht strukturieren lässt, das eingedrückte Muster aber ebenso leicht verdorben wird. Es sollte immer exakt sichtbar bleiben. Das kann beim Zusammensetzen mehrerer strukturierter Teile problematisch sein. Sorgfalt und gute Planung helfen hier. Überlegen Sie genau, was Sie tun, damit das Ergebnis frisch und spontan wirkt und nicht etwa die Zeichen von Fehlstarts und Missgriffen und ungewollte Fingerabdrücke zeigt.

Die Möglichkeiten reichen von eher spontanen Strukturen durch Aufdrücken organischer Objekte, von Steinen oder Fossilien bis zum kontrollierten Einsatz markanter Schnittkanten bei der Perforationstechnik. Die Strukturen wirken massig oder leicht, gut durchdacht oder zufällig. Gewählte Glasur und Farbgebung sind ebenfalls wichtig, um sie optimal zu betonen und zu ergänzen. Ein Hauch von Farbe bringt feine Texturen oft schön zur Geltung, während eine dicke, deckende Glasur sie völlig überdeckt. Auch glänzende, durchscheinende Glasuren akzentuieren die Struktur vorteilhaft, da die Farbe in den Vertiefungen kräftiger hervortritt.

Oben: *Verschiedene Stempel zum Bedrucken des weichen Tons mit Reliefmustern. Von links nach rechts: Gummistempel, geschnitzter Holzstab, Stempel aus geschrühtem Ton, hölzerne Druckmodel, Muschelschale*

Unten: *Eingepresste Schale aus doppelschichtiger Tonplatte von* ANDREW MASON. *Die dünnere Oberschicht ist mit Blättern, Samenkapseln und sonstigen Pflanzenteilen strukturiert und mit einer dickeren Grundplatte verbunden.*

Unten: *„Keltisches Schaf". Von Hand aufgebaute weiße Steinzeugform von* JAN BEENY. *Die Tonplatten sind mit verschiedensten Naturobjekten und speziell angefertigten Stempeln strukturiert, verzogen, gedehnt und in diversen Mustern und Anordnungen zusammengebaut und unterschiedlich dick mit weißer Mattglasur überzogen. Brand bei 1120 °C*

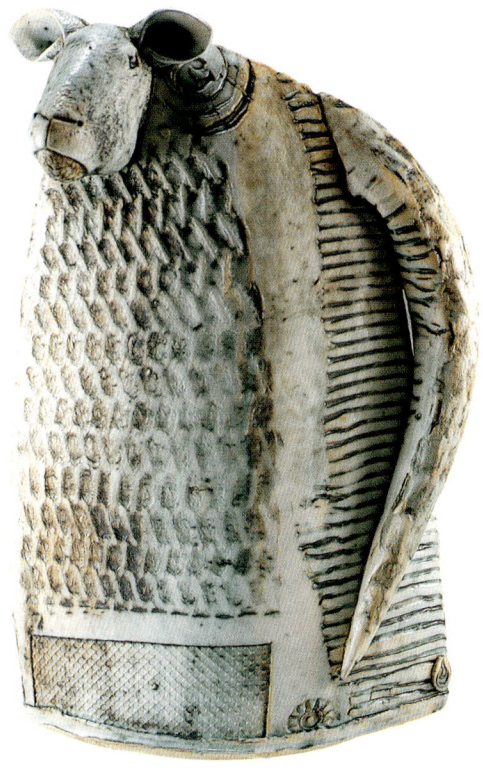

Links: *Steinzeuggefäß von* CARLOS VAN REISBURG VERSLUYS. *Die reich strukturierten Wände sind mit Glasurpulver gefärbt.*

Abdruck

Die weiche Tonoberfläche lässt sich einfach durch Eindrücken von allen möglichen strukturierten Teilen verändern. Das Verfahren ist der ideale Einstieg in Texturdekore. Je fester der Ton wird, desto flacher erscheint der Abdruck. Interessante Arbeiten entstehen aus vorher in weichem Zustand strukturierten, leicht steif getrockneten Tonplatten. Sie werden in Gipsformen gepresst, um einen Kern gehüllt oder sonstwie für Plattentechnik eingesetzt.

SIE BRAUCHEN

weiche Masse

Tonroller

Objekte als Stempel (Kork, Holzstücke, Blätter und sonstige Zufallsfunde)

1 Auf den Ton gedrückte Objekte ergeben reizvolle Strukturierungen. Steinbrocken und Fossilien hinterlassen ebenso wie viele andere Naturmaterialien wie etwa Kork, Holz, Rinde, Korallen und Muschelschalen interessante Abdrücke. Das Verfahren ähnelt der Stempeltechnik von Seite 32, nur werden dort künstlich hergestellte Stempel verwendet.

2 Feine Teile werden am besten mit Nudelholz oder Tonroller aufgerollt. Bitte dabei nicht zu oft in verschiedene Richtungen arbeiten, damit sich die Umrisse nicht verwischen. Federn oder weiche Pflanzenteile ergeben oft hauchzarte Dekors, die beim Glasieren völlig verschwinden. Dezenter Farbauftrag dagegen kann sie geschickt hervorheben.

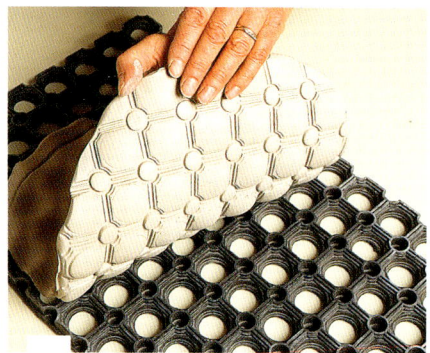

3 Ganz im Gegensatz dazu ergibt die gelochte Gummimatte eine kräftige Musterung. Die dicke Tonplatte wird auf die flach aufliegende Matte geworfen. Dadurch überträgt sich die Struktur vollständig und gleichmäßig auf den Ton.

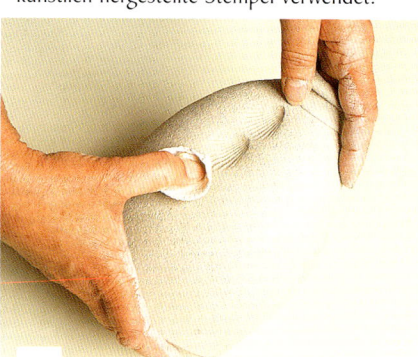

4 Dreidimensionale Objekte lassen sich schwieriger stempeln, weil die Vorgänge nicht mehr so genau zu steuern sind. Drückt man zu fest, kann die Form kollabieren. Unterstützen Sie die Wände beim Arbeiten von innen mit den Fingern oder einem Werkzeug.

VARIANTEN

Oben, von links nach rechts: Farnkraut, grobes Gewebe und eine Auto-Fußmatte aus Gummi ergeben interessante Reliefstrukturen.
Unten links: Abdrücke von Muschelschalen schmücken diese gedrehten Becher mit Soda-glasuren von MAY LING BEADSMOORE.
Unten rechts: Mit Molochit schamottiertes Steinzeug von ANDREW MASON. Struktur-gebung mit Zweigchen von Nadelhölzern, Samenkapseln und Kolben. Die Tonplatte wurde in eine Gipsform gepresst. Glasur aufgesprüht und ge-pinselt, mehrfacher Brand bei 1200 °C

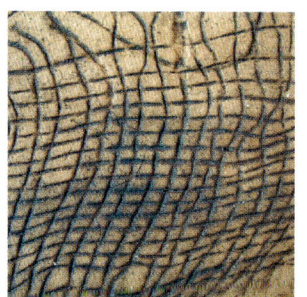

Perforationen

SIE BRAUCHEN

Ränderscheibe

lederhartes Tongefäß

Bohrer

*feines Künstlermesser
    (Skalpell) oder Cutter*

Schwamm

Bei der Durchbruchtechnik wird das Muster vollständig durch die Wände geschnitten. Es ergeben sich Löcher oder Fenster. Beim Arbeiten ist darauf zu achten, dass die Stabilität der Wände nicht leidet. Das Vorgehen mag hier einfach aussehen, erfordert aber neben Geschick und praktischer Übung eine ruhige Hand und einen guten Blick für Muster-

anordnung und Symmetrie. Im Beispiel wird Porzellan verarbeitet. Seine herrlich glatten Oberflächen lassen sich mit dem dünnen, scharfen Skalpell gut schneiden. Die sehr empfindlichen lederharten Wände müssen feucht genug gehalten werden, damit sie nicht brechen - aber wiederum nicht so weich, dass sie sich beim Bearbeiten verformen. Wichtig ist eine gleichmäßige Konsistenz. Die Schalen rechts sind gedreht. Auf andere Art geformte Objekte eignen sich aber genauso für Perforationen.

Zwei fertige Schalen von LOUISE DARBY. Eine ist weiß glasiert, die andere satinblau. Brand bei 1280 °C

27

1 Stellen Sie das Gefäß mittig auf eine Ränderscheibe. Muster mit Bleistift markieren, Mittellöcher bohren und die Durchbruchlinien schneiden.

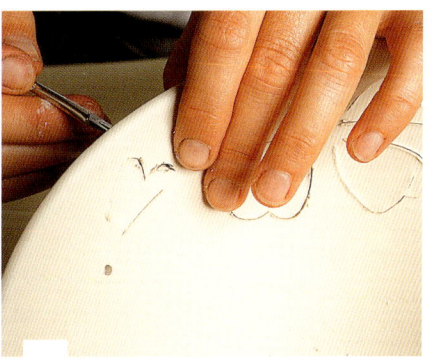

2 Arbeiten Sie schnell, damit der Ton nicht brüchig wird und womöglich reißt. Zuerst die groben Umrisslinien schneiden, dann versäubern.

3 Ist das Muster komplett, werden die Schnittkanten mit einem feuchten Schwamm vorsichtig geglättet. Gefäß langsam trocknen lassen. Beim Hantieren ist es jetzt sehr bruchgefährdet. Bitte nur mit beiden Händen unter dem Boden anheben.

VARIANTEN

Links: *Tischleuchte in Plattentechnik von* NIGEL EDMONDSON. *Die Wände sind durchbrochen und mit Engoben eingefärbt, denen hochbrennende Farbkörper zugesetzt wurden.*
Rechts: *Zwei perforierte und mit schwarzer Glasur eingelegte Porzellanvasen von* LOUISE DARBY. *Innen glasiert*

TEXTUREN

KAPITEL 1

Rollsiegel

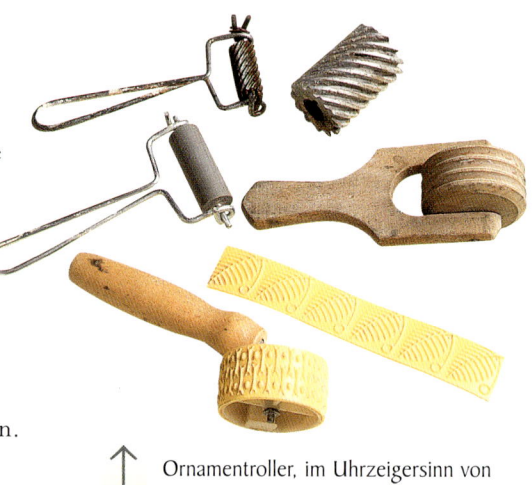

SIE BRAUCHEN

Modellierwachs

*Gegenstand mit
Reliefstruktur*

Rollenkern (Besenstiel o.Ä.)

Klebeband

Auf dem Ton abgedrückte Rollenstempel ergeben eine große Mustervielfalt. Verwenden Sie fertig gekaufte Ornamentroller aus dem Fachhandel für Keramikbedarf, improvisieren Sie Rollsiegel aus Maschinenteilen oder sonstigem Altmaterial etc. Hier sehen Sie meine persönliche Auswahl. Ornamentroller lassen sich gut aus alltäglichen Haushaltsobjekten wie Plastik mit Reliefmustern, Blättern, Metallgitter und gemasertem Holz anfertigen.

↑ Ornamentroller, im Uhrzeigersinn von oben rechts: Maschinenteil, altes Küchenwerkzeug, Spezialanfertigung mit abnehmbaren Plastikhüllen, kleine Druckwalze, improvisierter Roller aus dem Metallgriff einer Druckwalze, in dem kleine Maschinenteile befestigt werden können.

↑ Rollsiegel funktionieren wie kleine Nudelhölzer oder Tonroller. Die hier gezeigten Küchengeräte eignen sich hervorragend zur Strukturierung flacher Tonplatten. Ornamentroller lassen sich auch aus Gips herstellen: Gips in ein Pappröhrchen füllen, trocknen lassen, Pappe abziehen und die Gipsrolle mit beliebigen Motiven beschnitzen oder einritzen.

1 Rollen Sie etwas Modellierwachs aus und drücken Sie sie fest auf ein beliebiges Relief. Hier dient eine Gipskachel als Negativ. Selbst Reliefs auf gewölbten Flächen lassen sich übertragen, da die Masse flexibel darum gelegt werden kann, ohne die Form zu beschädigen. Daneben ist ein Negativabdruck von derselben Kachel zu sehen.

2 Wickeln Sie das Modellierwachs um eine passende Form und befestigen Sie sie gut mit Klebeband.

VARIANTEN

Links: *Holzgebrannter Terrakotta-Dreifuß von* JONATHAN GARRATT *mit Strukturdekor*

Mitte *links: Galvanisierte Metallkrampen wurden im Holzbrand auf eine mit Rollsiegel strukturierte Terrakottascheibe gelegt. Detail aus einem Objekt von* JONATHAN GARRATT

Mitte *rechts: „Strandhütten in den Dünen" von* JO CONNELL. *Strukturierung mit gerilltem Roller und Salzglasur*

Rechts: *Terrakotta-Objekt mit weißer Engobe über aufgerolltem Strukturdekor von* JONATHAN GARRATT. *Holzbrand bei 1130 ℃*

Rechts *außen: Dieses Objekt von* JO CONNELL *wurde mit dem oben abgebil-*

deten Roller strukturiert. Trocken aufgetragene Bariumglasur, Brand bei 1250 ℃

3 Versiegeln Sie die Unterseite des Röhrchens mit weiterem Modellier-wachs. Dann stellen Sie es aufrecht auf und füllen es mit Gipsbrei.

4 Der Gips muss etwa zehn Minuten antrocknen, bevor Sie das Modellier-wachs entfernen. Wenn die Rolle ganz trocken ist, kann sie auf verschiedene Arten verwendet werden.

5 Die Beispiele zeigen ein paar mögliche Musterungen mit Rollsiegeln.

6 Rollsiegel und Töpferscheibe: Eine Hand stützt das Gefäß von innen, während die andere das Siegel auf der Außenwand abrollt.

← Gefäß von LES RUCINSKI. Nach dem Schrühbrand wurde weiße Terra sigillata aufgetragen (siehe Seite 72) und wieder von der Oberfläche gewischt, um die Struktur zu betonen. Brand bei 1120 °C.

29

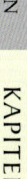

Flachschnitt und Ritzmuster

BEIM EINRITZEN VON DEKORS in die Tonoberfläche gibt es mehrere Methoden. Die Musterung kann fein oder kräftig ausfallen und in mehreren Bearbeitungsstadien erfolgen.

Linien können in jedem Trocknungsgrad bis zum Schrühbrand in den Scherben geritzt werden - bei sehr weichen Tonarten sogar noch danach. Weiche, grobere Massen nehmen die Linien nicht so exakt an wie feine harte. Eventuell wird die Oberfläche nach dem Schrühbrand mit Schleifpapier nachgeglättet. Linienmuster können durch Glasuren, Oxide und Pigmentfarben akzentuiert werden (siehe Seite 96). Das Beispiel auf dieser Seite zeigt einen markanten Zeichenstil. Es ist gekonnt und flüssig ausgeführt.

SIE BRAUCHEN

lederhartes Objekt zum Dekorieren

Sägeblatt (von einer Stichsäge)

Schwamm

Bleistift

Künstlermesser mit mehreren Klingen

Ziehklinge

1 Skizzieren Sie das Muster freihändig mit Bleistift auf den lederharten Scherben. Dabei kann ein Skizzenbuch mit Zeichenvorlagen sehr hilfreich sein. Der Steinzeugton hat eine sehr glatte Oberfläche.

2 Ist die Skizze fertig, beginnen Sie mit dem Ritzen. Hier wird ein präpariertes Sägeblatt dazu verwendet. Die Linien müssen zügig gezogen werden, damit sie nicht zittrig wirken. Kleine Tonbrösel zwischendurch mit dem Schwamm entfernen.

3 Ritzen Sie nach und nach das gesamte Muster. Immer wieder werden die anfallenden Tonbrösel mit dem Schwamm abgewischt.

4 Größere Flächen heben Sie mit der Messerklinge aus. Es gibt Werkzeuge mit auswechselbaren Klingen für unterschiedlich breite und tiefe Felder.

VARIANTEN

Oben und rechts: Der Krug entstand nach der oben beschriebenen Methode. Die kieselsteinartigen Objekte mit Dachs-Motiven sind aus stärker strukturiertem Ton geformt. Durch dunkle Glasur sind die Ritzmuster hervorgehoben. Objekte von LOUISE DARBY

Mitte: Detail eines salzglasierten Gefäßes mit Ritzmuster und farbigen Engoben von JO CONNELL

Rechts: Aus Wülsten aufgebautes Objekt von FRANK SMITH *mit eingeritztem keltischen Knotenmuster*

Rechts außen: Lebensgroßer Torso von ANDREW COX. *Die Ritzmuster stellen Wasser und mythologische Szenen dar.*

5 Der Entwurf lebt durch den Kontrast von größeren Flächen und scharfen Linien. Die Felder sollten so tief ausgehoben sein, dass sie sich später mit Glasur füllen.

6 Ist das Muster vollständig ausgeführt, kommt das Objekt in den Schrühbrand und wird anschließend komplett in Glasur getaucht. Zur weiteren Bearbeitung sollte die Glasurschicht berührtrocken, aber noch nicht pulverig sein.

7 Mit der Ziehklinge wird die Glasur von der Oberfläche gekratzt. In den vertieften Ritzlinien bleibt sie erhalten.

Die Schale von LOUISE DARBY mit Froschmotiven ist bei 1280 °C in leicht reduzierender Atmosphäre gebrannt. Das Dekor ist sehr sorgfältig geplant. Innenfläche, breiter Rand, Außenwand und Fußring sind optisch alle gleichwertig. Damit alle Details gut erkennbar sind, steht die Schale auf einer Spiegelfläche. Unten ein Detail

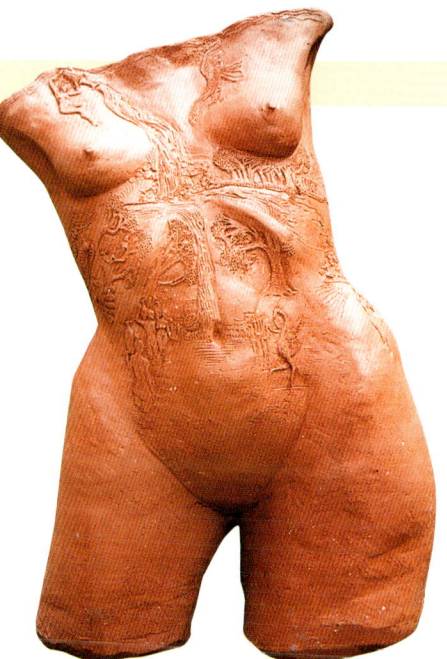

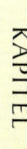

Stempel

STEMPEL SIND WERKZEUGE, die beim Eindrücken auf Ton ein Reliefmuster ergeben. Dazu eignen sich Zufallsobjekte wie auch speziell angefertigte Stempel. Meist sind sie so klein, dass sie auch auf gewölbten Flächen funktionieren, aber groß genug, um gut gehalten werden zu können. Muschelschalen ergeben interessante Musterungen, ebenso alte hölzerne oder bleierne Druckstöcke. Oder kreieren Sie eigene Stempel. Hier sehen Sie zwei der vielen möglichen Methoden.

SIE BRAUCHEN

lederharten Ton
Ritzwerkzeuge
kleine Pappröhrchen
glatten Karton
Latex
Malhörnchen
Gips
Modellierwachs
Engobe oder Schlicker

↑ Der Krug von PAUL YOUNG trägt Stempelornamente und ist mit farbigen Irdenwareglasuren überzogen.

METHODE 1: STEMPEL MIT RITZMUSTER

1 Stempel aus geschrühtem Ton eignen sich gut zum Dekorieren. Die porösen Flächen kleben beim Abdrücken nicht so leicht fest. Stempel werden aus dem leder-harten Ton geschnitten und bei 1000 ºC geschrüht. Zum Einkerben der Muster eignen sich alle möglichen Ritzwerkzeuge - hier einfach ein spitzer Bleistift.

2 Alle Stempel sind aus Ton gemacht und nur geschrüht. Auch Gips eignet sich für Stempel mit eingeritzten Ornamenten. Gießen Sie Gipsbrei in ein kleines Pappröhrchen oder eine Pappschachtel, lassen ihn trocknen, entfernen die Pappe und bearbeiten die Stirnseite wie in Schritt 1. Vor Benutzung trocknen lassen (*siehe auch* Rollsiegel *Seite 28/29*).

3 Auf den Krug werden kleine Tonplättchen aufgelegt und mit Stempelmuster versehen. Durch den Druck kleben die Plättchen gut an. Sind die Wände bereits zu trocken, befestigt man die bestempelten Plättchen mit etwas Schlicker. Eine Hand stützt die Wand von innen, damit sie sich durch den Druck nicht verformt.

VARIANTEN

Links: *Aus Platten aufgebautes Gefäß von* LES RUCINSKI *aus hochbrennendem roten Ton, unglasiert. Die raue Oberfläche wurde mit Stahlwolle erzeugt, die Musterflächen sind mit Stempeln gestaltet.*
Mitte: *Krug mit Stempelmuster und Salzglasur von* JIM MALONE
Rechts: *Detail eines Stempeldekors auf engobierten Flächen. Salzglasiertes Geschirr von* ROSEMARY COCHRANE

METHODE 2: GEGOSSENE STEMPEL

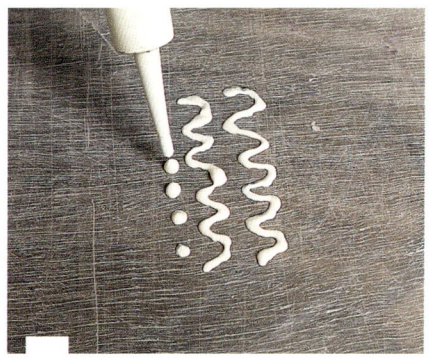

1 Der Druckstock wird diesmal nicht geschnitzt, sondern samt Ornament direkt aus Gips gegossen. Das Reliefmuster wird mit Latex geformt. Latex auf dem Karton im gewünschten Muster aufspritzen. Kleinere Muster ergeben exaktere Abdrücke als große.

2 Mit etwas Ton wird ein Rahmen aufgelegt, in den der Gipsbrei gegossen wird. Weitere Tipps zur Verarbeitung von Gips finden Sie auf Seite 36.

3 Ist der Gips trocken, wird die Tonwand vorsichtig entfernt und der Gipsblock von der Unterlage gehoben.

4 Das Latex wird abgezogen. Vor der endgültigen Verwendung den Stempel säubern und vollständig durchtrocknen lassen.

5 Der Gipsblock ist nun ein handlicher Druckstock. Die Motive erinnern an Stickmuster oder Patchwork.

↑ Die fertige Quilt-Platte von CHRISTINE GEDDES besteht aus weißer Irdenware mit einem transparenten Glasurüberzug.

33

WEITERE STEMPEL

Ein Stempel aus geschnitztem und anschließend geschrühtem Ton wird mehrmals in die noch weiche Basis einer gedrehten Schale gedrückt.

↑ Schale von ROSEMARY COCHRANE. In Pressformen vorgeformte Griffe sowie eine Salzglasur vervollständigen das Stück (siehe auch Seite 104/105).

Drehspuren

DIE UNMITTELBARSTEN DEKORS entstehen direkt beim Formen. Die Spuren des Herstellungprozesses sind bereits an sich interessant und verbinden sich harmonisch mit der Gefäßform. Beim Drehen auf der Scheibe greifen Herstellung und Ausgestaltung beispielhaft ineinander. Spiralförmige Drehrillen erscheinen automatisch. Oft bleiben sie einfach stehen. Bei manchen Gestaltungsmethoden würden sie dagegen stören und werden geglättet. Hier werden sie bewusst eingesetzt, um den Drehprozess und die exzellenten Formeigenschaften des Tons zu spiegeln.

SIE BRAUCHEN

Töpferscheibe

Ton

Werkzeuge zum Eindrücken von Rillen (Bambusstäbe, Modellierhölzer, Zahnspachtel aus Plastik, grob gezähnter Kamm etc.)

↑ Die dünnen Wände zeigen innen und außen deutliche Drehrillen. Achten Sie darauf, dass der Ton nicht zusammenfällt oder reißt, und lassen Sie die Basis etwas dicker, damit Sie eine deutliche Spirale eindrücken und nach Belieben einen Fußring abdrehen können. Die Scheibe muss sich langsam drehen, die Wände werden nach und nach von unten nach oben verdünnt. Vor dem Abnehmen bzw. der weiteren Bearbeitung sollte die Schale leicht anziehen.

Freigedrehte Schale von JOHN COMMANE. →
Reduzierend gebranntes Steinzeug mit etwa 20 cm Durchmesser

WEITERE WERKZEUGE

Der frisch gedrehte flache Teller wird mit einem gezähnten Küchengerät dekoriert. Es entstehen breite, recht flache Kammstreifen.

Dieselbe Form wird mit einer Holzschiene strukturiert. Gleichmäßiger Druck während der ganzen Arbeit ist wichtig.

Der Daumen drückt sich in die Tonfläche und bildet eine Spirale. Die schlichte Methode erfordert eine ruhige Hand, gleichmäßiges Drehen und Konzentration.

VARIANTEN

Links: *Flache Schale von* JO CONNELL. *Das Spiralmuster wurde nach dem Drehen mit einem Bambusmesser eingeritzt.*
Mitte: *Gedrehtes Gefäß von* STEVE TAYLOR *mit direkt beim Drehen entstandenen Rillen*
Rechts: *Ausschnitt aus einer gedrehten Schale von* JOHN COMMANE. *Für die Rillen benutzte der Künstler ausschließlich seine Finger*

Polieren

SIE BRAUCHEN

lederharten Ton

Löffel, glatten Stein,
Knochen, glattes
Modellierholz o. Ä.

eventuell Pflanzenöl

Bienenwachs

BEIM POLIEREN wird die Oberfläche des Scherbens komprimiert, d.h. verdichtet und weniger porös. Der Prozess ist einfach und effektiv, wenn auch sehr zeitaufwändig. Feine, glatte Massen lassen sich besser polieren als grobe. Letztere werden vorher mit einer Schlicker- oder Engobeschicht überzogen. Gedrehte Teile können mit einem Polierblech direkt auf der Scheibe geglättet werden. Es funktioniert am besten, wenn Sie den Drehsinn der Scheibe dazu ändern, so dass die Tonpartikel sich in die Gegenrichtung verfestigen.

Hier wird das Polieren einer aus Wülsten aufgebauten Figur aus rotem Ton demonstriert. Den letzten Schliff erhält sie durch Räuchern (Seite 118) und eine Wachspolitur. Lüster (Seite 144) wäre eine gute Alternative. Ritzmuster (Seite 30) auf der polierten Oberfläche bringen reizvolle Kontraste. Es ist nicht sinnvoll, polierte Objekte zu glasieren, da der Überzug ja die ganze Arbeit verdecken würde.

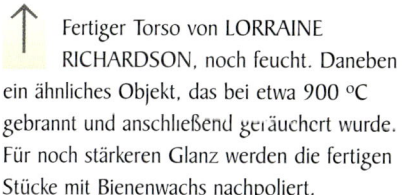

Fertiger Torso von LORRAINE RICHARDSON, noch feucht. Daneben ein ähnliches Objekt, das bei etwa 900 ºC gebrannt und anschließend geräuchert wurde. Für noch stärkeren Glanz werden die fertigen Stücke mit Bienenwachs nachpoliert.

35

1 Polieren der Oberfläche in lederhartem Zustand. Durch den Druck werden die Tonpartikel komprimiert. Üblicherweise wird mit einem Löffelrücken gearbeitet. Glatte Steine, Knochen oder Holzwerkzeuge sind ebenfalls brauchbar. Für Kanten, enge Kurven und Vertiefungen sind feinere Werkzeuge nötig.

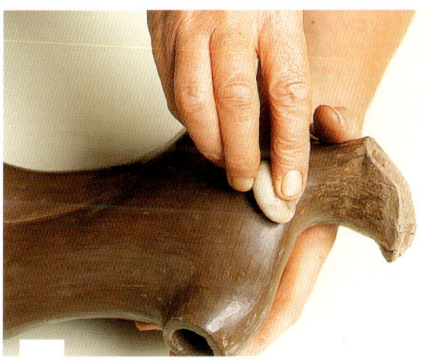

2 Der Scherben sollte gut lederhart sein. Ist er zu weich, drückt sich das Werkzeug ein. Ist er zu hart, verändert sich die Oberfläche nicht mehr. Beachten Sie bitte, dass die Teile in diesem Zustand leicht brechen. Etwas Pflanzenöl hilft gegen Austrocknen und macht die Oberfläche gleitfähiger.

VARIANTEN

Links: *Poliertes Objekt mit Rauchbrand-Spuren von ANTONIA SALMON. Die reinen, strengen Linien sind durch die dezente Oberflächengestaltung schön betont.*
Mitte: *Im Feldbrand vollendete Flasche aus schamottierter Porzellan- und Steinzeugmasse von ARDINE SPITTERS. Poliert und vor dem Grubenbrand bei 1050 °C geschrüht*
Rechts: *Aus Wülsten aufgebaute Figur von LORRAINE RICHARDSON. Poliert, geräuchert und mit Wachs poliert. Höhe 24 cm*

TEXTUREN

KAPITEL

1

MODELN UND PRESSFORMEN

MATERIALIEN

Formengips

Eimer und Waage

Rahmen

geeigneter Ton

Tonroller

Messer

Modellierwerkzeuge

Schwämme

Modeln eröffnen der Keramik reiche Möglichkeiten. Oft werden sie bereits bei der Formgebung eingesetzt, können aber auch der abwechslungsreichen Oberflächengestaltung dienen. Die Reliefstrukturen übertragen sich seitenverkehrt und negativ auf den Ton - ähnlich wie beim Drucken mit einem normalen Druckstock.

Meist werden Modeln oder Pressformen aus Gips oder Terrakotta hergestellt. Beide Materialien sind durch ihre Porosität ideal geeignet. Sie nehmen etwas Feuchtigkeit auf, so dass der Ton sich beim Trocknen gut aus der Form löst. Weitere Werkstoffe lassen sich ebenfalls leicht schnitzen und einkerben. Auch Holz und Linoleum werden oft zum Strukturieren der Tonoberfläche verwendet. Die Herstellung von aufwändigeren Formen ist zeitraubend. Dafür kann die fertige Form aber immer wieder verwendet werden. Sogar Variationen sind durch nachträgliche Bearbeitungen möglich.

Die folgenden Seiten zeigen die Bandbreite der Gestaltungsmöglichkeiten. Reliefdrucke entstehen u.a. mit Formen aus Ton, Linoleum, Plastik, Wachs, Holz, Pflanzenteilen und anderen Naturmaterialien und natürlich aus Gips.

GIPSFORMEN

Im Töpferstudio ist man oft misstrauisch gegenüber Gips, der sich bekanntermaßen schlecht mit dem Ton verträgt. Selbst kleinste in die Masse geratene Gipspartikel verursachen beim Brand „Explosionen". Oft blättert nur ein kleines Tonplättchen über dem eingeschlossenen Gips vom Scherben ab - doch immerhin genug, um eine Arbeit zu verderben. Hantieren Sie am besten nur in einem eigens dafür vorgesehenen Werkstattbereich mit Gips. Wo das nicht möglich ist, muss sehr auf Sauberkeit geachtet werden, damit kein Gips in den Ton gerät. Abgesehen davon ist Gips ein äußerst brauchbares Material: preiswert, als Brei für Abgüsse jeder Art von Formen und Reliefs geeignet, extrem detailgenau. Gips lässt sich noch präziser als Ton einkerben und schnitzen und schrumpft fast nicht. Vor dem Anrühren wird ein Rahmen für die Model oder Form angefertigt, in den der Gipsbrei gegossen wird. Der Rahmen muss gut sitzen und an den Fugen sorgfältig abgedichtet werden.

Oben: Ausschnitt aus einer Collage von LES RUCINSKI mit Porzellan und Glas. Das Objekt ist in einer Gipsform entstanden und anschließend mit Eisenoxid behandelt, um die Details zu betonen.
Mitte: Zierplatte von EDWARD POOLEY. Das Bas-Relief ist mit Oxiden gefärbt und bei 1000 °C gebrannt.
Unten: Die gedrehte Irdenware-Teekanne von SARAH MONK ist mit kleinen Bienen-Reliefs verziert, der aus Platten aufgebaute Ständer zeigt Früchte-Motive.

SPERRIGE OBJEKTE

Ist es nicht möglich, das vorgesehene Objekt in Gips abzugießen, probieren Sie es mit Silikonkautschuk. Spezialgeschäfte für Bildhauerbedarf liefern geeignete Werkstoffe und geben Tipps zur Verwendung.

Gipsformen werden vor Verwendung vollständig durchgetrocknet, damit sie nicht brechen. Schneller geht es im Trockenschrank. Bitte Vorsicht: Zu stark erhitzter Gips bildet Risse.

Oben: Die Form für den Löwenkopf – ein Flachrelief – wurde von einem architektonischen Ornament abgegossen. Sie ist auf der Rückseite ausgehöhlt und etwa 7,5 cm tief (siehe auch Seite 39).

GIPSBREI ANRÜHREN

(siehe auch Seite 39).

GIPSSORTEN

Gewöhnlich werden drei Arten von Gips für Formen verwendet:

- Formengips: problemlos erhältlich und preisgünstig
- Dentalgips: feinere Konsistenz, ideal für sehr detailreiche Arbeiten
- Hartgips: in der Industrie verwendet, sehr hart und haltbar, aber nicht so saugfähig

Bitte beachten:
Grober Baugips ist ungeeignet.

1 Gipspulver und Wasser werden immer in einem festgelegten Mengenverhältnis verwendet, das bei jedem Mischen eingehalten werden sollte. Bei Formengips nehmen Sie – als Daumenregel – etwa 1,25 kg Gipspulver auf 1 l Wasser. Durch mehr oder weniger Pulver wird der Brei fester oder weicher. Nach Herstellerangaben anrühren.

2 Füllen Sie zunächst Wasser in einen Eimer und streuen Sie nach und nach das Gipspulver ein. Lassen Sie es für ein bis zwei Minuten einweichen, bis keine Klümpchen mehr zu sehen sind.

37

Unten: Oxide und Steinzeugglasuren zieren die Reliefkachel von RUTH BARKER. *Als Model verwendete die Künsterin nicht Gips, sondern eine geschrühte Tonform.*

3 Rühren Sie den Brei nun vorsichtig mit der Hand um, so dass keine Luftblasen hinein gelangen. Wenn das Pulver sich ganz gelöst hat, fühlt sich die Mischung weich und cremig an.

4 Nach etwa fünf Minuten Rühren wird der Brei dicker und ist fertig. Es ist wichtig, den richtigen Moment zu erwischen: Wird zu früh gegossen, kann der Block ungleichmäßig werden oder die dünne Masse fließt durch die Fugen ab. Ist der Brei zu fest, dringt er nicht mehr in Vertiefungen ein. Beim Abbinden läuft eine chemische Reaktion ab, bei der Wärme freigesetzt wird.

Flachreliefs

RELIEFMODELN ENTSTEHEN aus geformtem und eventuell gekerbtem Ton. Flachreliefs zeigen relativ flach hervorstehende Formen und werden meist für Kacheln und Zierplatten verwendet, eignen sich aber auch für gewölbte Wände. Die hier vorgestellte Technik erfordert drei Schritte: Modellieren des Reliefs, Herstellen der Model und Verwendung als Pressform. Mit Hilfe der Form lässt sich das Relief viele Male reproduzieren.

SIE BRAUCHEN

Gips
Holzrahmen
weichen Ton
Modellierwerkzeuge

1 Vorlage für das Relief im klassischen Stil ist eine Skizze, die ein Kalb zeigt. Die Umrisse werden zunächst auf den Ton übertragen und dann plastisch ausgeformt.

2 Ist man mit der Arbeit zufrieden, würde sie normalerweise auf der Rückseite leicht ausgekerbt, falls sie zu dick ist, getrocknet und gebrannt. Doch in unserem Fall soll eine Gipsform vom ursprünglichen Relief abgenommen werden, so dass es mehrfach vervielfältigt werden kann. Es dient also nur als Abgussform.

3 Das Relief wird mit einem Holzrahmen umschlossen. Gießen Sie den Gipsbrei hinein. Nach zehn bis fünfzehn Minuten wird der Rahmen entfernt, die Form umgedreht und das Tonrelief herausgenommen. Eventuell wird es dabei beschädigt. Anschließend muss die Gipsform vollständig trocknen.

4 Pressen Sie weichen Ton in die Gipsform. Wie Sie dabei vorgehen, entscheidet über das Aussehen des fertigen Reliefs: Wird zuerst eine Tonplatte ausgerollt und hinein gepresst, bleibt die Oberfläche sehr glatt. Einzeln eingedrückte Tonstückchen dagegen bilden an den Verbindungsstellen kleine Rillen, die die Oberfläche lebhafter machen.

VARIANTEN

Links und Mitte: *Terrakotta-Reliefs von* EDWARD POOLEY: *links unbehandelt, rechts mit Wachs poliert*
Rechts: *Reliefmuster sind eine traditionelle Dekortechnik für Gefäße in lederhartem Zustand. Die Details können anmodelliert, direkt in die Pressform integriert oder nach der auf Seite 40 dargestellten Methode angarniert werden. Figurendarstellungen wie dieses Beispiel aus der* WHICHFORD POTTERY *auf einem riesigen Pflanzgefäß im klassischen Stil erinnern oft an Bildhauerarbeiten und Stuckdekors an Gebäuden.*

5 Drücken Sie den Ton sehr fest ein, damit er in alle Vertiefungen dringt, keine Luft eingeschlossen wird und die Feinheiten sich gut übertragen. Dazu eignen sich relativ weiche Massen.

6 Kratzen Sie die Rückseite sorgfältig bis zur Ebene der Gipsmodel glatt. Drücken Sie dabei nicht in den Ton. Nur die Mitte kann leicht eingewölbt werden, damit die Ränder später wirklich flach aufliegen.

7 Schon nach etwa einer Stunde ist der Ton leicht geschrumpft und sollte sich aus der Form lösen lassen. Legen Sie das Relief auf eine flache Unterlage und lassen Sie es sehr langsam trocknen, damit es sich nicht wirft.

Die Terrakotta-Schmuckplatte von EDWARD POOLEY ist bei 1150 °C gebrannt und mit Wachspaste poliert.

TIPPS

• Beim Anfertigen von Gipsmodeln müssen sich Gips und Ton leicht voneinander lösen. Untergriffigkeiten sind zu vermeiden. Kanten und Winkel müssen sorgfältig ausgeführt sein, damit der Ton sich ohne zu reißen aus der Form nehmen lässt.

• Das Modellieren erfordert einige Übung und gelingt besser mit Skizzen und nach der Natur als aus dem Kopf.

• Beim Zufügen von Ton bitte darauf achten, dass keine Luft eingeschlossen wird, die beim Brand Beschädigungen verursachen könnte.

• Wirkt das geformte Relief zu dick, wird es auf der Rückseite leicht ausgehöhlt, damit es gleichmäßiger trocknet und brennt.

• Probieren Sie statt Glasur auch andere Oberflächenbehandlungen mit Oxiden. Diese bringen die feinen Details oft besser heraus.

← Der originale Löwenkopf stammt von der Firma STANLEY BROS. BRICK WORKS in Nuncaton, England. Er entstand Anfang des 20. Jahrhunderts als Zierelement für Gebäude. Vom Original wurde ein Vinylabdruck genommen und in Gips abgegossen. Davon wurde nochmals eine Gipsmodel abgenommen, die links oben zu sehen ist. Der darin entstandene Tonabdruck wurde auf eine runde Plakette garniert und bei 1100 °C gebrannt.

Plastische Dekors

ELEMENTE ZUM ANMODELLIEREN an größere Objekte werden zunächst in flachen Formen vorgeformt. Diese bestehen aus geschrühtem Ton oder Gips. Ein klassisches Beispiel für die Technik ist das blau-weiße Geschirr der Firma Wedgwood, bei dem weiße Reliefornamente auf den blauen Wänden liegen.

Die Dekorteile entstehen auf dieselbe Art wie Flachreliefs (Seite 38), sind aber meist viel kleiner. Zunächst wird eine Model oder ein Stempel gemacht. Der Rahmen zum Eingießen des Gipsbreis besteht möglichst aus nicht saugendem Material wie glasierten Kachel- oder Plastikstücken. In die getrocknete Model kann weicher Ton gepresst werden. Statt zu warten, bis der Ton soweit angezogen hat, dass er von selber aus der Form fällt, kann das Ornament ausgelöst werden, indem auf der Rückseite ein kleiner Tonbatzen als eine Art Griff angeklebt wird, an dem man es herauszieht. In diesem Stadium ist das Dekor noch weich genug, um direkt auf das vorgesehene Objekt modelliert zu werden. Zusätzlich werden die Verbindungsstellen aufgeraut und mit Schlicker bestrichen, damit sie gut halten. Bitte Lufteinschlüsse vermeiden. Feine Details vorsichtig mit ganz wenig Wasser oder Schlicker ankleben.

SIE BRAUCHEN

Objekt zum Abformen (Fundstücke aus der Natur, Tonteile o.Ä.)

Gips oder Ton

lederhartes Tonobjekt zum Verzieren

Schlicker zum Ankleben

MUSCHELN UND SCHNECKEN

1 Für die Model wurde einfach eine Muschelschale in weichen Ton gedrückt. Dieser ist schrühgebrannt. Für die Ornamente wird weicher Ton in die Vertiefung gepresst.

2 Mit einem an die Rückseite geklebten Tonbatzen läst sich die Muschel vorsichtig aus der Model nehmen. Das Ornament sollte anmodelliert werden, solange es noch recht weich ist. Arbeiten Sie zügig, da die kleinen Tonteile schnell trocknen.

3 Tonmuscheln und Model. Falls Sie mehrere Ornamente auf Vorrat abnehmen, sollten sie in einer Plastiktüte oder unter einem feuchten Lappen bis zur Verwendung weich gehalten werden.

4 Für eine Vogeltränke werden die Ornamente rund um den Rand einer Tonplatte arrangiert, (siehe rechts). Der Aufsatz muss langsam trocknen, damit er sich nicht wirft oder verzieht.

← Vogeltränke von JO CONNELL. Der Fuß ist gedreht, die Wasserschale entstand in einer Pressform und ist mit Reliefdekors verziert. Überzogen ist das Ganze mit trocken aufgetragener Steinzeugglasur.

AUFGESETZTE STEMPEL

Hier sehen Sie eine Mischform aus Stempeltechnik (Seite 32) und Relief. Auf vorbereitete Tonplättchen wird ein Blattstempel gedrückt. Die Ornamente werden als Blätter an einen Kerzenständer angarniert.

1 Aus mit der Hand vorgeformten Tonplättchen entstehen mit Hilfe des Stempels kleine Blätter und Flügel.

2 Je zwei Blätter werden vor dem Anmodellieren an den Kerzenhalter mit ganz wenig Schlicker zusammengefügt.

3 Mit weiterem Schlicker werden die vorbereiteten Flügel an die Vögel und Blätter an die Zweige geklebt. Der Kerzenhalter selbst ist auf der Scheibe gedreht, die Äste sind aus Tonwülsten geformt. Zum Schluss werden die Vögel angebracht.

ZARTE ORNAMENTE

Die detailreiche Vorlage für das zierliche Ornament wurde als Flachrelief aus Ton geformt und in Gips abgegossen.

Kerzenhalter von
PAUL YOUNG: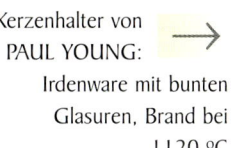
Irdenware mit bunten
Glasuren, Brand bei
1120 °C

41

KAPITEL 1

VARIANTEN

Links: *Vorratsdose mit Deckel und Ährenmuster von* STEVE MATTISON. *Nach dem Schrühbrand ist der Scherben mit einer opaken Zinnglasur überzogen nochmals bei 1120 °C gebrannt.*
Mitte und rechts:
SARAH MONK *verzierte ihre Servierplatte mit kleinen Bienen-Reliefs. Die Fühler der Bienen sind mit einer Spritztüte aus der Küche aufgespritzt. Der Eierbecher-Halter ist mit plastischen Dekors verziert, die Käfer, Beeren und Blätter darstellen.*

Gipsmodeln für Reliefdruck

Die Flachrelief-Technik von Seite 38 arbeitet mit Ton-
reliefs, von denen ein Gipsabguss genommen wird. Für
flache Reliefs dagegen eignen sich Gipsformen, in die das
Muster direkt eingeschnitten wird. Dieses Verfahren
erlaubt sehr scharfe Linien, die exakt hervortreten.
Durch Abgießen modellierter Reliefs lässt sich kaum
diese Feinheit erreichen. Bedenken Sie beim Arbeiten
bitte, dass der fertige Abdruck seitenverkehrt erscheint.
Schrift beispielsweise muss also spiegelbildlich
eingeschnitten werden.

SIE BRAUCHEN

Gipsplatte
scharfe Kratzwerkzeuge
Stoff
weichen Ton

MUSTERGESTALTUNG

1 In die Gipsfläche eingekratzte Linien
ergeben sehr feine Abdrucke.
Verwenden Sie zum Bearbeiten der glatten
Oberfläche ein metallenes Sgraffitowerkzeug.

2 Rollen Sie eine dünne Tonplatte auf einem
Stück Stoff gleichmäßig aus und schneiden
Sie sie passend zurecht. Sie haftet am Stoff und
kann gut angehoben werden, ohne sich zu verziehen.
Tonplatte fest, aber vorsichtig auf den Gips pressen.
Der Stoff verhindert Fingerabdrücke auf dem Ton.

3 Ziehen Sie die Tonplatte
vorsichtig von der Gips-
platte. Die eingeschnittenen Linien
erscheinen jetzt erhaben.

VARIANTEN

Links: Gefäß von HEATHER MORRIS.
Beide Hälften sind in einer Model vorgeformt, die mit bunten Engoben bemalt
war. Farbe wie auch Struktur übertrugen
sich auf den Ton.
Mitte links: Nach der beschriebenen
Methode entstandene Zierplatte aus Porzellanmasse von LAURA VICKERS. Sie
zeigt, wie eindrucksvoll reines,
unglasiertes Porzellan wirken kann.
Mitte und Mitte rechts: Zwei
Kacheln von CHRISTINE GEDDES. Die
in die Gipsform eingeschnittenen Dekors
erscheinen auf dem Abdruck erhaben.
Zusätzlich mit Unterglasurfarben bemalt.
Rechts oben: Die kleine Platte mit
Flachrelief von LES RUCINSKI sitzt in
einem Rahmen mit flachen
Reliefmustern. Sie ist mit Schlicker
aufgeklebt. Farbgestaltung mit Eisenoxid,
Brand bei 1150 °C.

Rechts außen: Krug mit Linoldruck.
Die Künstlerin JULIETTE GODDARD
war ursprünglich Druckerin und überträgt Drucktechniken auf Keramikobjekte. Dabei werden dünne Engobeüberzüge
auf eine Tonplatte aufgebracht. Dann
wird eine Linolschnitt-Druckplatte mit
Farbe eingerollt, auf die Engobe gelegt
und aufgedrückt. Die
Platten werden zu drei-
dimensionalen Objekten
zusammengesetzt.

INTAGLIO MIT GIPSMODELN

1 Wie gehabt wird eine auf einer Stoffbahn ausgerollte dünne Tonplatte auf die Gipsfläche gepresst. Drücken Sie sanft, damit der Abdruck sich nicht verzieht. Hier wird eine ideal für feine Arbeiten geeignete weiße Porzellanmasse verwendet.

2 Die Tonplatte bleibt als flache Kachel erhalten oder wird zu dreidimensionalen Objekten geformt und nach Belieben farbig gestaltet. Im Beispiel wurde ein dezenter Überzug aus Unterglasurfarbe aufgetragen.

← Gipsabguss von einem großen gerippten Blatt: Der Abdruck zeigt, wie exakt sich bei dieser Methode feine Details übertragen.

↑ Kachel von LES RUCINSKI: Mit dem Schwamm ist ein Hauch von Unterglasurfarbe aufgetragen.

43

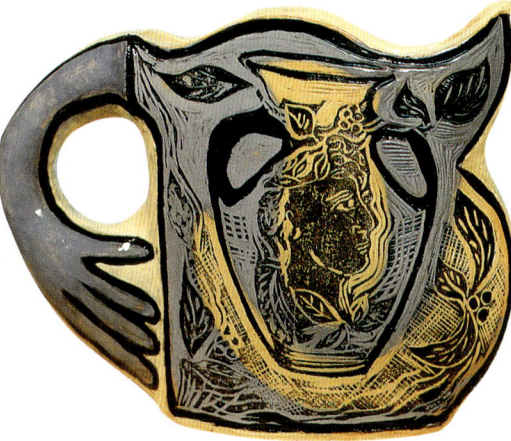

MALEN, ZEICHNEN, DRUCKEN

KERAMIK KANN AUF VIELFÄLTIGSTE WEISE bemalt und bedruckt werden. In anderen Teilen des Buches finden Sie Sgraffito, Ritzzeichnungen, Pinselmalerei mit Engoben etc. Der Ton lässt sich in fast jedem Zustand mit Zeichnungen, Mal- und Drucktechniken dekorieren. Widmen wir uns in diesem Kapitel der Gestaltung von rohem, ungebranntem Ton. Wir haben bereits mehrere Verfahren zur Strukturierung der Oberflächen kennen gelernt. Nun kommt die Farbe dazu. Außerdem probieren wir verschiedene Drucktechniken aus.

Der ungebrannte Scherben lässt sich auf hundert Arten bearbeiten, wie die folgenden Seiten zeigen. Dabei sind ein paar grundlegende Hinweise zu beachten. Das Hantieren auf ebenen Flächen ist viel einfacher als an gewölbten Flächen, besonders beim Drucken. Die zu gestaltenden Objekte müssen sich für die entsprechenden Techniken eignen. Sicher ist es schwierig, auf einen bereits texturierten oder etwa durch markante Drehrillen gezeichneten Untergrund zu malen oder zu drucken. Bedruckte Partien sind sehr empfindlich und werden besonders in frischem Zustand leicht durch Verschmieren oder Schmutzpartikel verdorben. Doch der ungebrannte, flexible Ton lässt sich in der Fläche bedrucken und anschließend zu dreidimensionalen Objekten formen.

GEEIGNETE MASSEN

Die Auswahl des Tons hängt von verschiedenen Faktoren ab: von der Art der gewünschten Verzierung, der Leuchtkraft der Farben, der angestrebten Objektgröße, der Dekortechnik und der Brenntemperatur. Im Fachhandel für Keramikbedarf finden Sie Massen mit einem weiten Spektrum von Brenntemperaturen und Verarbeitungseigenschaften. Nach Möglichkeit besorgen Sie sich Proben. Mit der Zeit finden Sie den idealen Ton speziell für Ihre Bedürfnisse. Für dezente oder akkurate Muster eignet sich eine glatte Masse mit feiner Oberfläche, die sich gut bemalen oder einritzen lässt. Auch Drucktechniken gelingen besser auf glatten als auf grob strukturierten Sorten. Porzellan ist ideal. Doch auch feine weiße Irdenware ist eine gute Wahl, zumal sie durch die niedrigere Brenntemperatur eine größere Farbpalette erlaubt.

Für die Plattentechnik wird gewöhnlich relativ stark schamottierter Ton bevorzugt, der die Form besser hält und sich an den Verbindungsstellen nicht so leicht löst. Für Schmuckplatten und Kacheln ist ebenfalls schamottierte Masse, die sich beim Brennen nicht so leicht wellt, vorzuziehen. Auch Paperclay lohnt den Versuch, da er sehr feine Arbeiten erlaubt und unkompliziert in der Handhabung ist.

Massen in kräftigen Farben wie etwa Terrakotta liefern angenehm warme Hintergründe (ein gelungenes Beispiel auf Seite 46), verändern aber die aufgetragenen Engoben und Farbkörper stark, sofern diese nicht extrem farbkräftig oder völlig deckend sind. Auch bräunliche Arten dämpfen die Intensität deutlich.

SIE BRAUCHEN
Sgraffito-Werkzeuge
farbige Engoben und Schlicker
Für Monotypie: eine Glas- oder Acrylscheibe, Malmedium auf Wasserbasis und Druckwalze
Für Siebdruck: Seidensieb, Rakel, Zeitungspapier und Engoben
geeignete Masse
eventuell Gießschlicker

Oben: Vor dem Zusammenbau wurden die weißen Steinzeugplatten im Siebdruckverfahren mit Unterglasurfarben gestaltet, anschließend bei 1160 °C geschrüht und farblos glasiert. Arbeit von FLEUR HARVEY

Mitte: Innen glasierte Porzellanvasen in Plattentechnik von JUDE JELFS. Die Rillen sind mit Schlicker ausgelegt. Brand bei 1300 °C

Unten: Der Kern der Skulptur von CHRISTY KEENEY entstand in einer Pressform, weitere Details wurden angarniert. Farbgestaltung mit Oxiden, Farbkörpern und matter Unterglasurfarbe

STEINZEUGGLASUREN
(1250 °C)

Glänzend Transparent

Kalifeldspat	30
Quarz	28
Kreide	15
Bariumcarbonat	10
Kaolin	10
Zinkoxid	4
Talk	3

Matt Transparent

Cornish Stone	60
Dolomit	20
Kaolin	20

Weiß matt

Nephelin-Syenit	34
Kaolin	20
Quarz	18
Dolomit	14
Kreide	8
Zinkoxid	6

IRDENWAREGLASUREN

(zu Metallbelastung für den Benutzer siehe Anmerkung auf Seite 87)

Seidenmatt *(1150 °C)*

Bleidisilikat	40
Feldspat	25
Kaolin	18
Kreide	12
Quarz	5

(Durch erhöhten Kaolinanteil wird die Glasur noch matter.)

Glänzend Transparent

(etwa 1060-1100 °C)

Bleidisilikat	72
Ball Clay	15
Quarz	9
Kreide	4

Cremig Transparent

(nach Paul Young, etwa 1080-1120 °C)

Bleidisilikat	80
Kalifeldspat	10
roter Ton	10

(Durch Zugabe von 2 % Bentonit entsteht eine Glasur, die direkt auf den lederharten Ton aufgetragen werden kann. Der Schrühbrand entfällt dann.)

FARBGEBUNG

Farbige Schlicker und Engoben werden auf Seite 54 vorgestellt. Die Grundrezepte können durch Ausprobieren zu einer enormen Farbauswahl erweitert werden. Oxide und Unterglasurfarben lassen sich gut auf den rohen Ton auftragen, sind aber in getrocknetem Zustand sehr pulverig und werden beim Hantieren mit der Ware leicht abgewischt. Um das zu verhindern, kann der Grundstoff mit etwas weißer Engobe zu einem stark färbenden Schlicker verrührt werden, der fester auf der trockenen Ware hält. Zahlreiche Pigmente und Engoben (Rezepte siehe Seite 96) werden direkt auf den rohen Ton aufgetragen und mit oder ohne zusätzliche Glasurschicht verwendet.

GLASUREN

Auf den Tabellen links finden Sie Rezepte für transparente und matte Glasuren im Irdenware- und Steinzeugbereich. Bei relativ dünnem Auftrag ergeben sie auf farbig gestalteten Flächen - egal ob bemalt oder bedruckt - einen dezent zurückhaltenden Überzug. Verlässliche klare Grundglasuren sind fertig gemischt im Fachhandel erhältlich. Denken Sie bitte daran, dass die unter der Glasur liegende Farbe von den Glasurstoffen beeinflusst wird und dass nicht alle Überzüge die Farben gleich gut hervorbringen.

Oben: Gegossene, unglasierte Porzellanvase mit direkt in die Gussform gemaltem Blumenmotiv von SUE DYER. *Das Verfahren ähnelt der Monotypie. Brand bei 1250 °C*

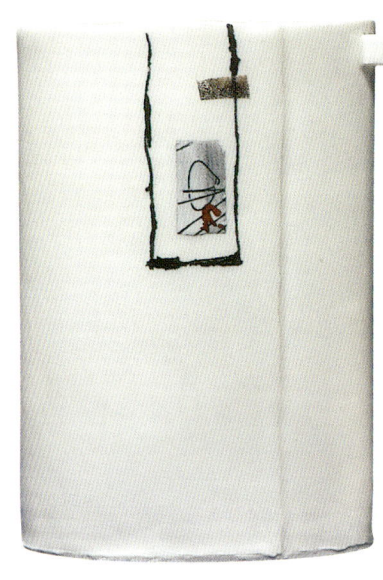

Unten: Porzellangefäß mit Engobe-Monotypie von FIONA THOMPSON. *Die Engobe wird auf Zeitungspapier gepinselt, getrocknet und mit Mustern bekratzt. Das Dekor wird vor dem Schrühbrand auf den lederharten Ton übertragen. Anschließend ist das mit Mattglasur überzogene Teil nochmals bei 1150 °C gebrannt.*

MALEN, ZEICHNEN, DRUCKEN

KAPITEL 1

Malen auf Ton

Viele Dekors in diesem Buch entstehen durch Bemalen oder Zeichnen auf den Ton. Keramik ist ein sehr vielseitiges und ausdrucksstarkes Medium und bietet dem persönlichen Stil viel Raum, wie die Beispiele beweisen.

Die aus Wülsten aufgebaute Terrakotta-Vase wird im lederharten Zustand flächig und freizügig bemalt. Die Komposition aus farbiger Engobe, Pinselstrichen und Sgraffito (siehe auch Seite 68) ist geschickt der gewölbten Wandung angepasst.

SIE BRAUCHEN

Ritz- und Sgraffitowerkzeuge
verschiedene Pinsel
farbigen Schlicker oder Engobe

1 Mit einem breiten, weichen Flachpinsel wird eine dünne Engobeschicht aufgetragen.

2 Nach und nach kommen weitere Farbschichten dazu. Im feuchten Stadium kontrastieren sie noch stark, doch nach dem Brand gleichen sich die Nuancen an und ergeben eine nur leicht schattierte Fläche.

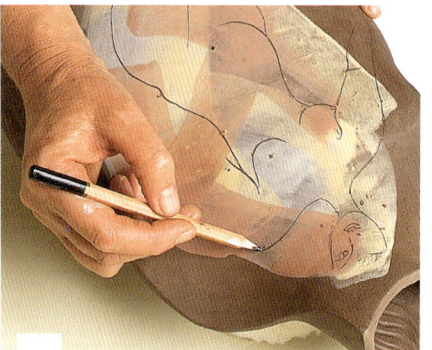

3 Mit dem Bleistift wird ein Sgraffitomuster durch die Engobe aufgekratzt.

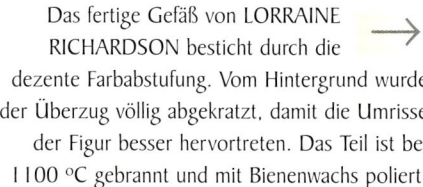

Das fertige Gefäß von LORRAINE RICHARDSON besticht durch die dezente Farbabstufung. Vom Hintergrund wurde der Überzug völlig abgekratzt, damit die Umrisse der Figur besser hervortreten. Das Teil ist bei 1100 °C gebrannt und mit Bienenwachs poliert.

VARIANTEN

Links: Bunte Schale mit bewegten Bildern von JEAN PAUL LANDREAU. *Ausspartechnik mit Sgraffito*
Mitte: Irdenware-Schale von VIVIENNE ROSS *mit farbigen Engoben und Sgraffito*

Rechts: "Eva in gelben Hosen". Zierkrug in Plattentechnik aus Irdenware von JUDE JELFS. *Nicht vollständig deckende Engoben, innen Glasur*

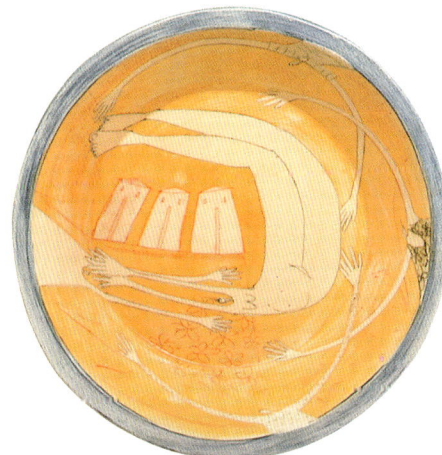

SCHALE MIT BUNTEM ENGOBEDEKOR

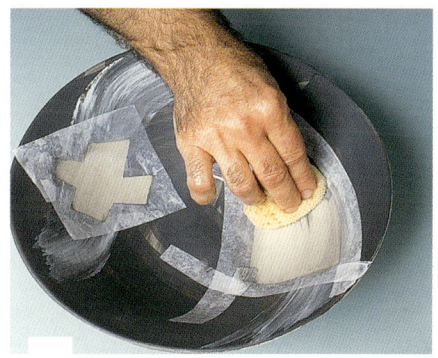

1 Überziehen Sie die lederharte Schale mit einer dunklen Engobe. Lassen Sie sie stehen, bis sie berührtrocken ist. Oberfläche teilweise mit Papierstreifen (befeuchten, damit sie besser halten) abdecken, dunkle Engobe aus den freien Feldern abwischen, so dass ein hellerer Malgrund entsteht.

4 Papierabdeckung von der berührtrockenen Oberfläche entfernen. In Sgraffito-Manier (siehe Seite 68) ein Muster durch den dunklen Überzug kratzen, so dass der weiße Ton zum Vorschein kommt. Die hellen Linien bilden nach dem Brand einen scharfen Kontrast zur farbigen Fläche.

2 Mit einem weichen Pinsel gelbe Engobe in das durch die Papierschablone umrahmte Fenster streichen. Eventuell die Trocknung mit einem Haarföhn beschleunigen. Mehr Informationen zu Ausspartechniken finden Sie auf Seite 76.

3 Mit einer Zahnbürste rote Engobe auf einige Partien der Oberfläche spritzen. Dadurch wirkt das Gesamtbild lebhafter und vielschichtiger.

Die fertige Schale von JEAN PAUL LANDREAU wurde nach dem Schrühbrand mit Transparentglasur überzogen und nochmals bei 1120 °C gebrannt.

47

KALLIGRAPHIE

In den Ton gekratzte Texte und Buchstaben eignen sich ausgezeichnet für markante Aussagen. Beschriebene Erinnerungsteller und Schalen sind eine reizende Geschenkidee. Beispiele für solche Arbeiten finden sich in der Geschichte - von altgriechischen Vasen mit Darstellungen aus der Mythologie bis zu Herrscherporträts auf historischer Delfter und Schlicker-Ware. Zusätzliche Texte ergänzen ganz natürlich die graphische Ausgestaltung oder Bemalung von Keramikobjekten.

Schneiden Sie einen Pinselstiel meißelförmig zurecht. Mit diesem Werkzeug lassen sich in Sgraffito-Manier Buchstaben in die Engobe ritzen.

Beschriftungen rund um den Rand sind besonders bei Erinnerungstellern üblich. Das Dekor lebt durch starke Farbkontraste.

Sie können die Texte auch ohne zusätzliche Engobeschicht direkt in den weichen Ton (hier eine Porzellanmasse) ritzen und mit durchscheinender Glasur überziehen.

Monotypie

Monotypie (Einmaldruck) ergibt nur einen einzigen Abdruck, wie der Name bereits sagt. Die Farbe wird dabei von einer Fläche auf die andere übertragen. Nachfolgende Abdrucke ergeben ein viel schwächeres Bild als der erste. Die Technik eröffnet ein weites Experimentierfeld für schnelle, einfache Dekore. Hier werden drei Verfahren zur Anfertigung von Monotypien auf dem weichen Ton vorgestellt.

SIE BRAUCHEN

Glas- oder Acrylplatte
Malmedium auf Wasserbasis
Druckwalze
steifen Pinsel
Kratzwerkzeuge aus Holz
Tonroller

1 Skizzieren Sie ein einfaches Motiv auf Papier, legen Sie es als Vorlage unter die Glasscheibe. Details werden mit rotem Eisenoxid (mit einem Malmedium auf Wasserbasis zu einem Brei verrührt) ausgeführt. Die Farbe verläuft nicht. Alle Pinselstriche kommen gut heraus. Versuchen Sie auch andere Farbmischungen.

TECHNIK 1: FREIHÄNDIGE ZEICHNUNG

Ein einfaches Motiv wird auf eine glatte, nicht saugfähige Platte gemalt. Bevor die Farbe antrocknet, wird sie auf den Ton übertragen. Man muss also zügig arbeiten. Im Beispiel ist nur eine Farbe gewählt, mit etwas Geschick sind auch mehrfarbige Drucke möglich. Fehler lassen sich leicht vom Glas abwischen.

2 Ritzen Sie noch einige Details sgraffitoartig ein. Dabei darf die Farbschicht nicht austrocknen.

3 Auf das fertige Bild legen Sie vorsichtig eine Tonplatte, die Sie gut andrücken. Sachte über die Rückseite rollen, damit sich das Bild nicht verzerrt oder verwischt.

4 Heben Sie den Ton sorgfältig ab, ohne die Farbe mit den Fingern zu berühren. Das Motiv hat sich ähnlich wie bei Löschpapier auf den Ton übertragen. Es ist empfindlich, die Platte kann aber in einer Gipsform oder nach der auf Seite 53 geschilderten Methode verformt werden.

↑ Die fertige Steinzeug-Kachel ist matt weiß glasiert und bei 1250 °C gebrannt.

VARIANTEN

Links: *Zierplatte von* CAROL WHEELER. *Mehrere Schichten von Monotypien, Schablonen und Linoldruck sind hier übereinander gelegt. In halbtrockenem Zustand wurde ein Stück bestrichenes Zeitungspapier darüber gelegt und von der Rückseite bemalt. Dadurch drückten sich die rosa Linien ab. Brand bei 1260 °C*

Mitte links: *Das dargestellte Abtropfsieb wurde von einem Zeitungpapierblatt auf den Ton übertragen. Die Zeitung war mit mehreren Schlickerschichten bemalt, die jeweils vor dem nächsten Auftrag trocknen mussten. Arbeit von* JO CONNELL

Mitte rechts: *Ebenfalls ein Motiv von* JO CONNELL. *Wieder wurden Engobeschichten - beginnend mit den dunklen Umrissen des Fisches und endend mit den bläulichgrauen Hintergrundstreifen — auf Zeitungspapier gemalt und auf den Ton übertragen. Beim Abdrucken erscheint der Fisch seitenverkehrt.*

Rechts: *Porzellangefäß von* FIONA THOMPSON

mit Engobe und Pigmenten, im Monotypieverfahren gestaltet

TECHNIK 2: FARBIGE FLÄCHEN

Diese Methode ähnelt Technik 1. Nur wird diesmal das Motiv nicht aufgemalt, sondern in die vollständig deckend auf die Glasplatte aufgetragene Farbschicht gekratzt.

1 Arbeiten Sie auf einer Platte aus Glas oder Acryl. Verteilen Sie mit der Druckwalze die Farbe gleichmäßig. Hier wird Unterglasurfarbe verwendet, die mit einem Medium auf Wasserbasis zu einem dünnen Brei verrührt wurde.

2 Ziehen Sie mit einem spachtelartigen Werkzeug, Cutter oder Baumwolltupfer ein Muster in die klebrige Oberfläche.

3 Pressen Sie die Tonplatte sanft darauf. Bitte darauf achten, dass das Bild nicht durch unbedachte Seitwärtsbewegungen verdorben wird.

4 Beim Abnehmen der Tonplatte sieht man, dass ein Teil der Farbschicht übertragen wurde. Es ist sogar noch ein zweiter Abdruck möglich, der allerdings viel blasser ausfällt. Schneiden Sie die Platte zurecht, formen Sie sie nach Belieben und lassen Sie sie trocknen. Die empfindliche Farbschicht sollte dabei nicht berührt werden.

Die Schmuckplatte ist nach dem Schrühbrand $\rightarrow$ mit einer transparenten Irdenware-Glasur überzogen.

TECHNIK 3: ENGOBE UND SCHLICKER

Bei dieser Methode wird Engobe auf Papier gepinselt und auf den Ton übertragen. Umgekehrt kann auch die Tonplatte auf mit Schlicker bemaltes Papier gelegt werden. Auch Gips eignet sich als Unterlage zum Bemalen. Der hier verwendete Schlicker besteht je zur Hälfte aus Kaolin und Ball clay und ist mit Unterglasurfarben oder Farbkörpern eingefärbt.

1 Bauen Sie den Entwurf mit intensiv gefärbter Engobe auf. Streichen Sie Zeitungspapierstreifen mit den unterschiedlichen Farben ein, lassen Sie sie leicht antrocknen, bis sie nicht mehr glänzen. Dann legen Sie sie mit der Farbseite nach unten auf die Tonplatte und reiben leicht mit den Fingern darüber, damit sich die Schicht überträgt.

2 Nehmen Sie das Papier ab und legen Sie die nächste Schicht auf. Auf diese Art wird nach und nach das gesamte Muster in beliebig vielen Etappen aufgebaut.

↑ Die Platte von CAROL WHEELER, bei 1260 °C im Elektroofen gebrannt, blieb unglasiert. Das gezeigte Verfahren funktioniert auch mit gewölbten und dreidimensionalen Formen, wenn man darauf achtet, beim Arbeiten die Oberflächen nicht zu beschädigen.

3 DieTextur erinnert an ein abblätterndes Gemälde, wie eine Art Patina. Schneiden Sie die Kanten glatt, dehnen Sie die Ecken leicht und passen Sie den Ton in eine Pressform ein.

VARIANTEN

Rechts: Wellenartiges Objekt von HEATHER MORRIS *aus Töpferton. Die Muster wurden mit farbigen Engoben auf Gipsformen gemalt und auf die verwendeten Tonplatten gedruckt. Unten ein Detail aus einer ähnlichen Arbeit*

Rechts außen: Schmuckplatte aus Paperclay von HEATHER MORRIS. *Die Platte ist mit Engobe bedruckt, die auf einer strukturierten Gipsform aufgetragen wurde. Die Künstlerin kombinierte dabei Reliefdruck und Monotypie.*

Engobe auf Gips

Diesmal tragen die zum Formen des Tons verwendeten Gipsformen die Farbe. Beim Gießen überträgt sich das Dekor auf den Scherben. Nur ein einziger Abdruck ist dabei jeweils möglich. Es entstehen interessante Schichteffekte und schöne satte Farben.

Im Beispiel wird mit Gießton gearbeitet, doch Pressformen für zwei- und dreidimensionale Objekte können ähnlich behandelt werden. Die verwendete Porzellanmasse bringt die Farben brillant heraus und eignet sich hervorragend für zusätzliche Ritzmuster.

SIE BRAUCHEN

bunt gefärbte Engoben
Formen (siehe Seite 36)
Gießton (Porzellanmasse)
Pinsel
Cutter oder Messer

1 Malen Sie die bunte Engobe in mehreren Schichten direkt in die Gipsform. Sie trocknet schnell, sollte dabei aber nicht abblättern. Die erste (unterste) Farbschicht erscheint auf dem Gefäß als äußerste.

2 Verbinden Sie beide Formhälften mit breitem, kräftigem Gummiband, bevor Sie die Porzellangießmasse einfüllen.

3 Der Gießton muss sich lange genug setzen. Gießen Sie Überschüsse ab und lassen Sie alles ein bis zwei Stunden trocknen, bevor Sie die Form öffnen. Das Muster ist jetzt gut zu erkennen.

4 Kratzen Sie die Oberfläche glatt. Eventuell zur Vollendung ein paar markante Linien mit einem Messer oder Kratzwerkzeug in die Wände einritzen.

VARIANTEN

5 Füllen Sie die Kratzlinien mit farblich kontrastierendem Schlicker gut aus. Kratzen Sie die Überschüsse weg, wenn er getrocknet ist (Einlegetechnik mit Farbschlicker *siehe auch Seite 74*).

Unten: *Weiße Porzellanvase von* SUE DYER *mit Druckmotiv aus aufgemalter und eingelegter Engobe*

Die fertige
Iris-Vase
von SUE DYER ist bei
1240 °C gebrannt.

51

MALEN, ZEICHNEN, DRUCKEN

KAPITEL 1

Siebdruck

Siebdruck wird normalerweise auf Papier angewendet, eignet sich aber auch hervorragend zur Keramikgestaltung. Das Verfahren ist im industriellen Bereich gebräuchlich, lässt sich aber auch im Studio durchführen. Wie die anderen Drucktechniken kann es in mehreren Stadien der Herstellung eingesetzt werden.

SIEBDRUCK MIT ENGOBE

Kaufen Sie einen fertigen Rahmen oder machen Sie selber einen aus stramm in einen Holzrahmen gespanntem Polyestergewebe. Am besten arbeiten Sie beim Spannen zu zweit. Statt der traditionellen Seidengaze wird heute für das Sieb meist einfädiges Polyester bevorzugt, das im Handel für Künstlerbedarf in mehreren Maschenweiten und Stärken erhältlich ist. Für Engoben sind die eher groben Qualitäten (T für „thick" = fest) mit etwa 16 Fäden pro Zentimeter geeignet.

Im Prinzip ist der Siebdruck ein Aussparverfahren (siehe Seite 76). Im Beispiel werden Schablonen verwendet. Die schon sehr exakten Muster werden vom Fotosiebdruck (siehe Seite 138) noch übertroffen. Die Gaze hat nur begrenzte Lebensdauer.

↑ Farben sind nicht gleich Farben! Die im Rohzustand gräuliche Masse brennt weiß, die rosa Engobe blau. Die Steinzeugschale von CAROL WHEELER ist mit milchiger Mattglasur überzogen.

1 Bereiten Sie die Tonscheibe vor. Sie sollte völlig eben und nicht zu feucht sein. Legen Sie Papierstreifen als Muster auf. Sie ragen über die Tonkanten hinaus. Holzleisten heben den Siebrahmen etwas an, damit Sieb und Gaze sich nicht berühren. Das elastische Gewebe dehnt sich beim Drucken leicht.

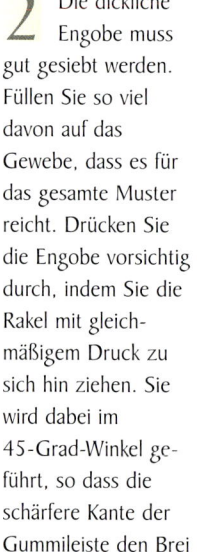

2 Die dickliche Engobe muss gut gesiebt werden. Füllen Sie so viel davon auf das Gewebe, dass es für das gesamte Muster reicht. Drücken Sie die Engobe vorsichtig durch, indem Sie die Rakel mit gleichmäßigem Druck zu sich hin ziehen. Sie wird dabei im 45-Grad-Winkel geführt, so dass die schärfere Kante der Gummileiste den Brei durchs Sieb presst. Haben Sie das Gefühl, dass einmaliges Ziehen nicht reicht, wiederholen Sie den Vorgang. Ziehen Sie in dieselbe Richtung, damit sich der Rahmen nicht verschiebt und den Abdruck verwackelt. Am besten hält eine zweite Person den Rahmen fest in Position.

3 Heben Sie den Rahmen vorsichtig ab. Wegen des Zwischenraums schnappt das Sieb nach dem Überstreichen wieder hoch, ohne anzukleben (sogenannter „Absprung"). Egal, ob das Papier am Ton oder am Gewebe haftet, der Druck ist fertig.

Siebdruck mit Unterglasurfarbe

Der feuchte Ton lässt sich statt mit Engobe auch mit diversen Farben und Pigmenten bedrucken. Im Beispiel wird schwarze Unterglasurfarbe direkt auf den feuchten bis lederharten Ton übertragen. Man mischt sie mit einem Malmedium auf Wasserbasis mit dem Palettmesser zu einer homogenen, klebrigen Paste. Die richtige Konsistenz - weder zu flüssig noch zu dick, damit sie noch durchs Gewebe dringt - ergibt sich durch Ausprobieren. Die „Noten-blätter" entstanden nach der auf Seite 138 vorgestellten Methode.

SIE BRAUCHEN

Siebdruckrahmen

Rakel

Fotosiebdruck-Ausrüstung (siehe Seite 138)

Unterglasurfarbe und Malmedium auf Wasserbasis

Palettmesser

feuchte Tonplatten aus geeigneter Masse

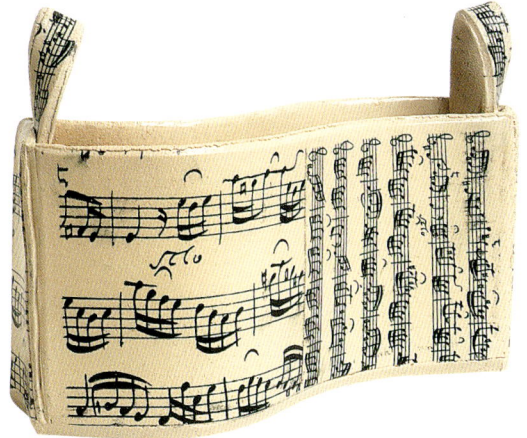

↑ „Musikalischer Schwung" von JO CONNELL. Brand bei 1150 °C mit seidenmatter Transparentglasur, die das aufgedruckte Muster gut zur Geltung bringt

1 Bereiten Sie eine Tonplatte zum Bedrucken vor und legen Sie Holz-leisten als Auflage für den Siebdruckrahmen bereit, wie auf der vorigen Seite gezeigt.

2 Die Rakel muss die passende Breite haben, d.h. etwas breiter als das Muster, aber etwas schmaler als der Rahmen sein, damit sie beim Arbeiten nicht hängen bleibt.

3 Heben Sie den Rahmen vorsichtig ab. Die frisch bedruckte Tonfläche ist sehr empfindlich.

VARIANTEN

Links: Kachel mit Fotosiebdruck von JO CONNELL aus weißem Ton mit grauem Engobemuster und Trans-parentglasur

Rechts: Vase im Siebdruck-verfahren mit Pigmenten von FLEUR HARVEY

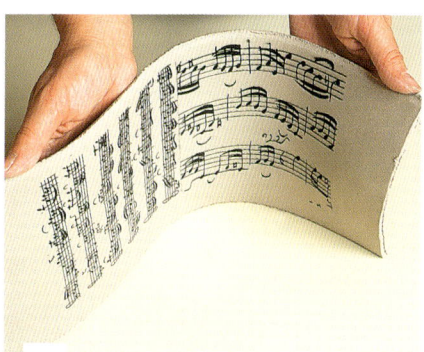

4 Der Vorteil von Drucken auf noch feuchte Massen ist offensichtlich: Sie lassen sich noch biegen und formen. Die farbige Oberfläche darf dabei nicht mehr berührt werden.

ENGOBE

Schlicker und Engobe werden in der Keramik seit Jahrhunderten zur Farbgebung und Musterung eingesetzt. Als die Töpfer Tonsorten in unterschiedlichen Farben fanden, entdeckten sie gleich, dass diese sich mit Wasser verrührt als Überzug für Gefäße eignen. Engobe ist eine Mischung aus Ton, Wasser und manchmal Farbstoffen wie Oxiden oder Farbkörpern sowie gelegentlich weiteren Zusätzen, die bewirken, dass sich der Überzug besser an den Scherben anpasst. Dicker Engobebrei ist bereits bei einmaligem Auftragen deckend. Es ergibt sich ein glatter, farbiger Hintergrund für weitere Dekortechniken und Glasuren. Engobieren ist eine preiswerte Art, grobe dunkle Gefäße in weiße zu verwandeln. Dünner aufgetragene Engobe erlaubt interessante Effekte, wenn der Scherben durchschimmert oder mehrere Farbschichten übereinander gelegt werden. Schlicker und Engobe provozieren zu zahlreichen Anwendungsmöglichkeiten. Der frisch aufgetragene, noch feuchte Brei kann marmoriert werden, mit Fingern oder Zahnspachtel können Kammmuster erzeugt werden.

MATERIALIEN

Ton als Basis für Engoben (siehe Rezepte)

Oxide und Farbkörper

Pinsel, Malhörnchen, Sgraffito- und Kammwerkzeuge

Wachs: Heißwachs oder Kaltwachsemulsion

Sieb (Maschenweite um 0,2 mm)

weitere Hilfsmittel für die einzelnen Techniken (Tabaksaft, Schwämme etc.)

Für strukturierte Flächen wird Engobe mit dem Pinsel aufgetragen. Sie erlaubt schnelle, lockere Dekore, die durch ihre Spontaneität leben. Beim Trocknen bieten sich durch Bemalung, Zeichnen oder Ritzen weitere detailliertere

Oben: *Die linke Vase von* CAROLINE WHYMAN *ist eingeritzt und mit grober Engobe ausgelegt, mit Goldlüster bemalt und nochmals gebrannt. Im rechten Beispiel wurde blaue und gröber strukturierte schwarze Engobe gewählt.*
Mitte: *Pasta-Teller aus Irdenware von* JOANNA BEHRENS. *Weiße Masse, mit einem einzigen kühnen Pinselstrich in dunkler Engobe dekoriert und transparent glasiert*
Unten: *Aus Platten aufgebaute Vase von* MARK DALLY. *Dekor mit Papierschablonen und Malhorn*

Oben: *Engobe kann mit allen möglichen Geräten wie Schwämmen, Malhörnchen und Pinseln aufgetragen werden.*

Links: *Auf der Scheibe gedrehtes Limoges-Porzellan von* KOCHEVET BEN-DAVID. *Engobe-Dekor mit Malhorn und Pinsel aufgetragen*

Oben: Zierteller mit eingeschnittenem Rand von JOHN CALVER. *Neben Engobe sind zwei Glasur-schichten aus Kupfer seidenmatt und Kobalt seidenmatt aufgetragen.*

Links: Durch Sieben ergibt sich eine griffige Konsistenz und zugesetzte Farbkörper verteilen sich gleichmäßig im Schlicker. Für die meisten Anwendungen reicht eine Maschenweite von etwa 0,2 mm aus.

Bearbeitungsmethoden an. Farbliche Kontraste werden u.a. mit der Aussspartechnik von Seite 76 geschaffen.

Viele Keramiker dekorieren ihre Ware ausschließlich mit Engoben. Oft kommt dabei die gewohnte Palette des traditionellen rustikalen Gebrauchs-geschirrs zum Einsatz: Weiß, Creme, Braun, Schwarz sowie gelegentlich Blau und Grün unter transparenter oder honigfarbener Glasur. Haushalts-waren dieser Art sind seit Jahrhunderten beliebt und in Gebrauch. Sie strahlen Wärme und Vertrautheit aus. Andere Töpfer bedienen sich moder-ner Farbkörper für kräftigere Akzente oder feine Pastelltöne. Gewöhnlich kommen Engoben durch Überzüge mit Transparentglasur kräftiger heraus. Bei höheren Temperaturen gebrannte Teile können aber auch unglasiert bleiben, wenn eine matte Oberfläche gewünscht wird.

Sinterengoben werden bei hohen Brenntemperaturen leicht glänzend. Gelegentlich tritt ein solcher Effekt bei natürlich vorkommenden Massen auf. Meist werden aber Flussmittel zum Verglasen beigesetzt, etwa Borax-fritte. Mehr darüber erfahren Sie auf Seite 96. Unter Lehmglasuren versteht man Überzüge mit hohem Tonanteil. Sie können direkt auf die ungebrannte Rohware aufgebracht werden und benötigen keinen Schrühbrand. Sie werden gern für Sgraffito-, Kamm- und Wachs-Aussparverfahren verwendet.

GRUNDREZEPTE FÜR FARBIGE ENGOBEN

Als Basis eignet sich purer Ball clay. Auf manchen Tonsorten blättert dieser wegen seiner starken Trockenschwindung leicht ab. In diesem Fall fügt man probehalber 20-50 % Kaolin zu oder verwendet die Grundmasse selbst als Grundlage. Die genannten Farben ergeben sich unter einer transparenten Glasur.

Zusatzstoffe zum Schlicker (Trockengewicht)	Menge	Farbe
Kobaltoxid/-karbonat	0,5-2 %	blau
Kupferoxid/-karbonat	1-5 %	grün (unglasiert bräunlich)
Eisenoxid	3-12 %	cremefarben bis dunkelbraun
Mangandioxid	5-12 %	Brauntöne
Nickeloxid	2-5 %	braun/grau
(Natürlich sind auch Mischungen mehrerer farbgebender Stoffe möglich.)		
rotes Eisenoxid + Kobaltoxid + Mangandioxid	je 8 %	schwarz

Farbkörper in Zusätzen von 5-15 % ergeben ein breites Farbspektrum. Rote Massen werden pur oder mit bis zu 30 % rotem Eisenoxid vermischt verwendet, um die Farbe kräftiger zu machen. Sie eignen sich auch als Basis für Dunkelblau und Schwarz. In der Natur gefundener Ton ist oft niedrigbrennend und eisenhaltig und eignet sich ebenfalls für Engoben.

Oben: Freigedrehte Schalen mit Eichenlaubmotiv von RALPH JANDRELL. *Musterung durch Schwamm-stempel, Glasuren, Tauchen und Pinselmalerei*

Schütten

DAS AUFGIEßEN VON ENGOBE ist eine einfache, aber effektive Gestaltungsmethode, bei der die Gefäßformen schön betont werden. Beim Überschütten mit einem Krug wird das Objekt über einen Eimer gehalten. Der Engobefilm passt sich der Wölbung der Wände an. Bedenken Sie bitte, dass jedes Objekt zum Begießen und Abtropfen der überschüssigen Engobe ein paar Minuten lang fest in einer Hand gehalten werden muss. Am einfachsten ist es, wenn das Gefäß einen Fußring zum Anfassen hat. Manche Formen wie etwa kugelige Flaschen dagegen lassen sich unmöglich mit der Hand halten und werden zum Begießen am besten aufgestellt.

SIE BRAUCHEN

Heißwachs oder Kaltwachsemulsion

Pinsel zum Wachsauftrag

Engobe in kontrastierenden Farben

Krug und Schüssel

lederharte Ware zum Dekorieren

↑ Schale mit Engobedekor von JOHN COMMANE. Die rot brennende Masse ist mit weißer Engobe und einer honigfarbenen Irdenware-Glasur überzogen.

1 Einzelne Partien werden mit heißem Wachs ausgespart, das mit dem Pinsel direkt auf den rohen Scherben aufgetragen wird (mehr zu dieser Technik *siehe Seite 64*).

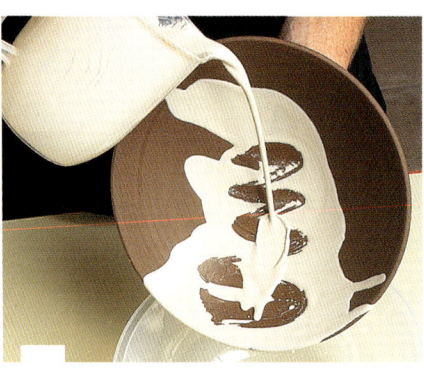

2 Sachte wird weiße Engobe aufgeschüttet. Da die Schale ziemlich senkrecht gehalten wird, sammelt sie sich nicht in der Mitte, sondern läuft seitlich ab.

3 Dann wird sie zu beiden Seiten geschüttelt oder geklopft, damit sich interessante Fließmuster bilden. Die Überschüsse werden in einer untergehaltenen Schüssel aufgefangen.

VARIANTEN

Links: Salzglasiertes Gefäß mit aufgegossener Engobe von NICK SOMERVILLE, zusätzlich mit Kammmustern eingeritzt

Rechts: Irdenware-Teller von JOHN COMMANE. Beim Aufgießen der farbigen Engoben senkrecht gehalten. Farblose Glasur und Brand bei 1150 °C

DEKORTECHNIKEN AM UNGEBRANNTEN SCHERBEN

KAPITEL 1

Tauchen

BEIM TAUCHEN ERGIBT sich wie beim Begießen ein dichter, gleichmäßiger Engobeüberzug. Die Gefäßform muss sich zum Tauchen eignen. Gedrehte Objekte sind leichter zu handhaben, wenn sie noch an der Aufsatzscheibe der Drehscheibe haften und erst nach der Dekorierung mit Draht abgeschnitten werden. Die Tauchwanne muss groß genug für das Objekt sein und genügend Schlicker enthalten. Es darf nicht an den Seiten oder am Boden anstoßen. Fingerspuren werden kaschiert, solange der Schlicker noch flüssig ist. Im Beispiel werden die gestalterischen Möglichkeiten der Methode vorgeführt. Die Dekore passen sich der Gefäßform an.

SIE BRAUCHEN

lederharte Ware zum Dekorieren

Schüssel oder Wanne zum Tauchen

Engobe

↑ Hier ist eine zweite Methode zu sehen. Das Zylindergefäß mit Wachs-Aussparmuster (*siehe Seite 76*) wird direkt in den Eimer mit Engobe getaucht.

1 Zuerst wird die Vase seitlich einge- taucht, damit sich Farbkleckse auf den Wänden bilden, und ohne weitere Berührung der Wände vorsichtig herausgehoben.

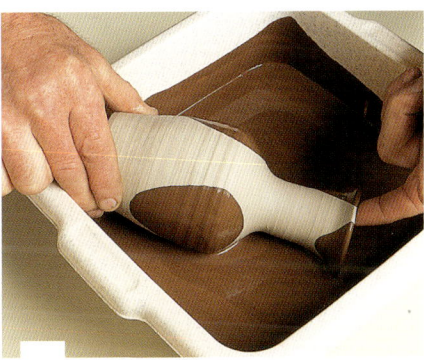

2 Die Vase erhält noch weitere Tauch- spuren an Hals und Wänden. Stellen Sie sie sachte auf, ohne Fingerspuren zu hinterlassen. Die Engobe muss so trocken sein, dass sie nicht herunterläuft.

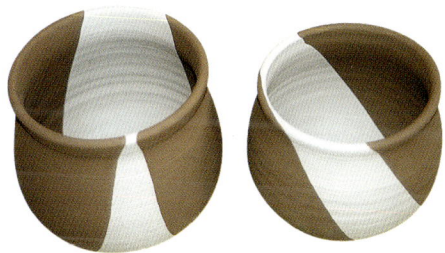

↑ Getauchte, ungebrannte Töpfe. Mit ein paar schlichten Handgriffen entstehen ausdrucksvolle Dekore. Dennoch sind Sorgfalt und Übung nötig, um scharfe Linien zu erhalten.

57

VARIANTEN

Links: Teeschale aus Terrakotta von PAUL YOUNG. Getaucht, mit Sgraffitomustern eingeritzt und mit farbigen Glasuren überzogen
Mitte: Tasse mit getauchtem Rand von MOLLY ATTRILL. Die Engobe wurde auf den lederharten Ton aufgetragen und nach dem Schrühbrand mit honigfarbener Glasur überzogen.
Rechts: Reduzierend gebranntes Steinzeuggefäß mit Engobeschicht unter der Glasur von DEREK EMMS

Malhornmalerei

Meist wird für diese Technik ein Malhörnchen – ein kleiner Gummiball mit abnehmbarer Tülle oder Spitze – verwendet. Davon gibt es verschiedenste Varianten. Sogar aus Plastikflaschen und Verpackungen lassen sie sich improvisieren. Professionelle Geräte funktionieren aber meist verlässlicher.

SIE BRAUCHEN

Malhörnchen
Engobe
lederhartes Objekt zum Dekorieren
Ränderscheibe

↑ Irdenware-Schale von PAUL YOUNG. Nach Bemalung mit dem Malhörnchen und Schrühbrand wurden einige der Flächen mit farbigen Glasuren gefüllt und dann nochmals bei 1100 °C gebrannt.

FLÜSSIGE LINIEN

Die verwendete Engobe sollte ziemlich dickflüssig und gut gesiebt sein. Üben Sie zunächst den zügigen Auftrag auf einer Plastikunterlage, so dass die Engobe nicht verschwendet ist. Füllen Sie das Malhorn ganz voll und schütteln Sie den Brei gut in die Tülle, damit keine Luftblasen eingeschlossen bleiben. Dann drücken Sie möglichst gleichmäßig und ohne Ruck. Mit etwas Übung wird das Malhörnchen sicher wie Bleistift oder Pinsel gehandhabt.

↑ Beispiel für Stegtechnik (Liniendekor zur Abgrenzung farbiger Flächen) aus der MOORCROFT POTTERY.

Beim Bemalen lederharter Oberflächen oder bei Verwendung dickflüssiger Engobe erhalten Sie deutlich hochstehende Linien. Die Flächen können später mit weiterer Engobe oder nach dem Schrühen mit farbigen Glasuren gefüllt werden. Bemalungen auf feuchteren Oberflächen sinken stärker ein.

Ähnliche Muster lassen sich mit glasurartigem Schlicker auf bereits geschrühte Ware aufbringen. Die durch die Linien abgegrenzten Flächen werden mit helleren oder dunkleren farbigen Glasuren gefüllt und nochmals gebrannt. Diese Technik war in viktorianischer Zeit für Fliesen beliebt und beispielsweise eine Spezialität der Moorcroft-Waren.

VARIANTEN

Links: Mit Malhorn dekoriertes Geschirr von PAUL YOUNG. *Weiße Engobe auf braunem Scherben mit transparenter Glasur*

Links oben: Das Detailfoto zeigt weiße Engobe auf rotem Scherben mit transparentem Glasurüberzug.

Links unten: Limoges-Porzellan von KOCHEVET BEN-DAVID. *Die auf der Scheibe gedrehten Stücke werden mit Malhorn und Pinsel mit farbigen Engoben bemalt.*

Mitte: Irdenware-Vase in Plattentechnik von MARK DALLY *mit markanter Engobemalerei*

Rechts: Ebenfalls mit dem Malhorn bemalter, zusätzlich farbig glasierter Krug von NIEK HOOGLAND

Rechts außen: Bauchiger Krug von WILLI SINGLETON *mit transparenter Ascheglasur über weißer Engobe. Die dunklen Bogenlinien sind mit schwarzer Engobe aufgemalt.*

1 Die lederharte Schale wird zentriert auf die Ränderscheibe gelegt. Beim Drehen der Scheibe werden zunächst Ringe mit dem Malhörnchen gezogen.

2 Das Muster kann leicht mit Bleistift skizziert werden. Im Beispiel wird die Engobe allerdings ohne Hilfslinien direkt nach Augenmaß aufgetragen. Dazu ist viel Übung nötig.

3 Mit sicherer Hand werden flüssige Musterlinien aufgemalt. Neben der – hier ausschließlich verwendeten – schwarzen Engobe könnten natürlich alle möglichen Farben eingesetzt werden.

4 Innen wird das Muster wiederholt. Legen Sie vor Beginn die Abstände fest, damit die Linien gleichmäßig verteilt sind.

5 Viele Keramiker empfinden die Innen- und Außenseite ihrer Ware bei der Benutzung als gleichgewichtig. Dekore auf allen diesen Flächen – und sogar innen im Fußring – machen daraus ein wirkliches „Rundum"-Objekt, das man gern in die Hand nimmt. Auch nach dem Spülen verkehrt herum im Abtropfsieb stehend ist die Schale ein interessanter Anblick!

Federzugtechnik

BEI DIESER RAFFINIERTEN METHODE ergeben sich federartige Musterungen. Auch zum Verteilen der Engobe kann ein Federkiel benutzt werden. Malhörnchen zum Auftrag der Engobestreifen wie auch Ziehwerkzeug müssen sicher geführt werden. Engoben in allen möglichen Farben können verwendet werden. Das Beispiel zeigt traditionelle Schwarzweißmuster unter einer honigfarbenen Glasur. Auf gewölbten Flächen sind Federzugmuster viel schwieriger zu verwirklichen, aber nicht unmöglich. Wir kennen herrliche Beispiele seit dem 18. Jahrhundert, darunter sogenannte Eulenkrüge, bei denen das Dekor Vogelfedern imitiert.

SIE BRAUCHEN

Engobe in zwei Farben

Malhörnchen

Krug zum Gießen

Federkiel, dünnes flexibles Stäbchen oder Nadel

lederharte Schale oder Tonplatte zum Dekorieren

1 Gießen Sie den Spiegel mit schwarzer Engobe (im rohen Zustand sieht sie braun aus) auf das lederharte, flache Gefäß aus weißer Masse. Überschuss abtupfen und Rand reinigen.

2 Ziehen Sie mit gleichmäßigem Druck mit weißer Engobe parallele Streifen. Das Malhorn ist ganz gefüllt, der Brei wird bis vorne in die Tülle geschüttelt. Leicht ergeben sich bei unruhiger Hand Fehler. Sie lassen sich eventuell durch Marmorieren kaschieren.

3 Mit dem Federkiel wird die Engobe mit gleichmäßig verteilten Linien in eine Richtung gekämmt. Bei Fehlern kann alles abgewischt und nochmals neu aufgetragen werden, falls das Gefäß noch nicht zu weich ist.

4 Nun werden – ähnlich wie bei Tortenverzierungen – zwischen den Linien in Gegenrichtung weitere gezogen, so dass sich federartige Muster ergeben.

↑ Die schwarzweiße Schale von PAUL YOUNG ist auf traditionelle Art mit einer Honigglasur (transparente Irdenware-glasur mit 3 % Eisenoxid) überzogen und zeigt dadurch ein reiches Farbspiel.

VARIANTEN

Unten: *Das Detailfoto zeigt eine satte Honigglasur über schwarzweißem Federzug*

Unten rechts: MOLLY ATTRILL *überzog ihre Irdenware-Platte mit schwarzweißem Federzugmuster ebenfalls mit honigfarbener Glasur*

DEKORTECHNIKEN AM UNGEBRANNTEN SCHERBEN

KAPITEL 1

Marmorierung

ÄHNLICH WIE DIE FEDERZUGTECHNIK sind Marmorierungen auf traditioneller Gebrauchsware zu finden. Zunächst wird die lederharte Fläche - meist ein Teller oder sonstiges flaches Objekt - mit Engobe überzogen. Während der gesamten Behandlung und beim Trocknen ruht der Teller auf einer Holzplatte. Die dicke nasse Engobeschicht macht den Scherben sehr weich. Liegt er nicht sicher auf, kann er leicht zusammenfallen. Pressgeformte Teile bleiben beim Marmorieren in der Form und werden erst entnommen, wenn der Ton angezogen hat. Im lederharten Zustand säubert man sie wo nötig, indem man Flecken oder verschmierte Stellen mit einem Schwamm vom Rand wischt oder abkratzt.

SIE BRAUCHEN

Engobe in zwei Farben

Malhörnchen

lederharte Schale oder Tonplatte

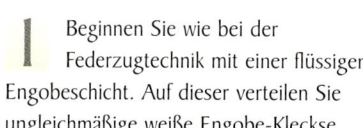

1 Beginnen Sie wie bei der Federzugtechnik mit einer flüssigen Engobeschicht. Auf dieser verteilen Sie ungleichmäßige weiße Engobe-Kleckse.

2 Klopfen oder rütteln Sie die Platte, damit die Farben verlaufen. Passende Konsistenz und Übung tragen sehr zum Gelingen bei. Die anfangs noch kräftigen Muster werden immer feiner, je länger man die Platte bewegt.

3 Sie entscheiden, wann Sie aufhören. Zu langes Rütteln ergibt nur zu feine Linien, die nicht mehr deutlich sichtbar sind.

↑ Die Schale von PAUL YOUNG trägt braunweiße Marmormuster unter einer transparenten Irdenwareglasur.

61

VARIANTEN

Unten: *Blauweißes Marmormuster mit transparenter Steinzeugglasur*

Mitte und rechts: *Zwei Schalen von GABRIELLE RUCINSKI. Beide sind mit flüssig aufgetragener bunter Engobe dekoriert und transparent glasiert*

Tupfenmuster

Punkte lassen sich mit verschiedenen Geräten auftupfen, sind sehr vielseitig und gut mit anderen Dekoren kombinierbar. Nehmen Sie zum Auftragen Finger, Malhörnchen oder sonstige Gerätschaften, die die richtige Engobemenge abgeben und die gewünschten Formen ergeben.

Die Tupfen können hochstehen oder platt auftrocknen, je nach Konsistenz des Scherbens. Das Beispiel zeigt einen weißen Krug mit regelmäßig aufgetupften Punktmustern aus farbiger Engobe.

SIE BRAUCHEN

farbige Engobe
Malhörnchen
lederhartes Objekt

↑ Krug von PAUL YOUNG mit Engobe-Punktdekor und Steinzeugglasur

1 Damit die Engobe nicht abläuft, sollte sie ziemlich dickflüssig sein. Große Tupfen aus schwarzer Engobe werden direkt mit dem Finger aufgedrückt.

2 Die kleineren rosa Punkte werden mit dem Malhörnchen zugefügt. Die Engobe läuft von gewölbten Flächen leicht ab und sollte etwas antrocknen, bevor das Gefäß auf eine andere Seite gedreht wird.

3 Gelbe Punkte in den schwarzen Tupfen vollenden das Dekor. Je trockener der Untergrund, desto erhabener liegen sie auf.

VARIANTEN

Links: *Große runde Schale mit farbigem Engobedekor, Ritz- und Punktmustern von* JEAN PAUL LANDREAU
Mitte: *Schale mit schwarzem Punktmuster auf weißer Engobe und honigfarbener Irdenwareglasur von* JO CONNELL

Rechts: *Schwarze Engobetupfen auf weißer Engobefläche bilden das Dekor dieses Kruges von* MOLLY ATTRILL. *Ebenfalls honigfarbene Irdenwareglasur*

Spritzen

Wo bei sehr großen, zerbrechlichen oder komplexen Objekten das Tauchen oder Überschütten nicht möglich ist, kann die Engobe mit der Spritzpistole aufgesprüht werden, besonders bei gewünschtem sehr dünnen Überzug, zarten Übergängen, speziellen Schattierungen, oder wenn man nicht mehr genug Engobeschlicker hat.

SIE BRAUCHEN

Spritzkabine und –pistole
gefärbte Engobeschlicker
lederharte Objekte

WOLKENMUSTER

1 Beim Besprühen einer flachen Platte mit drei unterschiedlichen Engoben ergeben sich wolkige Flächen mit sanften Übergängen statt scharfer Linien. Dieser Effekt ist nur beim Spritzen möglich.

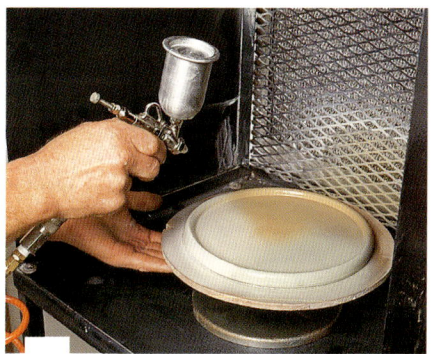

2 Die Schichten müssen sorgfältig aufgetragen werden, damit keine Schlieren ablaufen. Eventuell vor dem Weiterarbeiten jede Schicht etwas antrocknen lassen. Die Basis darf nicht zu feucht werden.

↑ Flache Schale von JOHN COMMANE. Unter der transparenten Irdenwareglasur kommen die Engobefarben gut zum Vorschein. Auch Unterglasurfarben lassen sich gut auf den lederharten Ton sprühen.

SCHABLONEN

1 Befeuchten Sie eine dünne Papierschablone und legen Sie sie auf den lederharten Ton auf. Stellen Sie sie zur weiteren Behandlung in eine Spritzkabine.

2 Besprühen Sie die Schale vorsichtig mit weißer Engobe. Dabei darf sich die Schablone nicht abheben oder verrutschen.

Flache Irdenware-Schale mit Schablonenmuster von JOHN COMMANE. Mit einer durchscheinenden grünlichen Glasur überzogen →

3 Wenn die Platte so weit trocken ist, dass sich die Schablone zu wellen beginnt, wird das Papier entfernt.

63

ENGOBE

KAPITEL 1

Pinselmalerei

WÄHREND GIESSEN UND TAUCHEN meist flächige, deckende Überzüge ergeben, entstehen beim Aufmalen von Engoben durchscheinende Partien. Es ist wichtig, die passenden Pinsel aus dem riesigen Angebot zu wählen. Da Engoben vergleichsweise schwer sind, muss der Pinsel viel Farbbrei halten und sollte eher weiche als steife Borsten haben. Japan- und Chinapinsel eignen sich gut für kalligraphische Arbeiten: Hake-Flachpinsel sind praktisch für flächige Überzüge, andere Formen speziell für dünne Linien, Flächen oder Schattierungen etc. Die Auswahl müssen Sie letztlich selber treffen.

SIE BRAUCHEN

lederharte Ware zum Dekorieren
Ränderscheibe
Engobe
Pinsel

↑ Das satte Farbspiel auf diesem mit Pinseldekor gestalteten Teller von PAUL YOUNG ergibt sich durch die honigfarbene Glasur.

1 Das einfarbig schwarz gehaltene Muster wird mit einem chinesischen Kalligraphiepinsel aufgetragen. Er ist sehr flexibel und erlaubt große Variation in der Strichdicke.

2 Obwohl das Dekor sehr streng komponiert ist, erhält es durch die locker aufgetragenen, flüssigen Linien eine persönliche Note.

3 Der ausdrucksstarke Pinselstrich kann auf verschiedene Arten eingesetzt werden. Hier werden mit der Pinselspitze Punkte aufgetragen.

VARIANTEN

Unten und rechts: *Beide Teller von* JONNA BEHRENS *sind mit Pinselstrichen verziert. Im Gegensatz zum regelmäßigen Muster im oberen Beispiel sind hier kraftvolle, spannungsreiche Zufallslinien gewählt.*

Bändern

FLACHE STREIFEN ODER BÄNDER lassen sich ebenfalls mit farblich kontrastierenden Engoben aufmalen. Als Hilfsmittel wird eine Ränderscheibe verwendet. Die meisten Modelle sind aus Metall und drehbar. Sie werden mit einer Hand an der Achse bewegt, während die andere das Dekor aufmalt.

1 Auf den lederharten Zylinder werden Wachsstreifen aufgetragen. Spezielle Abdeckwachse können, solange sie noch nicht getrocknet sind, mit Wasser aus dem Pinsel gewaschen werden. Sie sind außerdem einfacher in der Handhabung als Heißwachs.

2 Mit dem Flachpinsel wird eine Engobeschicht über die Wachsstreifen gestrichen. Sie ist so dünn, dass die Pinselspuren sichtbar bleiben.

↑ Das gebänderte Gefäß wird mit einer Honigglasur überzogen und nochmals gebrannt. Im Ofen brennt das Wachs weg und hinterlässt farblich kontrastierende Streifen, in denen der Scherben sichtbar bleibt.

VERTIKALE LINIEN

Hier wird das Wachs in ungleichmäßigen senkrechten Streifen über einer Schicht von gelblicher Engobe aufgetragen. Darüber kommt eine zweite dunklere Engobe.

↑ Das fertige Steinzeug-Objekt ist bei 1250 °C gebrannt und unglasiert und nach dem Schrühbrand nochmals mit Wachs und Mangandioxid abgedeckt. Ein paar Engobetröpfchen bleiben auf den Wachsflächen liegen. Das gehört zum Charakter von Wachsaussparverfahren.

VARIATION

Unten: *Terrakotta-Schale von* JOHN COMMANE. *Die Innenfläche ist mit einer breiten Spirale in Wachsaussparstechnik und weißer Engobe verziert und nach dem Schrühbrand transparent glasiert.*

65

ENGOBE

KAPITEL 1

Kammzug

Kammspuren sind eine weitere Möglichkeit für spontan wirkende Dekore in lockerer, flüssiger Linienführung. Sie entstehen nicht nur mit richtigen Kämmen. Die Finger eignen sich ebenso zum Ziehen von Wellenlinien wie andere Hilfsmittel - seien es Gabeln, Zahnspachtel aus Plastik etc.

Die Rillen gehen durch die Engobeschicht oder bis in den weichen Scherben hinein. Die Technik ist ausgesprochen direkt. Richtig gelingen die Muster aber nur, wenn die Engobe genau die passende Konsistenz hat. Ist sie zu dünn, schließen sich die Linien wieder, ist sie zu trocken, wirken sie stockend und kantig. Auf den gekämmten Partien verändern sich Dicke und Farbintensität der Engobe, was durch geschicktes Glasieren noch betont wird. Auf dieser Seite finden Sie mehrere Kammzugmuster auf schwarzer Engobe.

SIE BRAUCHEN

verschiedene Kammwerkzeuge

lederhartes Objekt zum Dekorieren

Engobe

Krug

Eimer

1 Der Krug wird gut festgehalten und auf einer Seite mit Engobe begossen. Sie sollte einen Moment antrocknen.

↑ Salzglasierter Krug von ALEX McERLAIN mit Kammdekor auf breiten Engobestreifen

2 Mit einem Bambuskamm wird schnell, mit flüssigem Schwung eine Wellenlinie in die Engobeschicht geritzt.

3 Es macht Spaß, unterschiedliche Kammwerkzeuge auszuprobieren. Hier werden einfach mit dem Daumen interessante Wellen eingemalt.

VARIANTEN

Links: *Salzglasierte Steinzeugschale mit weißer Engobe von* JO CONNELL. *Kammzug- und Stempelmuster*

Mitte links: *Salzglasierter Krug von* ALEX McERLAIN *mit gekämmtem Engobedekor unter grünlicher Ascheglasur*

Mitte: *Schlanker Krug von* MICHAEL CASSON *mit Kammzugmuster und Salzglasur*

Mitte rechts: *Krug von* WILLI SINGLETON *mit transparenter Ascheglasur über eingekämmtem Streifenmuster*

Rechts außen: *Vase von* WILLI SINGLETON, *ebenfalls mit Kammzugdekor unter transparenter Ascheglasur*

MÄANDERLINIEN

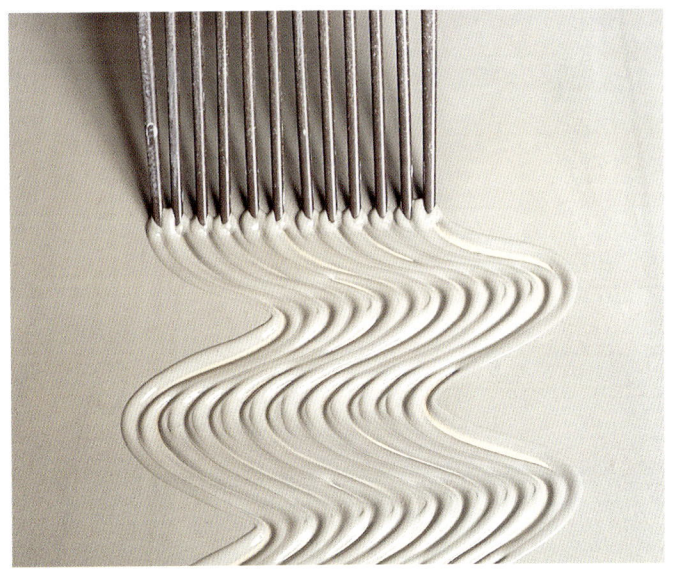

FINGERSPUREN

Hier sind die Finger das einzige Werkzeug für Kammmuster mit sehr dünnflüssiger Engobe auf rotem Scherben. Zum Schluss wird das Ganze bei 1000 °C mit einer Transparentglasur überzogen *(links)*.

Ein weit gezähnter Kamm wird für ausladende Mäanderlinien in kobaltblauer Engobe verwendet. Der frisch aufgeschüttete Farbbrei hat vor dem Kämmen leicht angezogen. Das Ergebnis ist farblos glasiert und bei 1250 °C gebrannt (links).

67

Sgraffito

Sgraffito bedeutet Kratzen, Ritzen oder Zeichnen in den Ton. Das Wort leitet sich vom italienischen „graffiare" (zeichnen) ab. Meist wird dabei durch einen farbigen Überzug geritzt, durch den der ursprüngliche Scherben wieder sichtbar wird. Diese Deckschicht kann aus Engobe oder sonstigen Stoffen bestehen - etwa aus einer Mischung von Oxiden mit Tonmasse oder aus mit Oxiden eingefärbten Glasuren. Zum Kratzen eignen sich zahlreiche Werkzeuge, von der Metallschlinge über hölzerne Modellierwerkzeuge, Spieße bis zu Nadeln und Cutter.

Sgraffito ist auf feuchter und angetrockneter Engobe möglich. Die Kammzugtechnik von Seite 66 könnte man als eine Art Sgraffito auf sehr feuchter Engobe deuten. Da der Überzug sehr schnell trocknet, sind interessante Effekte möglich. Sind sowohl Engobe wie auch Ton noch sehr weich, kann sehr tief in den Scherben gekratzt werden, so dass etwas Masse mit entfernt wird und die Muster stark hervortreten. In späteren Stadien mit fast trockener Engobe ergeben sich akkurate, scharfe Linien, wie die Beispiele auf dieser Seite an einer fein gemusterten Porzellanschale zeigen.

SIE BRAUCHEN

Kratzwerkzeuge
Ränderscheibe
Engobe
Schablonen- oder Künstlermesser

↑ Viele Werkzeuge mit unterschiedlich geformten Spitzen eignen sich für Sgraffitoarbeiten. Fast jedes spitze Instrument ist zu gebrauchen.

VARIANTEN

Links: *Rotes Irdenware-Geschirr mit weißer Engobe und Sgraffito von* CHRISTINE GEDDES. *Nach dem Schrühbrand wurde ein Hauch von Unterglasurfarben zur Betonung der Schattenflächen aufgetragen.*

Mitte links: *Irdenware-Schale mit 60 cm Durchmesser von* DOMINIQUE KEELING. *Das Grundmuster ist in feinen Sgraffitolinien durch die weiße Engobe-schicht geritzt. Zusätzlich sind verschie-dene Farboxide aufgetragen.*

Mitte rechts: *Irdenware-Geschirr von* FRANCOISE DUFAYARD, *in weiße Engobe getaucht und mit Sgraffitolinien versehen*

Rechts außen: *Terrakotta-Schale von* MOLLY ATTRILL. *Sgraffito auf weißer Engobe, mit dunkel honigfarbener Glasur überzogen.*

Unten rechts: *Vom Landleben inspirierte Kartoffeltöpfe von* MOLLY ATTRILL *aus unglasiertem Terrakottaton. Die weiße Engobeschicht aus dem Hintergrund wurde völlig entfernt, so dass die Motive fast reliefartig hervortreten.*

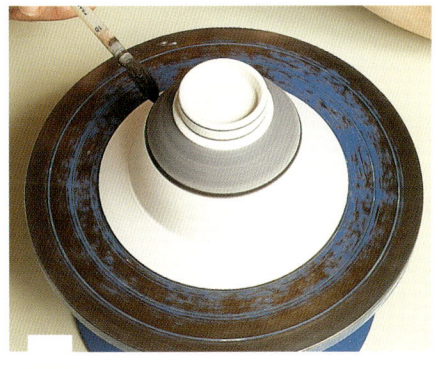

1 Die Schale wird auf der Ränderscheibe zentriert und auf der Außenwand mit deckender schwarzer Sinterengobe bestrichen (Bändermuster *siehe Seite 65*).

2 Mit dem Schablonenmesser kann man sehr feine Linien kratzen. Sie dringen durch die Farbschicht bis auf den Scherben durch.

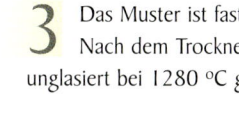

3 Das Muster ist fast fertig. Nach dem Trocknen wird es unglasiert bei 1280 °C gebrannt.

Die von LOUISE DARBY gestaltete Porzellanschale zeigt, welchen Detailreichtum die Sgraffitotechnik erlaubt. →

ÜBUNGEN

Ein paar Probedurchgänge auf einer einfachen Tonplatte sind ein guter Einstieg in die Sgraffitotechnik. Streichen Sie gleichmäßig weiße Engobe auf und warten Sie, bis sie berührtrocken ist. Mit verschiedenen spitzen Werkzeugen kratzen Sie durch die Farbschicht, um die Wirkung zu erproben.

Mocha

DIE MOCHA- ODER ZERFLIEßTECHNIK wurde im 19. Jahrhundert in England entwickelt. Der Name leitet sich von einem Quarzgestein her, das moosartige Musterungen trägt. Baum- oder flechtenartig verästelte Zufallseffekte ergeben sich, wenn man mit einem speziellem Medium angemachtes Metalloxid mit der feuchten Engobe reagieren lässt. Als Medium hat sich eine konzentrierte Tabaklösung bewährt: Der Tabak einer Zigarette wird mit 100 ml Wasser etwa zehn Minuten gekocht und dann abgeseiht. Brauchbar sind auch Säuren wie Essig, Zitronensaft und Wein und selbst Kartoffelsaft. Allerdings ist das Zerreiben einer Kartoffel zur Gewinnung der Flüssigkeit etwas mühsam.

SIE BRAUCHEN

lederhartes Objekt zum Dekorieren

hellblaue und weiße Engobe

Eimer zum Tauchen

Mangandioxid

Tabaksaft

Malhörnchen

einen Malpinsel

gezähnte Ziehklinge

1 Der lederharte Krug aus roter Masse wird etwa zur Hälfte in ein großes Gefäß mit hellblauer Engobe getaucht.

2 Auf dem blassen Überzug werden mit weißer Engobe Flecken aufgetragen und etwas verteilt, so dass sich ein realistisch anmutender Wolkenhimmel ergibt.

3 Den Krug schräg halten. In die noch feuchte Engobeschicht an der Kante eine Mischung aus Tabaksaft und Manganoxidpulver auftupfen (etwa 30 ml Tabaksaft mit 1/2 Teelöffel Mangandioxid).

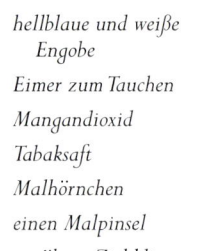

VARIANTEN

Links und Mitte: *Drei Geschirrteile der* BOSCASTLE POTTERY *mit verschiedenen Anwendungen der Mochatechnik in interessanten Farbkombinationen. Irdenware*

Rechts: *Für die Mochatechnik eignen sich alle Oxide. Die weiß engobierten Kacheln sind mit Mangandioxid (rechts) und rotem Eisenoxid (links) behandelt.*

Rechts außen: *Füllt man weiteres Oxid in den Ausgangspunkt nach und bläst oder schüttelt man von beiden Seiten, so verteilen sich die Verästelungen besser und vergrößern sich noch. Das blaue Farnmuster entstand mit Kobaltoxid.*

4 Die Flüssigkeit durchzieht den Schlicker in feinen Verästelungen, die sich mit dem Mangan füllen und dunkel färben. Die Engobe muss frisch aufgetragen und schnell bearbeitet werden, damit der Mochaeffekt gelingt.

5 Das Muster wird rund um den ganzen Krug wiederholt. Zum Schluss in Sgraffitotechnik einen Zaun einfügen (*siehe Seite 68*), um das Landschaftsbild zu vervollständigen.

6 Mit der gezähnten Ziehklinge werden auf dem braunen Untergrund Ackerfurchen angedeutet – und fertig ist die winterliche Szene.

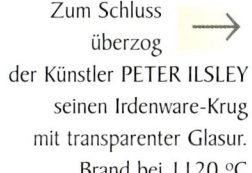

Zum Schluss überzog der Künstler PETER ILSLEY seinen Irdenware-Krug mit transparenter Glasur. Brand bei 1120 °C

TIPPS

- Probieren Sie die Technik zunächst an kleinen Werkstücken und mit verschiedenen Mischungen aus.
- Die Dicke der Engobeschicht hat einen Einfluss auf die Musterbildung.
- Blasen Sie die Farbpunkte vorsichtig - beispielsweise mit einem Strohhalm - auseinander, damit die Engobe nicht verschmiert wird.
- Leichtes Hin-und-her-Wiegen der Platte oder Beklopfen der Kanten bewirkt, dass sich die Farbpunkte besser verästeln und größere Muster bilden.
- Das Werkstück muss ungestört trocknen.

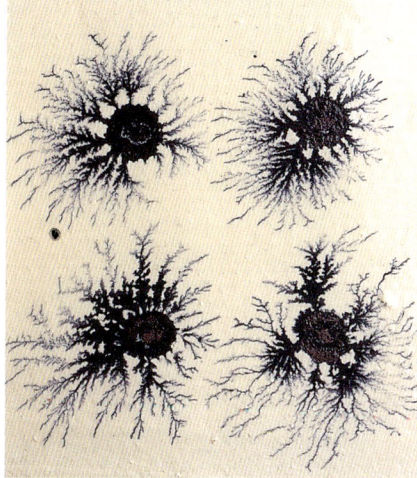

Terra sigillata

DER NAME STAMMT URSPRÜNGLICH von den glänzenden roten Tonwaren, die im 1. Jahrhundert von römischen Töpfern im südlichen Gallien angefertigt wurden. Später wurden sie auch Samische Ware genannt. Der sanfte Glanz kommt von einem sehr feinen geschlämmten Schlickerüberzug. Diese Technik kannten Jahrhunderte früher bereits die griechischen Töpfer mit ihren klassischen schwarzroten Vasen mit figuralem Dekor. Die Bandbreite der Farben ergab sich durch einen komplexen, souverän gesteuerten Brennzyklus in abwechselnd oxidierender und reduzierender Atmosphäre. Übermalte Partien wurden durch den hohen Eisenoxidanteil bei Reduktion schwarz, der Scherben selbst blieb rot. Terra sigillata erlebt heute eine neue Blüte. Im Töpferstudio bezeichnet man allerdings eher den verwendeten Schlicker als die historischen Vorbilder mit diesem Begriff.

Der Schlicker wird mit einem Verflüssiger versetzt, um die allerfeinsten Partikel gesondert zu gewinnen. Der sehr dünne Schlicker wird angedickt und oft nach dem Auftrag noch poliert. Brand bei maximal 1000 °C.

SIE BRAUCHEN

Drehscheibe
Pinsel
lederhartes Gefäß
Polierwerkzeug
Kratzwerkzeuge
Terra sigillata

WEISSE TERRA SIGILLATA

35 l destilliertes Wasser
1,5 kg trockener weißer ball clay
7,5 g Natriumhexametaphosphat*

ROTE TERRA SIGILLATA

6 l destilliertes Wasser
1,3 kg feiner roter Ton
30 g Natriumhexametaphosphat*
(* Kann durch andere Wasserenthärter ersetzt werden.)

HERSTELLUNG

Ton ins Wasser mischen und dann den Wasserenthärter zugeben. Eventuell erst in einem Mörser fein zerstoßen. Alle Zutaten gut mischen, 48 Stunden ruhen lassen. Überschüssiges Wasser abgießen. Die nächste Schicht – etwa das obere Drittel des Schlickers – sorgfältig abziehen. Dies ergibt die Terra sigillata. Den verbleibenden gröberen Rest anderweitig verwenden.

1 Überziehen Sie ein lederhartes rotes Tongefäß mit einem weichen Flachpinsel mit Terra sigillata. Hier wird ein Brei aus Irdenwareton und gelbem Eisenoxid verwendet. Beim Brennen wird er rot.

2 Wenn der Überzug berührtrocken ist, wird er poliert. Als Werkzeug eignet sich ein mit dünner Plastikfolie umhüllter Schwamm.

3 Dekore entstehen, indem man die Schlickerschicht beispielsweise mit Schlinge oder spitzem Werkzeug in Sgraffito-Manier einschneidet.

4 Mit dem Bohrer werden manuell dekorative Vertiefungen gebohrt. Beim Arbeiten stützen die Finger der anderen Hand von Innen die Wände ab, um den Druck auszugleichen.

5 Das fertig dekorierte Gefäß wird bei 850 °C geschrüht. Ein zweiter Brand ist nicht nötig. Terra sigillata ist fast wasserdicht. Der Überzug kann sowohl auf den rohen wie auch auf den geschrühten Scherben aufgebacht werden.

↑ Die Vase von PETER ILSLEY ist mit Wachs poliert, zeigt aber bereits ohne diese Zusatzbehandlung einen sanften Glanz. Rote Terra sigillata kann bei Wechselbränden den Farbton ändern. Oft wird sie für eine reiche, lüsterartige Patina zusätzlich geräuchert.

Schwammdruck

Das sogenannte Schwämmeln ist eine interesssante Technik für Engoben. Motive werden mit zugeschnittenen Schwämmen aufgestempelt. Es gibt sie in verschiedenen Qualitäten. Großporige Naturschwämme ergeben eigene Muster, Synthetik-Schwämme lassen sich gut in Formen schneiden mit scharfem Messer oder Schere, wenn man sie vorher angefeuchtet in die Gefrierbox legt. Geschwungene Formen schneidet man besser mit einer heißen Nadel (oder Drahtschlinge). (siehe Seite 85) Giftige Dämpfe müssen dabei gut weggelüftet werden.

SIE BRAUCHEN

Ziehklinge
verschiedene Schwämme
farbige Engoben
lederhartes Gefäß zum Dekorieren

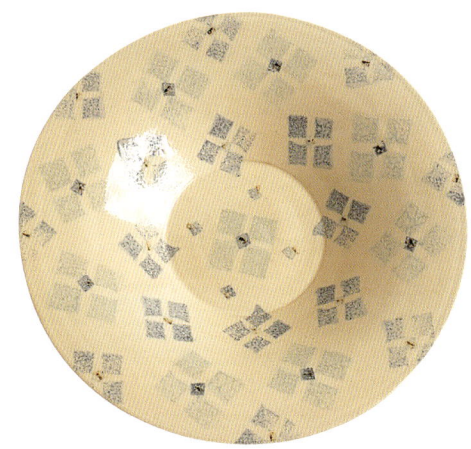

↑ Die Irdenware-Schale von JO CONNELL ist transparent glasiert und bei 1150 °C gebrannt.

1 Die Schale ist so glatt gedreht, dass sich kaum Drehringe zeigen. Mit der Ziehklinge wurde die Oberfläche zusätzlich geglättet. Mehrere farbige Engoben stehen bereit.

2 Die Engobe sollte ziemlich dickflüssig sein. Der getränkte Schwamm wird zunächst einmal auf Papier abgedruckt, um Überschüsse zu entfernen. Der Schwamm ist auf beiden Seiten eingeschnitten. Aus einzelnen Abdrücken wird ein Muster aufgebaut.

3 Die Elemente können sich teilweise überlappen. Die untere Farbschicht sollte vor dem Überstempeln trocken sein. Punkte werden mit einem kleinen Schwammstück einzeln aufgetupft.

WEITERE TECHNIKEN

Hier ist ein sehr detailliert ausgeführter Schwammstempel mit Schneckenmuster zu sehen. Er wurde mit einer erhitzten Nadel (Belüftung wegen der Dämpfe!) gestaltet. Die dunkle Tonplatte wird mit weißem Schlicker bedruckt.

Die Terrakottaplatte wird mit verschiedenen kleinen Schwammstempeln mit einem konzentrierten Manganschlicker bedruckt. Mit Klebeband abgedeckte Partien bringen zusätzlichen Reiz.

↑ Die Platte wurde in einer flachen Form geformt und ohne vorheriges Schrühen bei 1100 °C gebrannt.

73

Einlegemuster (Mishima)

Die alte japanische Kunst des Mishima, das Auslegen von Vertiefungen mit Engobe, erfordert neben Geduld auch eine ruhige Hand. Dabei entstehen feine Linien in kontrastierenden Farben von äußerster Eleganz. In unserem Beispiel werden gegossene Porzellanteile verziert, die einen glatten weißen Hintergrund für die Technik ergeben. Inspiration für die Linienführung liefert etwa das Ikebana, die japanische Kunst des Blumenarrangements. Form und Dekor harmonieren in ihrer bewussten Schlichtheit. Die Engobe wird direkt aus Porzellanmasse angemischt und mit Farbkörpern eingefärbt. Entsprechende Rezepte finden Sie auf Seite 19. Sehr kräftige Farbtöne sind ideal.

SIE BRAUCHEN

Künstlermesser (Skalpell) oder anderes Ritzwerkzeug

farbige Engobe

Malpinsel

lederhartes Objekt zum Dekorieren

Ziehklinge

Schmirgelpapier (für trockenes und feuchtes Schleifen)

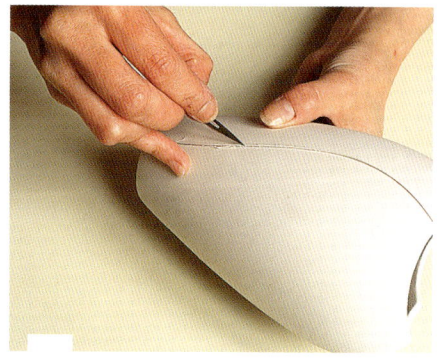

1 Lassen Sie die Vase lederhart antrocknen und kerben Sie mit dem Messer eine schwungvolle Linie ein. Diese wird zu einer V-förmig eingekerbten Rille vertieft, um genügend Engobe aufnehmen zu können. Das dauert seine Zeit.

2 Die Vertiefung wird so weit mit Engobe gefüllt, dass der Brei auf der Gefäßoberfläche steht. Drücken Sie ihn leicht in die Rille, damit sie wirklich ganz voll ist.

3 Wenn Gefäßwand und Engobe nochmals leicht angezogen haben, kann der Überschuss mit einer Rasierklinge abgekratzt werden. Darunter liegt genau auf Wandniveau eine scharfe Linie.

VARIANTEN

Links: *Vase von* SUE DYER *aus blauer Porzellangießmasse, mit farbiger Engobe ausgelegt*

Mitte links: *Zwei gedrehte Porzellanobjekte von* CAROLINE WHYMAN. *Links „Life Spiral Female Form" mit zweifarbigem, rechts „Life Crystal Male Form" mit dreifarbigen Einlagen.*

Mitte rechts: *Auf der Scheibe gedrehte Doppel-Teekanne von* NICHOLAS HOMOKY *aus Porzellanmasse, mit dunkel eingefärbter Porzellanengobe ausgelegt*

Rechts: *Schwarzes Porzellanobjekt, weiß eingelegt, von* SUE DYER

Rechts außen: *Porzellanvase von* SUE DYER, *mit mehrfarbigen Engoben ausgelegt*

4 Reinigen Sie die Wand mit einem Schwamm von allen Farbspuren. Selbst kleinste Reste der Engobe am falschen Platz sind nach dem Brand deutlich störend.

5 Nach dem Schrühbrand bei 900 °C wird die Wandung in eine Schale mit Wasser gehalten, damit sich kein Staub bildet, und mit feinem Schleifpapier abgeschmirgelt. Jetzt ist sie perfekt. Der zweite Brand - ohne Glasur - erfolgt bei 1240 °C.

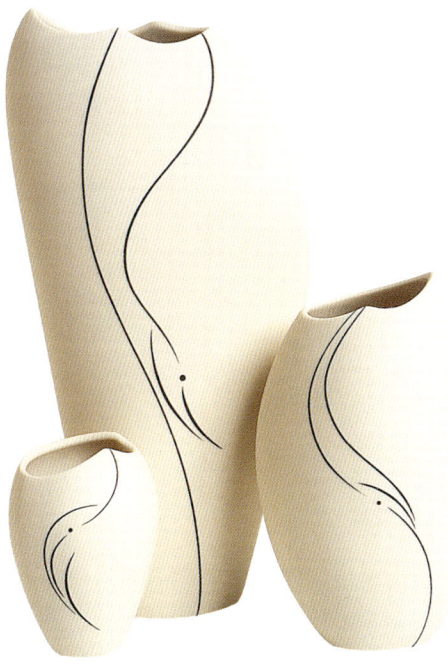

↑ Ein Set fertiger Vasen von SUE DYER mit Mustervariationen

PROBEKACHEL

1 Um die Brennfarbe der verwendeten Engoben zu bestimmen, sollte man eine Probe anfertigen. Drücken Sie dazu mit einer geraden Kante (Lineal o. Ä.) Linien in die Tonplatte. Die Vertiefungen werden mit Engobe in mehreren Farben gefüllt.

2 Wenn beides lederhart getrocknet ist, wird die Oberfläche mit der Ziehklinge abgeschabt. Die farbigen Linien kommen dabei zum Vorschein. Das Muster wird mit oder ohne Glasur in der gewünschten Temperatur gebrannt.

75

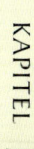

Ausspartechniken

ES GIBT VIELE MÖGLICHKEITEN, bestimmte Partien auf dem Scherben so abzudecken, dass sie die aufgetragene Engobe nicht annehmen. Die gekonnte Anwendung von Ausspar- verfahren in mehreren Schritten ergibt raffinierte Dekore. Heißes Wachs ist sehr brauchbar und relativ einfach in der Handhabung. Am besten wird es im Wasserbad oder doppelwandigen Topf geschmolzen, damit es nicht direkt mit der Hitzequelle in Berührung kommt. Kerzenwachs oder andere Wachse mit niedrigem Schmelzpunkt eignen sich gut, müssen aber stets heiß gehalten werden. Zu kalt aufgetragen blättern sie leicht ab.

Noch handlicher sind spezielle Abdeckwachse. Diese Fertigprodukte brauchen nicht erhitzt zu werden und lassen sich frisch aus Pinseln auswaschen. Sie sollten dünn aufgetragen werden und gut trocknen. In flüssiger Form erscheinen sie milchig, trocknen aber durchsichtig auf. Latex ist ebenfalls ein guter Abdeckstoff. Flüssig und als Kleber ist es im Künstler- und Keramikfachhandel erhältlich, in größeren Mengen beim Bildhauerbedarf. Im Gegensatz zum Wachs kann Latex nach Bearbeitung leicht von der Oberfläche abgezogen werden. Geschieht dies nicht, brennt es im Ofen ebenfalls weg. Auch Latex muss vor dem Engobeauftrag gut trocknen.

Zeitungspapier ist ein weiterer nützlicher und billiger Stoff zum Abdecken von Flächen. Es eignet sich sogar besser als hochwertige Papiere. Gewitzte Töpfer finden sicher noch andere Materialien, die sich in der einen oder anderen Weise für Ausspartechniken eignen.

SIE BRAUCHEN

Wachs oder dünnes Papier (Seiden- oder Zeitungspapier)
farbige Engoben
Schwämme
lederhartes Objekt zum Dekorieren
Nadel oder spitzes Werkzeug

1 Schneiden Sie etwa sechs Ornamente auf einmal aus mehreren Papier- schichten. Hier wird Seidenpapier aus dem Blumenladen verwendet. Es ist dünn und anpassungsfähig und dennoch reißfest.

2 Arrangieren Sie die Ornamente probehalter in der Schale, so dass sie die Fläche ansprechend füllen. Für die Schale wurde roter Ton verwendet. Weißer eignet sich ebenso.

VARIANTEN

Links: Vase mit Steinzeugglasur von WILLI SINGLETON. Blattdekor in Ausspartechnik auf heller Engobe
Mitte links: In Form gepresste Schale von JILL FANSHOWE KATO, dekoriert mit aufgegossener Engobe, Papier- Ausspartechnik, farbig ausgelegten Linienmustern und einem Handabdruck
Mitte rechts. Aufwändiges Patch- workmuster von CHRISTINE GEDDES. Latex-Abdeckung in Kombination mit eingelegten und aufgemalten Engoben
Rechts: Die salzglasierte Steinzeug- flasche aus einer Serie von JO CONNELL zeigt eine mit Papierstreifen ausgesparte Musterung.

3 Befeuchten Sie die ausgeschnittenen Ornamente mit Sprühflasche oder Schwamm und streifen Sie sie glatt auf den Ton.

4 Tupfen Sie mit dem Schwamm vorsichtig eine andersfarbige Engobe über die gesamte Oberfläche. Dabei werden auch die Blätter mit überdeckt, ohne zu verrutschen.

5 Weitere Blattformen werden am Rand aufgelegt, wenn die erste Farbschicht berührtrocken ist. Darüber kommt eine zweite Engobe.

6 Ist auch diese Schicht berührtrocken, werden die kleinen Papierpunkte aufgelegt, die das Muster vollenden. Darüber kommt die letzte Engobeschicht.

7 Beim Trocknen beginnt sich das Papier zu wellen und kann vorsichtig mit einer Nadel oder einem sonstigen spitzen Gegenstand abgenommen werden.

77

↑ Irdenware-Geschirr von GERRY UNSWORTH mit Blattdekor. Ausspartechnik mit Papier, transparent glasiert

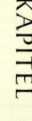

Kapitel 2 Glasuren und Farb- gebung

Nach dem ersten Brennen ist Keramik noch porös, rau und blass – irgendwie unfertig. Optik und Ober- flächen fordern zur weiteren Verfeinerung geradezu heraus. Bei der Gestaltung des geschrühten Scherbens bieten sich so viele Glasurtechniken und färbende Zusätze an, dass die Wahl nicht leicht fällt. Manche davon faszinierten unsere Vorgänger schon vor Jahrhunderten – und werden es sicher in den kommenden Jahrhunderten weiterhin tun!

UNTERGLASURFARBEN

WIE DER NAME SCHON ANDEUTET, werden die Pigmente unter der eigentlichen Glasur aufgetragen, gewöhnlich auf geschrühter Ware. Es gibt viele weitere Einsatzmöglichkeiten wie Anwendung auf dem rohen Glasurüberzug (*siehe Majolika, Seite 88*) oder ganz ohne zusätzliche Glasur (*siehe Seite 96*). Sie werden in verschiedenen Formen angeboten:

- als Pulver, das mit Wasser oder einem speziellen Malmedium angerührt wird
- als fertige Mischungen
- als Kreiden oder Malstifte.

Die Farbpalette ist riesig. Selbst hoch brennbare Unterglasurfarben sind mittlerweile fast überall erhältlich. Die Farben basieren auf Metalloxiden wie Eisen, Kobalt und Kupfer und werden so behandelt, dass sie gleichmäßig stabil und haltbar sind. Dennoch ergeben sich aufgrund verschiedener Faktoren leichte Farbabweichungen, abhängig von der Farbe des bemalten Scherbens oder der unterlegten Engobe, der verwendeten Glasur, der Auftragsdicke etc. Metalloxide können auch pur als Unterglasurfarben verwendet werden. Sie färben meist kräftiger.

Der Farbauftrag erfordert Geschick und Übung. Häufig wird zu dick gearbeitet, so dass die Glasuren nicht mehr gut haften und ungleichmäßig verlaufen. Viele Farben zeigen bereits im Rohzustand ihren endgültigen Ton, andere ändern sich beim Brennen erheblich. Man sollte gut auf die Beschriftung achten. Einige Blautöne sehen als Pulver beispielsweise eher rosa aus.

Oben: *Unterglasurfarben werden im Handel in Form von Pulver, Stiften, Kreiden und Fertigmischungen angeboten.*

Oben: *Salzfässchen mit Ente, Löffelgriff mit Dotterblumen sowie Krugflasche von ANNA LAMBERT. Unterglasurfarben unter transparenter Irdenwareglasur*
Mitte: *Gefäß mit aufgesprühten Unterglasurfarben von ROGER LEWIS unter Transparentglasur*
Unten: *Totem-Objekt mit Farboxiden und Unterglasur-Kreiden sowie niedrigschmelzender Goldlüsterglasur von BRIAN ASHLEY*

Unterglasurfarben lassen sich mit Metalloxiden mischen, um das Farbspektrum zu erweitern. Machen Sie sich allerdings - wie immer beim Umgang mit keramischen Farben - auf Überraschungen gefasst und probieren Sie ausgiebig, damit Sie ein gutes Gefühl für das Material bekommen.

Unterglasurfarben haben eine lange Geschichte. Eine ihrer klassischen Epochen war die chinesische Mingdynastie (1368-1644) mit ihren charakteristischen blauen Kobaltmustern auf weißem Grund. Diese Dekors sind besonders haltbar, werden sie doch von der Glasur geschützt. Traditionell benutzte man derartige Stoffe für Tafelgeschirr. Sie können aufgemalt, gedruckt und gesprüht oder sonstwie aufgetragen werden. Auf den folgenden Seiten sehen Sie einige interessante Anwendungsbeispiele.

Oben: Die Farbmuster wurden in Streifen auf ungebrannte Irdenware-Zinnglasur aufgetragen und dann bei 1150 °C gebrannt. Auf Seite 88 wird die Majolikatechnik genauer beschrieben.

Unten und rechts: Servierplatte und Geschirrteile von NICHOLAS MOSSE. *Das Dekor ist mit Schwammstempeln und Unterglasurfarben auf die Schrühware aufgetragen und farblos überglasiert.*

ANMISCHEN VON UNTERGLASURFARBEN

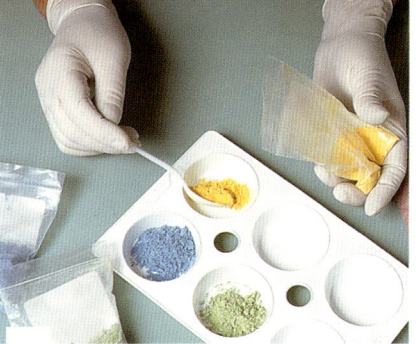

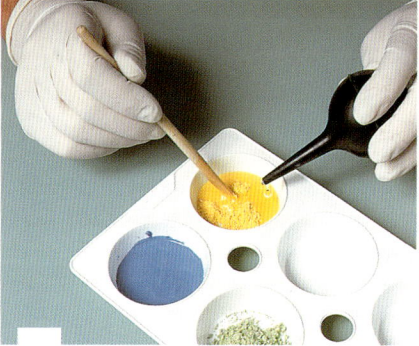

1 Die Farben sind in unterschiedlicher Form erhältlich, etwa als Kreiden, Stifte oder in Tuben. Fertigfarben enthalten ein Bindemittel und werden vor dem Glasieren einmal gebrannt. Viele, aber nicht alle Fabrikate eignen sich für hohe Brenntemperaturen (Herstellerangaben beachten).

2 Es ist ratsam, jeweils nur kleine Partien einer Farbe anzumischen. Größere Mengen trocknen schnell aus und müssen vor Weiterverwendung neu zermahlen werden. Füllen Sie die Farben auf eine Palette, Untertasse oder in kleine Gläser, ohne sie zu vermischen.

3 Mit dem Malhörnchen wird vorsichtig Wasser zum Farbpulver gegeben. Damit lässt es sich exakt dosieren. Die Mischung sollte eine sahneartige Konsistenz haben. Zu dicke Farbe ergibt Blasen in der Glasur, zu dünne wirkt blass.

Unterglasurmalerei

DIE BEMALUNG KANN DIREKT auf den geschrühten Scherben aufgebracht werden, der dann – hier im Beispiel – mit einer transparenten Irdenwareglasur glasiert wird. Verschiedene Maltechniken sind gebräuchlich, die auch Raum für individuelle Stileigenheiten lassen.

Es ist wichtig, die Pinselführung mit unterschiedlichen Pinseln zu üben, da Fehler nicht rückgängig gemacht werden können. Im schlimmsten Fall lässt sich nur die Schicht abwaschen – nicht immer vollständig. Manche Farben wie einige Blautöne sind sehr kräftig, andere dagegen brennen in dünnem Auftrag vollständig weg. Wie immer ist es wichtig, sich mit den Substanzen vertraut zu machen. Es lohnt sich wirklich, ausführlich zu experimentieren. Gerade die feinen Nuancierungen machen den Unterschied!

Zum Anrühren von Unterglasurfarben verwenden manche Keramiker ein spezielles Malmedium, gewöhnlich auf der Basis von Gummiarabikum. Dies erfordert oft einen zusätzlichen Brand, um die Farben zu härten und das Medium auszubrennen. Andere bevorzugen einfach Wasser zum Anrühren. Behandeln Sie das Dekor aber in jedem Fall vorsichtig, da es sich leicht abreibt und verwischt.

Auf diesen Seiten führt der Künstler ein großzügiges Pinselmuster in kräftigen Farben vor.

SIE BRAUCHEN

geschrühte Ware zum Dekorieren

Unterglasurfarben

Pinsel in mehreren Stärken

1 Die Teekanne aus roter Masse wird vor dem Schrühbrand zunächst mit cremefarbener Engobe überzogen. Sie ergibt ein sanfteres Farbspiel als reines Weiß. Die Kanne wird mit einer Hand gehalten, während die andere mit einem alten Malerpinsel eine schwungvolle Wellenlinie aufträgt. Zur Farbgebung dient mit Wasser angerührtes Kobaltoxid. Im Foto erscheint es schwarz. Erst beim Brand entwickelt sich ein sattes Blau.

2 Als nächstes wird mit einem schmaleren Pinsel am Rand der blauen Welle Gelb aufgetragen. Kobaltoxid ist eine sehr kräftige, dominante Farbe. Das Gelb ergibt durch den Kontrast ein ausgewogeneres Farbenspiel.

82

VARIANTEN

Links: Schwarzweiße „Landschafts-Pfeile" von PAUL SCOTT, *etwa 25 cm lang. Unter transparenter Glasur liegen schwarze Unterglasurdekors und Sgraffitolinien*

Mitte links: „Abstrakte Landschaft mit John-Pollex Tasse". Dekorplatte von PAUL SCOTT *aus Porzellanmasse mit Unterglasurbemalung, Sgraffito- und Stempelauftrag unter transparenter Glasur*

Mitte rechts: Irdenware-Schale in ähnlicher Farbstellung wie die Teekanne von JAN BUNYAN, *mit ebenso lebhaften Pinselstrichen gekonnt verziert*

Rechts: Suppenschüssel von BENNETT COOPER. *Rote Irdenware mit transparenter Glasur. Die Farbgestaltung mit Engoben, Oxiden, Farbkörpern und Sgraffitotechnik ergibt ein vielschichtiges Dekor.*

Rechts außen: Irdenware-Schale von KAREN WOOLF. *Der lederfarbene Scherben trägt eine lebhafte Bemalung in Unterglasurfarben unter transparenter Glasur.*

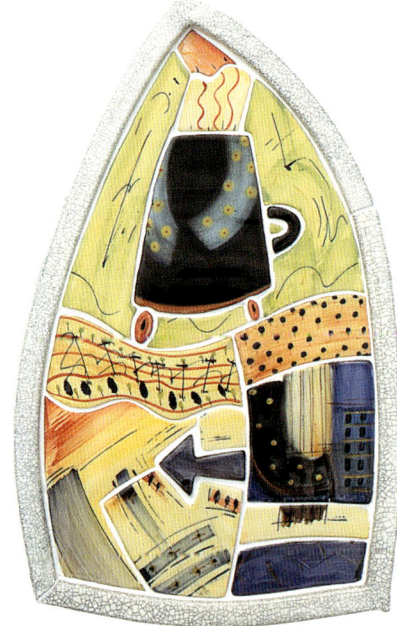

3 Das anschließend aufgetragene Grün mildert die harten
Randlinien der blauen Partie etwas
ab. Man muss sich erst an das
Arbeiten mit Farben gewöhnen, die
sich beim Brand stark verändern. Es
ist wichtig, zu verstehen, wie sie
sich im Ofen verhalten.

Die Teekanne von JAN BUNYAN
mit Unterglasurfarben unter transparenter Irdenwareglasur ist
↓ bei 1150 °C gebrannt.

Schließlich bil-   4
den ein paar
Kleckse Knallrot in
diesem ausgewogenen
Dekor den Blickpunkt
und gleichzeitig einen
guten Gegenpol zum
intensiven Blau.

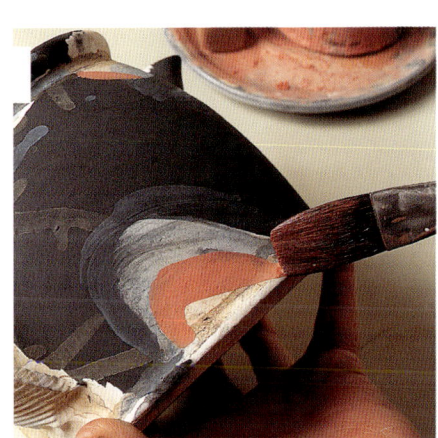

83

Kreiden und Stifte

MEIST KOMBINIEREN KÜNSTLER die Unterglasurkreiden mit anderen Techniken, um kräftigere Töne zu erzielen. Die Kreiden selbst ergeben nur recht blasse Linien und gewinnen deutlich durch Ergänzung mit Unterglasurfarben oder Oxiden. Da die Kreiden Ton enthalten, erinnern die interessanten, skizzenartigen Ergebnisse eher an Engobe als an konzentrierte Unterglasurfarben. Einige Farbtöne tendieren zur Verflüchtigung beim Brand. Um Enttäuschungen zu vermeiden, probieren Sie Kreiden und Stifte am besten vorher aus.

Industriell hergestellte Kreiden und Farbstifte für Unterglasurmalerei sind im Fachhandel für Keramikbedarf erhältlich. Sie können sie aber auch selber herstellen. Beim Gebrauch entsteht Staub. Bitte eine Staubmaske tragen! Die fertige Zeichnung wird leicht verwischt und sollte im Rohzustand nicht mehr berührt werden.

SIE BRAUCHEN

Unterglasurfarben und Tonmasse zur Herstellung von Kreiden

oder fertig gekaufte Unterglasurkreiden oder -stifte

geschrühte Rohlinge zum Dekorieren

Pinsel

KREIDEN SELBER MACHEN

↑ Mischen Sie die Kaolinmasse mit Unterglasurfarbe oder Oxid zu einem Brei. Streichen Sie diesen auf eine Gipsplatte. Leicht anziehen lassen, bis er zu dünnen Stiften ausgerollt werden kann. Nach dem Trocknen sind sie recht zerbrechlich und müssen vorsichtig gehandhabt werden. Bei 800-1000 °C brennen. Niedriger gebrannte Kreiden malen weich und pastellartig, höher gebrannte sind härter und ergeben schärfere Linien.

GEBRAUCH DER KREIDEN

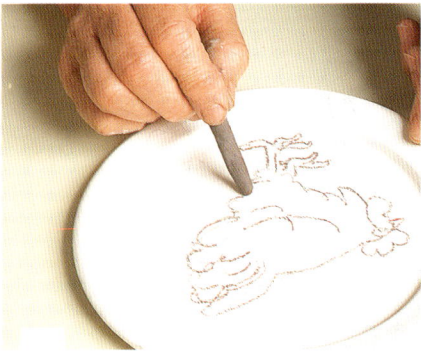

1 Die Zeichnung wird mit einem Bleistift leicht skizziert und anschließend mit der ersten Kreide nachgezogen.

2 Das Bild – hier ein Huhn – wird mit Kreiden ausgeführt. Der florale Hintergrund ist mit weiteren Farben ergänzt und bedeckt teilweise den Tellerrand.

3 Zum Schluss wird der Kamm der Glucke mit etwas roter Farbe betont. Die Umrisse werden mit dem Pinsel in Schwarz nachgezogen. Dadurch bekommt das Bild Zusammenhalt, die Farben treten kräftiger hervor.

↑ Der Teller von JAN BUNYAN ist transparent glasiert und bei 1150 °C gebrannt.

FARBEN UND MENGENVERHÄLTNISSE FÜR UNTERGLASURKREIDEN

FARBE	KAOLIN	UNTERGLASURFARBE
Schwarz	100 g	70 g Schwarz
Braun	100 g	80 g rotes Eisenoxid
		40 g Mangandioxid
Blau	100 g	12 g Kobaltoxid
Blassblau	100 g	6 g Kobaltoxid
Türkis/Rosa/Gelb	100 g	70 g entsprechende Unterglasurfarbe

Drucken mit Unterglasurfarben

DEKOR- UND UNTERGLASURFARBEN eignen sich für mehrere Druckverfahren auf Schrühware. In der Keramikindustrie werden sie oft im Siebdruck eingesetzt, der auch im Studio möglich ist. Zum Bedrucken unebener Flächen ist allerdings eine professionelle Ausrüstung nötig. Geschrühte Kachel-Rohlinge sind oft in Keramikläden oder Fliesenfachgeschäften erhältlich und lassen sich leicht bedrucken. Die im Zusammenhang mit Aufglasurfarben beschriebene Siebdruckmethode von Seite 137 wird für Unterglasurfarben entsprechend abgewandelt. Auch Gummi- und Schwammstempel funktionieren. Gummi ergibt weitaus exaktere Formen als Schwämme.

SIE BRAUCHEN

Schwämme

Schere und Filzstift

geschrühte Rohlinge zum Dekorieren

Pinsel

1 Mit weißer Engobe überzogen und geschrüht steht der Teller bereit zur weiteren Gestaltung. Mit Filzstift aufgemalte Ornamente werden mit der Schere aus dem Schaumstoff geschnitten. Die gewählten Farben werden mit Wasser angerührt.

2 Der zitronenförmige Stempel wird mit gelber Farbe getränkt und einmal auf Papier abgedruckt, um Überschüsse zu entfernen.

3 Ein zweiter Abdruck über dem ersten mit lindgrün eingefärbten Partien lässt die Zitrone realistischer aussehen.

4 Genauso wird das Blattwerk aufgedruckt: zunächst in Grün, dann in weiteren Schichten mit etwas Kobaltoxid zur Imitation der Blattstrukturen.

85

VARIANTEN

Unten: NICHOLAS MOSSE *setzt für sein Geschirr neben der Unterglasurfarbe, die er mit Schwamm und Pinsel aufträgt, auch eine Ausspartechnik ein.*
Rechts: *Irdenware-Kacheln von* LORRAINE RICHARDSON *mit*

lebhaftem Unterglasurdekor, mit Farbstiften und Pinsel aufgetragen und transparent glasiert

↑ Der Teller von LORRAINE RICHARDSON ist farblos glasiert und bei 1150 °C gebrannt.

DEKORATIVE GLASURTECHNIKEN

WAS IST GLASUR?

IM PRINZIP IST DIE GLASUR ein glasartiger Überzug, der sich fest mit der keramischen Oberfläche verbindet. Sie kann matt oder glänzend, transparent oder deckend, glatt oder strukturiert ausfallen und alle möglichen Farben zeigen – von dezent und erdig bis leuchtend bunt.

Die Ursprünge der Glasur werden im alten Ägypten um 3000 v. Chr. vermutet, als mit Salz in Berührung gekommener Sand ins Feuer geriet. Quarz (Sand) ist der glasbildende Bestandteil der Glasur. Die beiden anderen Grundzutaten für Basisglasuren sind Aluminiumoxid als Stabilisator sowie ein Flussmittel, das die Verschmelzung der Mischung bewirkt. Farbe kommt in Form von Metalloxiden oder Farbkörpern hinzu, sofern die Zutaten selbst noch keinen markanten Farbton ergeben. Die chemischen Vorgänge beim Glasieren sind so faszinierend wie kompliziert. Beim Beobachten und Ausprobieren ergeben sich unendliche Variationsmöglichkeiten.

WARUM WIRD KERAMIK GLASIERT?

Das hat mehrere Gründe. Die Glasur ist einerseits funktional, d.h. sie macht den Scherben fester, indem sie sich dauerhaft mit ihm verbindet, sie versiegelt die porösen Wände und macht sie dadurch glatt und hygienisch. Daneben wertet sie die Keramik optisch auf, indem sie intensive Farbtöne und Glanz ins Spiel bringt, bei reinen Ziergegenständen auch interessante Strukturen und griffig trockene Oberflächen. Im Handel sind Fertigglasuren erhältlich. Viele Keramiker mischen sie aber selbst an – was viele Erkenntnisse bringt und oft auch preisgünstiger ist.

Oben: Gedrehter Teller mit Zinnglasur von VICTORIA HUGHES. Dekor mit Wachsausspartechnik, Cuerda seca, Oxiden und Unterglasurfarben
Mitte: Gedrehtes und verformtes Irdenware-Gefäß mit Reliefdekor von ASHLEY HOWARD. Chrom- und Eisenglasur
Unten: Gedrehter, oxidierter Steinzeug-Topf von KATRINA PECHAL mit Lithiumglasur über Silizium-carbid-Schlicker. Die Glasur ist zur Erzielung einer ungleichmäßigen Struktur in mehreren Schichten aufgetragen. Der Überzug reagiert mit dem Schlicker und ergibt dadurch eine kraterartige Oberfläche, die Oxide bringen zusätzlich Farbe ins Spiel.

GESUNDHEIT UND SICHERHEIT

Beim Einlagern von Glasurrohstoffen sollten Vernunft und Vorsicht walten. Verwenden Sie saubere, gut verschließbare und exakt beschriftete Behälter. Beim Umgang mit Glasurmaterialien, Oxiden und Farbstoffen sind die grundlegenden Hinweise zu Gesundheit und Sicherheit von Seite 154 zu beachten. Tragen Sie bitte eine Maske, um keinen Staub einzuatmen. Verschüttetes Material wird sofort aufgewischt. Waschen Sie häufig Ihre Hände. Flint und Quarz sind beim Einatmen besonders schädlich und sollten in feuchtem Zustand gelagert werden.

GESUNDHEITSSCHÄDLICHE METALLE

Manche Glasuren haben auf Geschirr und Gebrauchsgegenständen nichts zu suchen. Giftige Metallspuren können sich absondern: Wenn es nicht vollständig in der Glasur eingebettet ist, bleibt überschüssiges Metall lösbar.
Glasuren, die mit Nahrungsmitteln in Berührung kommen, sollten mit einem professionellen Test geprüft werden. Dieser misst die von der Glasur im sauren Umfeld abgegebene Menge toxischer metallischer Stoffe und simuliert dabei die Vorgänge, die ablaufen, wenn das Gefäß für Wein, Essig, Fruchtsaft etc. verwendet wird. Oberhalb der Grenzwerte ist die Glasur für solche Zwecke ungeeignet. Glasuren, die Verbindungen mit Blei, Barium, Cadmium, Selen oder größeren Mengen Kupferoxid enthalten, sind besonders gefährlich. Im Zweifelsfall informieren Sie sich bitte auf jeden Fall bei einem Glasurenchemiker oder im Keramikfachhandel.

BRENNBEREICHE

Glasuren lassen sich für beliebige Brenntemperaturen mischen. In der Praxis liegen sie aber allgemein zwischen 900 und 1350 °C. Je höher die Brenntemperatur, desto härter und haltbarer werden Scherben und Glasur. Vier Temperaturbereiche werden in diesem Buch häufig erwähnt:

Raku	etwa 900-1050 °C
Irdenware	etwa 1050-1180 °C
Steinzeug	etwa 1200-1300 °C
Porzellan	etwa 1240-1350 °C

GLASURAUFTRAG

In diesem Kapitel werden einige Spezialglasuren auf keramischen Oberflächen sowie der richtige Glasurauftrag beschrieben. Eine vorteilhafte Glasur kann zwar ein gelungenes Gefäß wirklich vollenden, nicht aber eine misslungene Kreation in eine Schönheit verwandeln. Gekonntes Glasieren erfordert viel Übung. Anfänger sind oft durch Tropfen, ablaufende oder fleckige Überzüge frustriert. Nur durch Erfahrung lernt man, wie dick die Glasur für den gewünschten Effekt aufgetragen werden muss. Generell sollte sie etwa die Konsistenz von Sahne haben, gleichmäßig aufgebracht werden und vor dem Berühren trocknen.

Oben: Stellen Sie sich Muster auf geschrühten Kacheln her, die glasiert und nochmals gebrannt werden. Sie sollten senkrecht stehend in den Ofen kommen, damit man sieht, wie sich die Glasur auf vertikalen Flächen, etwa auf Gefäßwänden, verhält.

Oben: Gedrehte Steinzeug-Schale von ASHLEY HOWARD mit dicker Engobeschicht, Kupferüberzug, Barium- und Lithiumglasuren
Links: *Die Kastanien von PENKRIDGE CERAMICS sind so perfekt glasiert, dass sie die Natur täuschend echt nachahmen.*

Oben: Gedrehtes weißes, Steinzeug-Boot von FRAN TRISTRAM. Die Standardglasur wurde mit Titan, Eisen und Kobalt zusätzlich eingefärbt.
Links: *Shino-glasierte Flasche von JOHN JELFS mit aufgeschüttetem Ornament aus blauer Aschenglasur. Reduktionsbrand im Gasofen*

Majolika

ANGEBLICH STAMMT DIE TECHNIK ursprünglich von der spanischen Insel Mallorca, ist aber mindestens seit dem 15. Jahrhundert in den Mittelmeerländern bekannt und war später auch in Holland, Italien, Frankreich und England sehr beliebt. Im Zuge des von importiertem chinesischen Porzellan ausgelösten Interesses an sehr weißer, reiner Keramik wurde auch zinnglasierte, bunt bemalte Irdenware sehr begehrt.

Man fand heraus, dass transparente Irdenwareglasuren durch Zinnoxid getrübt und weiß gefärbt werden konnten. Ein heller oder roter Scherben wurde durch diesen Überzug so veredelt, dass sich die Ursprungsfarbe nur noch am stets unglasierten Fuß zeigte. Majolikaware war also ein guter Ersatz für Porzellan, als die Nachfrage ständig stieg. Ursprünglich kannte man nur kobaltblaue Dekore auf der weißen Glasur, doch bald erweiterte sich die Palette mit Eisenoxid für Braun- und Rosttöne, Mangan für Purpurrot, Kupfer für Grün und Antimon für Gelb.

Das Prinzip der Majolikatechnik besteht darin, geschrühte Ware mit einer Zinnglasur zu überziehen und diese mit Oxiden oder Majolikafarben zu bemalen. Heute ist die Farbauswahl riesig. Farbpulver wird mit Wasser oder gelegentlich auch etwas Glasurmasse gemischt und direkt in die rohe, unglasierte Glasurschicht gemalt. Das muss sicher und zügig geschehen, denn Fehler sind nicht auszubessern. Verdorbene Dekore müssen ganz abgewaschen und neu begonnen werden.

SIE BRAUCHEN

Schrühware zum Dekorieren

Zinnglasur für Irdenware

Majolikafarben

Pinsel

ZINNGLASUR*
1060-1140 °C

Bleidisilikat	60
Cornish stone	15
Standard-Boraxfritte	9
Zinnoxid	7
Zirkonsilikat	7
Kaolin	5
Zinkoxid	2
Bentonit	2

(* nach DAPHNE CARNEGIE, nach einem Originalrezept von ALAN CAIGER SMITH)

1 Die Schale aus rotbrennender Masse wurde glasiert und vor dem Bemalen 24 Stunden stehen gelassen. Dadurch setzt sich die Glasurschicht und wird fester. Etwas zugesetztes Gummiarabikum oder Glasurleim bewirkt dasselbe. Mit weichem Bleistift werden die Konturen des Dekors leicht skizziert.

88

VARIANTEN

Links: *Majolikatechnik auf Steinzeug mit rotem Eisen- und Kobaltoxid, auf die rohe Glasur aufgetragen. Gefäß von* ANDREW McGARVA

Mitte links: *Zinnglasierte Irdenware-Schale von* ALAN CAIGER SMITH. *Das Pinseldekor erinnert an fernöstliche Schriftzeichen.*

Mitte rechts: *Traditionell wird die Majolikatechnik auf Irdenware ange-wendet. Bei diesem Beispiel aus der* THUNIG POTTERY *ist eine Steinzeug-glasur der Hintergrund.*

Rechts: VICTORIA HUGHES *arbeitet hier mit Oxiden und Majolikafarben auf Zinnglasur. Malerei und Wachsausspar-technik*

Rechts außen: *Majolikaschale mit Kobaltoxid und Dekorfarben von* MOLLY ATTRILL

2 Zum Malen werden die Farben mit Wasser gemischt – für kräftigere Linien eventuell zusätzlich mit etwas Glasur.

3 Im Zusammenspiel von feinen Konturlinien und breiten, fließenden Pinselstrichen wird das Dekor komponiert.

4 Markante Umrisse begrenzen die größeren, blasseren Farbflächen, die mit breitem Pinsel aufgemalt werden und dadurch Schattierungen erlauben. Beim Brand werden die Farben etwas sanfter – ein typischer Effekt dieser Technik.

Die fertige Majolikaschale ⟶ mit Obstmotiven von LORRAINE RICHARDSON ist bei 1150 °C gebrannt.

DEKORATIVE GLASURTECHNIKEN

KAPITEL 2

Tauchen und Schütten

DAS VORGEHEN ÄHNELT SEHR dem Auftrag von Engoben durch Tauchen und Begießen (*siehe Seite 56/57*). Beim Umgang mit Glasuren ist einiges zusätzlich zu beachten. Kleinere Objekte, die in einer Hand gehalten werden können, lassen sich ausgezeichnet eintauchen oder überschütten. Fußringe bieten guten Halt und sind eine natürliche Barriere für die Glasur. Der Glasurbrei muss unten leicht abgewischt werden, um nicht abzutropfen, was der Fußring sehr erleichtert. Zum Eintauchen großer Teile ist ein tiefer Behälter nötig. Für sehr ausladende Objekte reicht oft der Eimer nicht aus, so dass mit Müllkübel oder Babywanne improvisiert werden muss. Die Glasierzange ermöglicht das komplette Eintauchen von Gegenständen, die mit den Fingern nicht gut gehalten werden können. Was nicht glasiert werden soll – etwa der Boden – wird vorher mit Wachs abgedeckt.

ÜBERLAPPUNGEN

Beim Tauchen und Schütten ergeben sich interessante Farbeffekte – besonders wo zwei Schichten übereinander gelegt werden. Tragen Sie dazu die zweite auf, sobald die erste berührtrocken ist. Ist die Glasur zu trocken, bilden sich gelegentlich Blasen oder sie rollt sich vollständig ab.

Nicht alle Glasuren eignen sich für mehrschichtigen Auftrag. Unliebsame Überraschungen werden durch vorherige Glasurproben vermieden, doch scheinbare Fehler bringen oft zusätzliche Nuancen, besonders beim Überglasieren. Auch die Kombination von Glasuren mit unterschiedlichen Garbrandtemperaturen erlauben reizvolle Variationen.

SIE BRAUCHEN

ausreichende Menge Glasurschlicker in einem Eimer oder einer Schüssel

Krug

eventuell Abdeckwachs

Schrühware zum Glasieren

eventuell Glasierzange

TAUCHEN

1 Die Standfläche des Gefäßes wird mit Abdeckwachs geschützt, damit sie keine Glasur annimmt. Standflächen können nur mit glasiert werden, wenn das Objekt auf Unterlegestützen gebrannt wird. Im Steinzeugbereich werden diese nur selten eingesetzt.

2 Ist das Wachs getrocknet, wird das Gefäß seitlich in eine genügend breite und tiefe Schüssel mit Glasurbrei getaucht.

3 Sobald die Glasur berührtrocken ist, wird das Gefäß gedreht und mit der anderen Seite eingetaucht, so dass sich beide Schichten in der Mitte überlappen.

VARIANTEN

Links: *Gefäß von* GERRY UNSWORTH *mit weißer Craqueléglasur. Rakubrand*
Mitte: *Zwei Vasen von* JOHN COMMANE *mit matter Steinzeugglasur, getaucht*

Rechts oben: *Rakugefäß mit aufgegossenem Glasurdekor von* GERRY UNSWORTH
Rechts unten: *Irdenware-Vase mit aufgeschütteter Glasur von* JO CONNELL

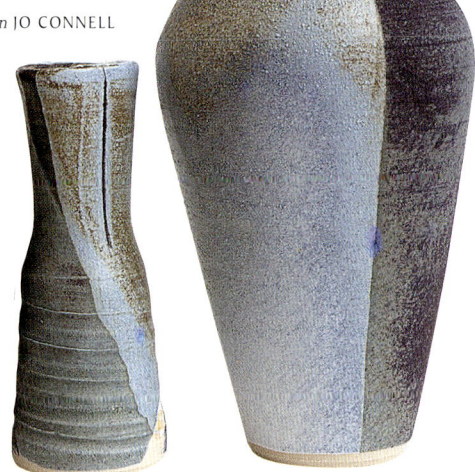

Spritzen

DAS AUFSPRÜHEN ist eine sehr professionelle Glasiertechnik für Objekte, die sich anders nur schwer handhaben lassen. Dekorative Effekte entstehen durch fließende Übergänge von einer zur anderen Farbe oder Aufspritzen von Pigmenten über oder unter die Glasurschicht. Auch Aufsprühen durch ein Sieb oder teilweises Abdecken mit Karton ergibt markante Muster. Daneben können Aussparverfahren mit allen möglichen Stoffen, die am Objekt haften bleiben wie Klebeband oder feuchter Ton, eingesetzt werden. Vermeiden Sie nicht-poröse Abdeckstoffe, an denen die Glasur herunterlaufen und unschöne Fließspuren bilden würde (*weitere Ideen dazu auf Seite 93*).

SIE BRAUCHEN

*Spritzpistole und
  Spritzkabine*

Glasur

*Schrühware zum
  Dekorieren*

Ränderscheibe

weitere Ideen dazu auf Seite 93

TIPPS

- Besprühen Sie die Ware aus mindestens 30 cm Entfernung, so dass sich ein feiner Glasurnebel bildet.

- Die meisten Spritzpistolen können variabel eingestellt werden.

- Die Spritze sollte regelmäßig und gründlich gereinigt werden, da die rauen Glasurpartikel die empfindliche Mechanik mit der Zeit angreifen. Nach Benutzung wird sie mit klarem Wasser ausgesprüht. Nehmen Sie die Spritze öfter auseinander, um eventuelle Rückstände zu entfernen.

- Frisch besprühte Oberflächen werden leicht beschädigt und sollten vorsichtig behandelt bzw. am besten vor dem Brand gar nicht mehr berührt werden.

1 Das Gefäß wird vollständig mit weißer Glasur besprüht. Arbeiten Sie dabei möglichst gleichmäßig, um eine einheitliche Glasurschicht zu erhalten. Beim Sprühen dürfen keine Tropfen ablaufen. Sobald die Wand feucht aussieht, schwenken Sie weiter.

2 Eine zweite Glasur (was im Bild grau erscheint, brennt grün) kommt über die erste. Halten Sie die Spritze etwa 30 cm vom Gefäß entfernt, damit der Farbauftrag nicht zu dick wird. Je nach gewünschtem Effekt und Luftdruck variieren Sie den Abstand leicht.

3 Die farbige Glasurschicht wird von oben nach unten dünner. Durch veränderte Auftragsstärke lassen sich mit jeder Glasur unterschiedliche Oberflächen schaffen. Hier ist weiter Raum für Experimente.

VARIANTEN

Links: *Gerillte Schale von* JOHN COMMANE *mit aufgesprühter Glasur*
Mitte: *Aus verdrehtem Tonstrang entstandener Kerzenhalter von* JO CONNELL. *Matte, mit fließendem Übergang aufgesprühte oxidierte Steinzeugglasuren*
Rechts: *Krug von* FRAN TRISTRAM *mit aufgesprühter Glasurschicht. Reduzierend gebranntes Steinzeug*

Glasurmalerei

WO EINZELTEILE MEHRFARBIG glasiert werden sollen, bemalt man sie am besten mit dem Pinsel. Ausgezeichnet eignet sich die Technik für Fliesen. Eigentlich ist jede beliebige Glasur brauchbar. Speziell auf diesen Zweck abgestimmte Produkte sind mit einem Schwebemittel versetzt und haben dadurch eine festere Konsistenz. Sie sind in zahlreichen Farbtönen und Oberflächenstrukturen in Brennbereichen für Raku, Irdenware und Steinzeug erhältlich.

Streichfähige Glasuren werden relativ dick aufgetragen, der Pinsel muss gut getränkt sein. Wirklich deckende Schichten erfordern bis zu vier Überzüge. Jeder muss vor dem nächsten Durchgang gut trocknen. Einfache oder dünnere Schichten ergeben durchscheinende Überzüge. Manche Malglasuren eignen sich gleichermaßen für rohe und geschrühte Ware wie auch für bereits glasierte Fertigfliesen.

CUERDA SECA

Der Name bedeutet im Spanischen „trockene Schnur". Bei dieser alten maurischen Technik werden die Motive mit heißem Wachs, durch Mangandioxid eingefärbt, direkt in flüssigem Stil auf die Fliesen gezeichnet. Das Wachs wirkt als Barriere zwischen den anschließend mit unterschiedlichen Glasuren angefüllten Flächen. Die einzelnen Farbfelder bleiben streng getrennt. Die Glasuren werden mit dem Pinsel aufgetragen. Das Mangan hinterlässt beim Wegbrennen des Wachses dunkle Umrisslinien.

SIE BRAUCHEN

Heißwachs
Mangandioxid
Tjanting (Batik-Wachskännchen)
Pinsel
streichfähige Glasuren
selbstgemachte Fliesen oder kommerzielle Rohlinge

1 Paraffinwachs mit einem kleinen Anteil Bienenwachs im doppelwandigen Topf oder Wasserbad erhitzen. So kommt es nicht mit der Hitzequelle in Berührung. Etwas Mangandioxid zugeben.

2 Mit Bleistift auf geschrühtem Rohling oder kommerzieller Kachel das Dessin skizzieren. Linien mittels Tjanting in Wachs nachziehen. Das Kännchen (ursprünglich für Stoffbatik verwendet) erlaubt flüssige Linien, ähnlich wie ein Malhörnchen (*siehe Seite 54*).

3 Die Flächen zwischen den Linien werden mit dem weichen Pinsel mit streichfähigen Glasuren gefüllt. Bitte darauf achten, dass diese nicht über die vorgesehenen Felder hinaus gelangen. Manche Produkte sollten mehrmals aufgetragen werden (*siehe Herstellerangaben*).

VARIANTEN

Links: Farbenfroher Krug von CLIVE DAVIES *mit roten und grünen Glasuren*
Rechts: Steinzeug-Dose mit Deckel von KAREN ANN WOOD. *Die mit dem Malhörnchen aufgetragenen Linien einer zweiten Glasur ergeben elegante Dessins.*
Unten: Kacheln von BRONWYN WILLIAMS-ELLIS *in Ausspartechnik*

↑ Von den Seitenkanten und der Rückseite werden Glasurspuren vor dem Brennen entfernt. Brand bei 1080 °C

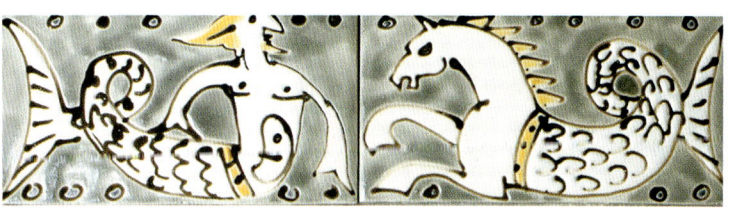

Ausspartechnik und Mehrfachglasieren

ZWEI GLASUREN KÖNNEN auf alle möglichen Arten übereinander liegen und dadurch einen dritten Farbton bilden. Zusätzlich werden einzelne Partien mit Wachs, Latex oder sonstigen Mitteln abgedeckt, damit sie keine Glasur annehmen. Mehrere Schichten werden auf diese Art aufgebaut – mit oft überraschenden Ergebnissen (Glasurauftrag *siehe auch Seite 90/91*).

SIE BRAUCHEN

Schrühware zum Dekorieren

Wachs

Latex

Nadel oder spitzes Werkzeug

Glasuren in Kontrastfarben

↑ Oxidierend gebrannte Steinzeug-Schale von JOHN COMMANE

1 Zuerst wird mit Mangandioxid versetztes Wachs aufgetragen. Das Oxid hinterlässt nach dem Brand eine dunkle Pinselspur auf dem hellen Scherben. Heißwachs und kalt verarbeitetes Abdeckwachs eignen sich gleichermaßen. Die aufgeschüttete Glasur perlt an der Wachsschicht ab.

2 Mit einer Malflasche wird nun Latex aufgetragen. Es ist sehr dünnflüssig und dadurch etwas heikel. Misslungene Stellen werden einfach wieder abgezogen und neu gestaltet.

3 Die zweite Glasur auftragen, das Latex entfernen. Nach Belieben eine dritte Glasurschicht auftragen, die die vorher durch Latex ausgeparten Partien mit einfärbt.

93

VARIANTEN

Links: *Die in unterschiedlich dicken Lagen aufgespritzten und gepinselten Glasuren mit zusätzlich durch Latex abgedeckten Partien ergeben ein facettenreiches Farbenspiel. Vase von* ANDREW MASON

Mitte: *Bei dieser Vase von* CAROLYN GENDERS *ist die Glasur über einem Wachs-Aussparmuster aufgetragen.*

Rechts unten: *Zierobjekt von* PETER BEARD. *Die interessante Oberfläche entstand durch Ausspartechnik sowie Verwendung von zwei Glasuren mit unterschiedlichen Garbrandtemperaturen.*

Strukturglasuren

NORMALE GLASUREN sind praktisch ein klarer, glänzend aufschmelzender, glasartiger Überzug. Anders die Strukturglasuren. Standardrezepte lassen sich vielfältig verändern. Durch Studium der Glasurenchemie wird klar, wodurch sie transparent oder deckend, matt oder glänzend, farbig oder kristallklar ausfallen. Wie erreicht man also markante Strukturen?

Oft werden raue Flächen als Glasurfehler interpretiert. Doch genau wie Pflanzen im Garten nur „Unkraut" sind, wenn sie an der falschen Stelle wachsen, sind diese Glasur-"Fehler" zur Strukturgebung an der richtigen Stelle sogar erwünscht. Sicherlich haben sie in einer Tasse und bei sonstigem Geschirr aus Hygienegründen nichts zu suchen. Zierobjekte dagegen erhalten durch außergewöhnliche Glasuren eine ganz neue Dimension. Hier ein paar Vorschläge für Steinzeug.

↑ Perforierte Kugel von ANNETTE BRIDGES mit abrollender Glasur über dünner Bariumglasur. Rezepte für Bariumglasur und weiße Abrollglasur im Kasten rechts

ABROLLENDE KRATERGLASUREN

Abrollen ist ein Fehler, der bei zu dickem Glasurauftrag oder auf staubigen oder fettigen Oberflächen oft auftritt. Die Glasur bildet noppige Muster und fließt nicht gleichmäßig aus. Überzüge mit hoher Viskosität haben allgemein diese Tendenz. Durch Zusatz von Zinn, Zinkoxid oder Zirkonsilikat lässt sich dieses Verhalten bewusst herbeiführen. Probieren Sie etwa 50 % Zink, Zinn oder Zirkon in Ihrer gewohnten Steinzeugglasur oder machen Sie selber Experimente.

REZEPTUREN FÜR ABROLLENDE GLASUREN

Weiß
(Reduktions- oder Oxidationsbrand bei 1260 °C)

Zinnoxid	50
Nephelin-Syenit	50

Gelbbraun

Zinnoxid	50
Temmokuglasur	50

(*Rezept für Reduktionsbrand siehe Seite 100*)

Abrollglasur Weiß (1180 °C)

transparente Irdenwareglasur	50
Zinnoxid	50

Bariumglasur (1180 °C)
(*ergibt beim Übertauchen mit der obigen Abrollglasur den gewünschten Effekt*)

Nephelin-Syenit	50
Bariumcarbonat	34
Kaolin	16
+ Kupfercarbonat	3

für Türkis- und Blautöne

GLASURTECHNIK

Im Beispiel unten werden Abrollglasuren auf eine geschrühte und anschließend mit schwarzer Engobe überzogene Schale aufgetragen.

1 Gewünschtes Muster mit Bleistift skizzieren. Glasur schichtweise bis zu einer Dicke von 2-4 mm auftragen. Kanten können sich überlappen. Glasurauftrag durch Tauchen oder Schütten bringt etwas andere Ergebnisse.

2 Die Glasuren sind auch im Rohzustand schon etwas heikel und blättern leicht ab. Da sie nicht zum Scherben „passen", ist der Auftrag sehr bröselig und löst sich bei dem leichtesten Luftzug ab. Damit er etwas besser hält, kann ein Bindemittel wie Tapetenkleister oder Melasse zugemischt werden.

↑ Schale mit stark strukturierten Glasuren von BRIDGET ALDRIDGE, bei 1260 °C reduzierend gebrannt

VULKAN- ODER LAVAGLASUREN

Die Glasurkruste bildet lavaartige Oberflächen. Sie entsteht durch Zusatz von Siliziumcarbid zu Steinzeugglasuren. Die Mischung gibt beim Brand Kohlendioxid ab, dieses verursacht Blasen. Andere brennbare Zusätze wie grobe Holzasche können ähnlich wirken. Viskose Glasuren eignen sich tendenziell besser für diesen Effekt, da sie sich beim Schmelzen nicht so schnell wieder zu glatten Oberflächen schließen. Probieren Sie zunächst 1-5 % Siliziumcarbid in einer Steinzeugglasur.

⬆ Vulkanglasur auf einem Kerzenständer von PAUL YOUNG. Die Glasur entstand nach dem Rezept rechts mit Zusatz von 2 % grünem Glasur-Farbkörper. Durch die Einwirkung des Siliziumcarbids mit stellenweiser Reduktion veränderte sich die grüne Farbe in ein bräunliches Rosa.

VULKANGLASUR
(1250 °C, dick auftragen)

Kalifeldspat	38
Kreide	21
Kaolin	21
Quarz	11
Titandioxid	6
Talk	3
+ Siliziumcarbid	2
(+ Farbe nach Belieben)	

CRAQUELÉGLASUREN

Feine Rissnetze bilden sich, wenn Glasur und Scherben unterschiedliche Wärmeausdehnungskoeffizienten haben. Glasuren für Niedrigbrandverfahren (*siehe Raku, Oxidationsbrand Seite 125*) tendieren allgemein zur Craquelébildung. Manchmal entstehen Rissnetze über längere Zeit hinweg. Durch Nachbehandlung mit starkem Tee, Stofffarben oder Tusche treten sie deutlicher hervor, ebenso durch Einreiben von dunklen Oxiden und erneutem Brand. Bei hohen Brenntemperaturen ergibt sich Craquelé durch Verringern des Quarzanteils oder Zusatz von Oxiden mit hohem Wärmedehnungswert.

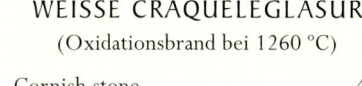

WEISSE CRAQUELÉGLASUR
(Oxidationsbrand bei 1260 °C)

Cornish stone	49
Dolomit	25
Kaolin	18
Quarz	8

WEISSE CRAQUELÉGLASUR

(*Reduktionsbrand bei 1280 °C; für grobere Rissnetze dick auftragen, zur Hervorhebung der Risse Tusche einreiben*)

Kalifeldspat	83
Kreide	9
Quarz	8
+ Bentonit	2
(für bessere Suspension)	

⬆ Gedrehte Steinzeug-Schale von ANDREW MATHESON mit Craqueléglasur. Reduktionsbrand

VARIANTEN

Links: Porzellanschlicker auf Steinzeugton. Die starke Schrumpfung der Porzellanmasse bewirkt Risse und Abblättern vom Scherben.

Mitte: Mit Kupfer gefärbte Barium-Steinzeugglasur über stark strukturiertem Schlicker
Rechts: Gedrehtes Steinzeug-Gefäß von ASHLEY HOWARD mit mehrfachem Engobe- und Glasurüberzug

Rechts außen: Steinzeug-Gefäß von KATRINA PECHAL. Über Siliziumcarbid-Schlicker aufgetragene Glasur reagiert mit dem Untergrund und ergibt eine deutliche Kraterstruktur.

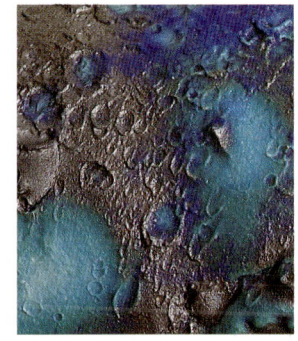

Farbgebung ohne Glasur

VIELE AUF DEN rohen oder geschrühten Scherben aufgebrachte färbende Substanzen müssen nicht überglasiert werden. Oxide, Untergasurfarben und Engoben ergeben – sofern sie nicht für Gebrauchsgeschirr verwendet werden – pur, ohne weitere Überzüge angenehme Oberflächen, die ohne Glanz auskommen. Manchmal würden Glasuren sogar die feinen Details oder zarte Texturen zerstören. Bei Brenntemperaturen um 1200 °C im Steinzeugbereich sintert der Scherben und wird wasserundurchlässig. Im Beispiel wird eine fette weiße Steinzeugmasse mit etwas feinem Molochit verwendet.

SIE BRAUCHEN

lederhartes Gefäß zum Dekorieren

Ränderscheibe

Sgraffito-Werkzeuge und Schaschlikspießchen

Unterglasurfarben / Dekorfarben

Kupfercarbonat

Staubmaske

1 Mit einem spitzen Werkzeug werden Linien in das lederharte Gefäß geritzt. Hier wird ein Skalpell verwendet.

WEISSE STEINZEUGENGOBE

Quarz	25
Kalifeldspat	25
Kaolin	25
Ball clay	12,5
Nephelin-Syenit	12,5

ENGOBE FÜR IRDENWARE*

Kaolin	42
Ball clay	42
Boraxfritte	16
(+ Farbkörper nach Belieben)	

* (nach JUDE JELFS)

2 Ritzen Sie nach Festlegen des Grundmotivs nach Belieben weitere Muster ein und fügen Sie die Details ein, hier mit einem Bambusstäbchen.

LEHMGLASUREN

Lehm- oder Schlickerglasuren enthalten einen hohen Tonanteil und sind damit eine Zwischenform aus Glasur und Engobe. Sie werden auf die lederharte oder trockene Ware aufgetragen und kommen direkt ohne vorheriges Schrühen in den Glattbrand. Hier zwei Rezepturen:

Schwarz metallic, seidenmatt

(Reduktions- oder Oxidationsband bei 1250 °C)

Kalifeldspat	40
roter Ton	40
Mangandioxid	20

Eisenglasur

(Reduktions- oder Oxidationsbrand bei 1250 °C)

roter Ton	45
Boraxfritte	30
Nephelin-Syenit	10
Talk	10
Rotes Eisenoxid	5

VARIANTEN

Links: „Zwei flache Köpfe" von CHRISTY KEENEY. *Pressform, mit Farbkörpern und Oxiden bemalt*

Mitte links: Variante des oben gezeigten Objekts von CAROL PEEVOR *mit Unterglasurfarben und aufgepinselter Glasur*

Mitte rechts: Schiff in Plattentechnik von SETH DRAPER, *im lederharten Zustand mit Unterglasurfarben behandelt. Nach dem Schrühen wurde die Oberfläche für den Patinaeffekt mit Mangandioxid (mit Wasser zu dickem Brei verrührt) bestrichen, getrocknet und wieder abgerieben. Steinzeugbrand*

Rechts: Rau strukturiertes Steinzeug-Gefäß von HANS COPER, *mit Mangandioxid eingerieben*

Rechts außen: Fliesen von CAROL PEEVOR. *Bemalung mit Unterglasurfarben*

3 Auf den knochentrockenen Scherben wird mit Wasser verrührtes Kupfercarbonat gepinselt. Nach dem Trocknen wird es mit Schwamm oder Pinsel abgerieben und in der Schüssel gesammelt. Bitte dabei eine Staubmaske tragen!

5 Der geschrühte Scherben wird mit Unterglasurfarben gestaltet. Die hier verwendeten Fertigfarben (Dekorfarben) lassen sich einfach vermalen.

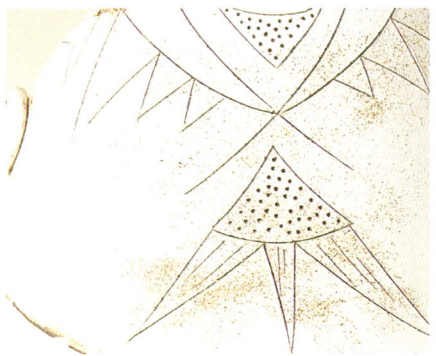

4 Nach dem Schrühbrand zeigt das in den Rillen verbliebene Kupfer eine Khakifarbe und hebt das eingeritzte Muster deutlich hervor.

↑ Objekt von CAROL PEEVOR mit einer bestechenden Kombination von Kupfercarbonat, Unterglasurfarben und glasierten Partien. Brand im Elektroofen bei 1250 °C

METALLOXIDE

Metalloxide können pur oder gemischt aufgetragen werden. Hier einige Rezepte für Mischungen für matte und seidenmatte Überzüge auf Steinzeug und Irdenware:

Bronze
(attraktive Goldbronze, tendiert zum Ablaufen)
Mangandioxid	80
Kupferoxid	20

Schwarz
rotes Eisenoxid	57
Mangandioxid	28
Kobaltoxid	15

Rostfarbe
rotes Eisenoxid	65
roter Ton	35

Blaubraun
roter Ton	92
Kobaltoxid	8

Mattgrün
Ball clay	75
Boraxfritte	20
Chromoxid	5

97

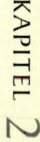

UNGEWÖHNLICHE GLASURBRÄNDE

ALLE BISHER BESCHRIEBENEN BRENNVERFAHREN funktionieren im normalen Elektroofen. Die Beispiele wurden nach dem Schrühen wie gewohnt im Glasurbrand fertiggestellt. Damit ist das Thema aber nicht erschöpft. Auf den folgenden Seiten finden Sie weitere Verfahren, die etwas frischen Wind in den Brennalltag bringen. Sie erfordern meist Spezialöfen oder besonderes Zubehör.

MATERIALIEN

Rohstoffe und Werkzeuge sind bei den unterschiedlichen Techniken angeführt. Für Lüster-, Salz-, Soda- und Reduktionsbrände werden Spezialöfen benötigt.

Für Kristallglasuren ist ein Elektroofen mit entsprechender Steuerung ratsam.

BRENNÖFEN

Moderne Elektroöfen sind praktisch und effektiv. In privaten Werkstätten, Töpferstudios, Schulen und Kursen sind sie bei korrekter Bedienung sicher und sehr gut zu kontrollieren – und oft auch die einzige verfügbare Brennmöglichkeit. Sie bieten reichlich Spielraum. Für Kristallglasuren *(siehe Seite 106)* im Elektroofen ist zusätzlich eine anspruchsvolle Steuerung nötig. Diese regelt die Brennkurve, d.h. Anstieg und Abfall der Temperaturen sowie das Tempern, das Halten einer bestimmten Temperatur für eine bestimmte Zeitspanne. Mit solchen Regelsystemen lassen sich Brände besser als je zuvor steuern.

Oben: *Porzellandose mit Deckel von* JOANNA HOWELLS. *Reduktionsbrand mit tiefroter Kupferglasur auf markant strukturierten Wänden*
Mitte: *Rote Irdenware-Flasche von* EMILI BIARNES-RABIER *mit Metalllüster, bei 1040 °C gebrannt*
Unten: *Durch Gewebeabdruck reliefierter Teller von* JOHN CALVER. *Reduktionsbrand mit einer halbmatten und vier matten Glasuren*

Oben: *Der Elektroofen hat einen Innenraum von knapp 250 Liter und eignet sich auch für hohe Brenntemperaturen. Heizwendeln auch in der Tür gewährleisten gleichmäßige Wärmeverteilung. Die automatische Belüftungsklappe ist auf dem Bild geöffnet.*

Oben: *Moderner unterzügiger Gasofen mit gewölbter Decke. Schaulöcher in der Tür ermöglichen die Beobachtung von Kegeln im Inneren an mehreren Stellen. Die Brenner sind mit Flammenüberwachung ausgestattet.*

Kommerzielle Gasöfen sind meist
teurer, weniger einfach
unterzubringen und zu bedienen als
Elektroöfen. Dafür ermöglichen sie
beispielsweise Reduktionsbrände
(*siehe Seite 100*) und weitere in diesem
Kapitel beschriebene Techniken, die
im Elektroofen unmöglich sind. Für wieder andere Glasurverfahren gibt es
überhaupt keine kommerziellen Modelle zu kaufen. Sie müssen schlicht
selbst konstruiert werden. Salz- und Sodabrände erfordern ebenfalls
Spezialöfen (*siehe Seite 104*).

Um die vorgestellten Glasurmethoden erfolgreich in die Praxis umzusetzen,
muss man sich zunächst etwas in die Glasurenchemie einfühlen, um die
Vorgänge während des Brandes zu verstehen. Trotz anfangs möglicherweise
erheblicher Schwierigkeiten lohnen die Ergebnisse die Mühe. Ideal wäre es,
wenn Sie einen Experten fänden, der die Technik, für die Sie sich
interessieren, praktiziert, dem Sie zur Hand gehen, dem Sie zuschauen und
den Sie befragen können, bevor Sie sich selbständig ans Werk machen.

Oben: „Mr. und Mrs. Gourd". Krüge von KATE MALONE
*mit durch Kobalt und Kupfercarbonat eingefärbten
Kristallglasuren. Die nach unten hin zunehmende
Farbintensität ist darauf zurückzuführen, dass die
Glasuren bei Maximaltemperatur stark laufen und sich
eher im unteren Bereich sammeln.*

Oben: Mini-Salzofen, konzipiert und errichtet von
STEVE HARRISON, *dessen Arbeiten links unten zu
sehen sind. Die Konstruktion besteht aus
Keramikfasermatten. Sie erreicht schnell ihre
Endtemperatur im Steinzeugbereich und kühlt
innerhalb eines Tages aus.*

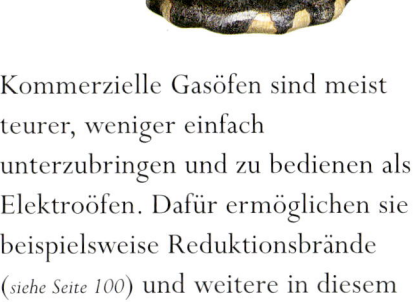

*Links: Gedrehte Krüge und
Teekanne mit eingekerbten Rillen,
eingeformten Schnuten, Tüllen und
Griffen von* STEVE HARRISON.
Salzglasur bei 1300 °C

Oben: Holzbrandofen von STEVE MILLS *während des
Reduktionsbrandes. Durch starkes Schüren erreicht man
eine unvollständige Verbrennung. Dabei versuchen die
unverbrannten Gase (Kohlenmonoxid) durch Öffnungen
im Ofen Sauerstoff anzuziehen. Es ergeben sich spek-
takuläre Resultate (siehe Seite 100, Reduktionsbrand).*

Reduktionsbrand für Steinzeug

BEIM NORMALEN STEINZEUGBRAND ist die Ofenatmosphäre entweder reduzierend oder oxidierend. Elektroöfen arbeiten generell leicht oxidierend, wenn auch gewisse Zusätze beim Brand eine Reduktionsatmosphäre schaffen können – was allerdings die Lebensdauer der Ofenmaterialien verkürzt. Daher werden normalerweise mit Holz, Gas oder Öl gefeuerte Öfen für Reduktionsbrände benutzt.

Beim oxidierenden Brennen dringt ungehindert Luft in die Brennkammer, der Brennstoff wird vollständig verbrannt. Bei Reduktion dagegen wird die Luftzufuhr gedrosselt, ein Teil des Brennstoffs bleibt unverbrannt. Bei der unvollständigen Verbrennung entsteht Kohlenmonoxid. Dieses instabile Gas nimmt verfügbaren Sauerstoff aus Metallverbindungen in Scherben und Glasur auf, um sich in die stabilere Form Kohlendioxid zu verwandeln. Welchen Einfluss hat das nun auf die Ware in der Brennkammer? Die am stärksten beeinflussten Oxide sind Eisen und Kupfer. Die schwach sauerstoffhaltigen Formen von Eisen- und Kupferoxid produzieren andere Farbtöne als beim Oxidationsbrand. Unsere Fotos unten demonstrieren, wie sich die Farbtöne von drei traditionellen chinesischen Glasuren im Oxidations- und Reduktionsbrand völlig unterschiedlich entwickeln.

TEMMOKU

Temmoku ist eine alte chinesische Glasur – wenn sie ihren Namen auch von japanischen Mönchen erhielt. Die Mönche besuchten Klöster im chinesischen Tianmu-Gebirge und brachten von dort braun glasierte Schalen mit nach Japan, wo das Wort Tianmu zu Temmoku wurde. Die Glasur enthält reichlich Eisen, das im Reduktionsbrand satter, dunkler und metallischer hervortritt. Charakteristisch ist auch der Übergang in einen anderen Farbton, wo sie über strukturierte Flächen, etwa über Drehrillen aufgetragen wird.

↑ Gasofen bei etwa 950 °C. Die etwa 5 x 5 cm große Klappe wurde geöffnet, um zu demonstrieren, wie beim Reduktionsbrand die Flamme herausschlägt, um Sauerstoff aufzunehmen. *(Foto mit freundlicher Genehmigung von Andrew Matheson)*

TEMMOKUGLASUR

(Reduktionsbrand, Steinzeug bei 1250 °C)

Feldspat	40
Quarz	20
Kreide	15
Kaolin	10
rotes Eisenoxid	10
Ball clay	5

← Zwei Krüge von JO CONNELL mit Temmokuglasur zeigen die Farbentwicklung in unterschiedlicher Ofenatmosphäre: links Oxidationsbrand, rechts Reduktion.

VARIATIONEN

Links: *Detail einer dunklen, reduzierend gebrannten Seladonschale von* ANDREW HEMUS *mit Tupfen von Eisenschlicker*

Rechts: *Temmokuglasur mit unterliegenden Engoben auf einer Teekanne von* DEREK EMMS. *Reduktionsbrand*

SELADON

Auch die Seladonglasuren stammen ursprünglich aus China. Sie sind nach dem Helden eines französischen Theaterstücks und dessen graugrüner Kostümierung benannt und enthalten einen großen Anteil Feldspat sowie etwas Eisen zur Farbgebung. Je nach Stärke der Reduktion und verwendetem Scherben spielen die Nuancen zwischen blassem Türkis und dunklem Graugrün bis Khaki. Beim Oxidationsbrand wechseln sie eher ins Gelbliche.

KUPFERROT (OCHSENBLUT- ODER CHINAROTGLASUREN)

Kupfer zeigt von allen Oxiden bei wechselnder Ofenatmosphäre die markantesten Veränderungen. Schon geringe Zugaben bewirken im Reduktionsbrand ein tiefes Dunkelrot, bei Oxidation dagegen nur ein blasses Grün. Zwei Gefäße von Mark Reynolds mit Kupferrotglasur verdeutlichen diesen bemerkenswerten Unterschied.

Kupferglasuren wurden erstmals in der Sungdynastie (960-1279) in China entwickelt – der Sage nach rein zufällig, als ein Schwein versehentlich in einen Brennofen geraten war. Die damaligen großen Ofenkonstruktionen lagen an Abhängen und hatten mehrere Brennräume, so dass ein Schwein gut hineinmarschieren konnte! Die meisten Gefäße aus dem sagenhaften Brand waren nicht bemerkenswert, nur eines zeigte ein tiefes Rot. Der Töpfer schickte es dem Kaiser, der gleich mehr von der Sorte anforderte.

Doch konnte der Töpfer der Bestellung nicht nachkommen, denn er hatte keine Ahnung, woher die Farbe stammte. Verzweifelt warf er sich nach mehreren missglückten Brennversuchen selbst in den Ofen, woraufhin die ganze Ware ein herrliches Rot annahm. Der verbrennende Körper hatte – leider zu spät für den Töpfer selbst – die erforderliche Reduktionsatmosphäre geschaffen.

Heute sind die Produktionsmethoden glücklicherweise weniger dramatisch. Dennoch erfordert Kupferrot Geduld und Übung. Die Reduktion sollte früh einsetzen, die Temperatur muss sehr rasch bis auf etwa 1280 °C in den Steinzeugbereich hochgefahren werden. Die dick aufgetragene Glasur fließt stark. Durch Variation der Ingredienzen und Brennmethoden ergeben sich unterschiedliche Rottöne (Rezepte siehe rechts). Bei Inglasurlüster und Raku (siehe Seite 102 und 120) wirkt die Reduktion anders. Scherben und Glasur wird nach Erreichen der Garbrandtemperatur in noch flüssigem Zustand Sauerstoff entzogen. Beim Rauchbrand (Seite 110) bilden sich nur stellenweise Rauchspuren, wo aller Sauerstoff durch die Verbrennung aufgebraucht ist.

↑ Zwei Porzellankannen von JOANNA HOWELLS mit Seladonglasuren. Die rechte ist oxidierend gebrannt, die linke reduzierend.

↑ Die Proben von MIKE REYNOLDS demonstrieren die unterschiedlichen Erscheinungsformen einer Kupferglasur nach Reduktionsbrand (rechts) und Oxidation (links).

BRENNKURVE BEIM REDUKTIONSBRAND FÜR STEINZEUG

Der Ofen wird mit einem stündlichen Temperaturanstieg von 150 °C oder mehr auf 900 °C vorgeheizt. Dann wird durch Verringern der Luftzufuhr – teilweises Schließen von Belüftungsklappe/Schieber – die Reduktion eingeleitet. Bei unvollständiger Verbrennung steigt die Temperatur nicht so schnell an. Die meisten Töpfer wechseln zwischen Reduktion und Oxidation, bis die gewünschte Endtemperatur von 1250-1300 °C mit einer abschließenden Oxidationsphase erreicht ist. Dann wird die Luftzufuhr gedrosselt, der Ofen kühlt ganz normal ab. Wird die vordere Klappe während der Reduktion geöffnet, wird oft außen eine Flamme sichtbar.

Im Reduktionsbrand nimmt der Scherben – besonders wenn er Eisen enthält – einen warmen Farbton an. Die von Hand aufgebaute Vase von JILL FANSHAWE KATO zeigt einen schönen sanften Braunton. Dekor durch Ausspartechnik mit Papier und aufgemalte Engobe. Brand bei 1270 °C

Reduktionsbrand und Lüster

HIER GEHT ES UM traditionelle Lüstertechniken und -glasuren, nicht zu verwechseln mit Produkten für Oxidationsbrand (Seite 140). Lüsterdekore bestehen aus einem hauchdünnen metallischen Film auf der eigentlichen Glasur. Die Technik wurde schon von persischen Töpfern perfektioniert und von dort über Spanien in andere Teile Europas verbreitet. Die Methoden werden oft individuell abgewandelt. Bei den komplexen chemischen Vorgängen ist allerdings etwas Ausdauer nötig. Doch die unglaublichen Ergebnisse lohnen jede Mühe und Lüster kann richtiggehend zur Sucht werden.

Hier werden zwei Methoden vorgestellt: die Aufglasurtechnik mit schärfer abgegrenzten Lüsterflächen und die Inglasurmethode mit zufälligeren Ergebnissen.

Beim Aufglasurlüster wird die geschrühte Ware mit weicher Zinnglasur überzogen und bei 950-1110 °C gebrannt. Kupfer- und Silbersalze werden mit Tonpaste vermengt und auf die gebrannte Oberfläche aufgebracht. Dann folgt der dritte Brand bei 680 °C mit Reduktion. Dabei schmilzt die Glasur nochmals soweit an, dass sie dadurch verändert wird: Silber und Kupfer bilden eine dünne Metallicschicht in der Glasuroberfläche. Nach dem Brand – gewöhnlich im Holzofen – wird die geschwärzte Paste entfernt, übrig bleibt ein brillanter Lüstereffekt.

Beim Inglasurlüster bzw. Lüsterglasuren für Reduktionsbrand werden die beiden wichtigen Elemente Silber und Kupfer in die Glasur selbst gemischt oder auf die ungebrannte Glasurschicht gemalt. Nur ein Glasurbrand ist dann nötig. Damit die chemischen Reaktionen ablaufen können, ist beim Abkühlen eine reduzierende Atmosphäre nötig. Flüchtige Glasurbestandteile bringen das Silber und Kupfer an die Oberfläche und verwandeln es in einen dünnen, spiegelartigen Metallfilm. Gebrannt wird meist mit Holz oder Gas. Auch ein Elektroofen eignet sich, wenn man während der Abkühlphase durch kurzzeitiges Hineinhalten einer Gasflamme für eine reduzierende Atmosphäre sorgen kann. Bei Reduktion ergibt Kupfer Rottöne, Silbernitrat Elfenbein bis Gelb, Wismut irisierende Schillerfarben und Kobalt Blau. Meist wird im Irdenwarebereich gearbeitet. Hier sehen Sie aber eine Methode für höhere Brenntemperaturen.

Ofen für Lüsterbrand (von links nach rechts): Belüftungsziegel im Zug/ Schornstein zur Steuerung der Reduktion; Gasbrenner, für sichere und einfache Handhabung auf einem Metallgestell montiert: Pyrometer zur Temperaturanzeige im Ofen (am besten mit Digitalanzeige für genaueste Messungen)

HOCH GEBRANNTER LÜSTER

Der Inglasurlüster mit hohen Brenntemperaturen entwickelt sich durch die Reduktionsatmosphäre im abkühlenden Ofen: Der fehlende Sauerstoff wird den Metalloxiden in der Glasur zu entziehen versucht. Das Kupferoxid der Glasur wird zu einem tiefen Rot reduziert. Auf der Oberfläche entsteht ein dünner Metallfilm mit oftmals roten, goldenen und rosa Lüsterflächen.

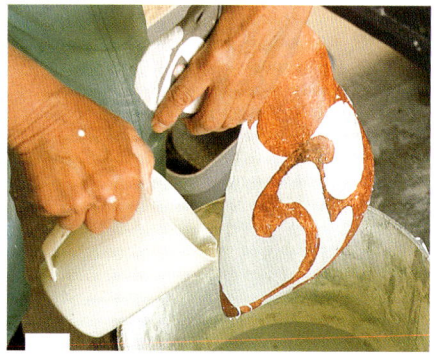

1 Für gute Ergebnisse wird eine dicke Glasurschicht aufgetragen. Beim Schmelzen beginnen sich die Effekte zu zeigen. Zur Verdeutlichung haben die Musterstücke scharf abgegrenzte Glasurfelder, die Zwischenräume sind mit Wachs abgedeckt. Vor dem Schrühbrand wurde Engobe aufgetragen. Die hier verwendete Glasur für einen tiefroten Lüster enthält ungewöhnlich viel Kupfer.

VARIATIONEN

Links: *Mit Tonpaste aufgetragener Silberlüster auf Chrom-Kobalt-Glasur von* JONATHAN CHISWELL JONES. *Die Dekore sind mit kleinem Schwamm und Pinsel aufgetragen. Reduktionsbrand*
Mitte: *Austernteller mit Aufglasurlüster von* PAUL SPENCE
Rechts: *Seetaucher von* JANET HAMER. *Steinzeug mit nachgeräuchertem Kupferlüster aus dem oben demonstrierten Brand*

2 Beschickung des Toplader-Ofens: Die Vögel stehen auf einer zweiten kleineren Ofenplatte über der Bodenplatte. Ein Pyrometer gibt die Ofentemperatur an. Richtiges Timing ist sehr wichtig. Digitale Pyrometer registrieren sofort jede Temperaturänderung. Die Ofenwände bestehen aus mit Keramikfasermatten ausgekleideten Feuerfeststeinen. Als Deckel dient ein Rahmen mit Fasermatten.

3 Die Brennkammer wird in oxidierender Atmosphäre vom Propangas-Brenner auf 1220 °C geheizt. Dann den Brenner abstellen, den Ofen abdichten, Luftzufuhr drosseln, damit kein Sauerstoff mehr in die Kammer gelangt. Er kühlt schnell ab. Bei 970 °C Holzstücke durch die Brenneröffnung einführen. Diese verkohlen am Boden und schaffen eine rauchige Reduktionsatmosphäre. Sechs- bis siebenmal wiederholen.

4 Die gebrannte Ware zeigt bereits einen Hauch von Rot und Metallschimmer. Manchmal müssen schwarze Rückstände von der Oberfläche entfernt werden, um die wirklich außergewöhnlichen Glasureffekte voll zur Geltung zu bringen.
(Fotos von Janet Hamer)

ROTE KUPFERLÜSTERGLASUR

Janet Hamer, die auf den oberen Fotos einen Lüsterbrand mit Reduktion vorführt, verwendet für ihre Glasuren folgendes Rezept:

Kalifeldspat	19
Bleidisilikat	19
Standard-Boraxfritte	19
Kreide	18
Quarz	16
Kaolin	8
Bentonit	1
+ Kupfercarbonat	4

← Ente von JANET HAMER. Steinzeug mit nachgeräuchertem Kupferlüster. 31 cm hoch

Salz- und Sodabrand

SALZ UND SODA können als Anflugglasuren noppige Strukturen hervorbringen, die sogenannte „Orangenhaut". Beide Stoffe werden während des Brandes in den heißen Ofen eingeführt. Natriumoxid verbindet sich mit dem Silizium- und Aluminiumoxid aus dem Scherben zu einer farblosen Glasur. Die noppige, perlige Oberfläche kommt von den relativ groben Quarzpartikeln in der Masse. Sie bewirken eine ungleichmäßige Glasurbildung. Farbigkeit ergibt sich durch die Tonfarbe sowie sonstige aufgetragene bunte Pigmente.

SPEZIALÖFEN

Salz- und Sodabrand müssen in eigens dafür konstruierten Öfen durchgeführt werden, da die entstehenden Dämpfe das Ofeninnere stark angreifen. Sie werden mit Gas, Öl oder Holz beheizt, keinesfalls aber elektrisch. Salz- und Sodaöfen sollten im Freien stehen. Je nachdem, wie das Salz in den Ofen eingebracht wird, können beim Brand dicke, unangenehme Nebelwolken entstehen, die in dicht bewohnten Gegenden nichts zu suchen haben. Soda erzeugt zwar keinen Nebel, die flüchtigen Dämpfe sind aber ebenfalls für die Nachbarschaft unzumutbar.

↑ Dieser Sodaofen besteht aus schweren Feuerfeststeinen. Der Brand beginnt über Nacht mit niedrigen Temperaturen und wird am nächsten Morgen stetig hochgefahren. Am frühen Abend wird Soda eingestreut, gegen 22 Uhr – nach rund 27 Stunden – ist er beendet.

GESTALTUNGSMÖGLICHKEITEN

Meist wird Farbe durch mehr oder weniger stark mit Farboxiden eingefärbte Engoben ins Spiel gebracht. Sie können nach den im ersten Kapitel beschriebenen Techniken eingesetzt werden. Salz- und Sodabrand ergeben individuelle Nuancen auf jedem einzelnen Stück, je nach seinem Standort im Brennraum. Salzglasuren lassen sich gut mit anderen Gestaltungsformen kombinieren. Anmodellierte oder eingestempelte Reliefdekors, Streifenmuster und strukturierte Flächen sind ideal, da die dünne Salzglasur selbst feinste Details effektvoll hervorhebt.

Viele Töpfer stellen ihre Ware einzeln auf kleine Stützen (Kügelchen aus einer sehr aluminiumoxidhaltigen Masse), damit sie nicht an den Ofenplatten festkleben.

104

VARIATIONEN

Links: *Große Schale mit interessanter Farbentwicklung von* ROSEMARY COCHRANE. *Engoben und Salzglasur*

Mitte links: *Krug mit blauer Engobe von* WALTER KEELER. *Die griffige Oberfläche der Salzglasur harmoniert ausgezeichnet mit der markanten Gefäßform.*

Mitte rechts: *Vase mit Federdekor und ungleichmäßig genoppter Salzglasur von* MAY LING BEADSMORE

Rechts: *Interessant geformte Griffe an salzgebrannten Schalen von* ROSEMARY COCHRANE

Recht außen, oben: *Mit eingedrückten Reliefmustern versehene Löffel von* MAI LING BEADSMORE. *Durch den Sodabrand erhält jedes einzelne Stück sein individuelles Gepräge.*

Rechts außen, unten: *Sodadämpfe verteilen sich nicht so gleichmäßig wie Salz im Ofen. Die Überzüge werden dadurch unregelmäßiger und an dickeren Stellen stärker strukturiert. Arbeiten von* LISA HAMMOND

2 Eingeräumter Ofen: Die Dämpfe schlagen sich auf sämtliche Oberflächen nieder. Das gesamte Ofeninnere muss also mit einer abweisenden Schicht überzogen werden. Die Öffnung wird mit Schamottesteinen verschlossen und erhält ein Schauloch.

3 Während der Hochbrandphase bei 1260 °C wird über einen längeren Zeitraum hinweg das Salz zugegeben. Hier wird es in feuchter Pulverform mit einer Winkelprofilleiste in die Brennkammer geschüttet. Andere Töpfer streuen es direkt hinein. Soda wird meist als gesättigte Lösung ins Ofeninnere gespritzt. Die Methode eignet sich auch für Salz.

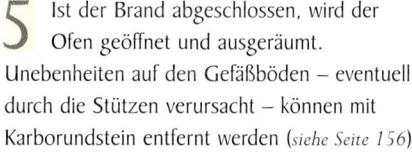

5 Ist der Brand abgeschlossen, wird der Ofen geöffnet und ausgeräumt. Unebenheiten auf den Gefäßböden – eventuell durch die Stützen verursacht – können mit Karborundstein entfernt werden *(siehe Seite 156)*.

4 Während des Salzens werden Proberinge aus den Schaulöchern gezogen, um den Zustand der Glasur zu überprüfen.

↑ Deckeltopf von ROSEMARY COCHRANE. Die aufgepinselten Engobemuster werden schön durch die punktierte Salzglasur ergänzt.

105

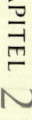

UNGEWÖHNLICHE GLASURBRÄNDE

KAPITEL 2

Kristallglasuren

UNTER BESTIMMTEN UMSTÄNDEN bilden sich beim Abkühlen Kristalle in manchen Glasuren. Dieses Phänomen wurde in den großen europäischen Keramikmanufakturen ab etwa 1850 genauer beobachtet. Kristallglasuren sind entweder mikro- oder makrokristallin. Erstere haben winzige Kristalle, die unter der Glasuroberfläche zu sehen sind. Sie werden auch als Aventuringlasuren bezeichnet, weil sie mit ihrem Glitzern an diesen Schmuckstein erinnern. Makrokristalline Glasuren dagegen zeigen große, sehr attraktive Kristalle. Zink-, Calcium-, Barium- und Titanoxid neigen zur Kristallbildung, ebenso Rutil und Ilmenit.

MAKROKRISTALLINE GLASUREN

Als Untergrund eignet sich nur ein rein weißer, glatter Scherben, damit weder Verunreinigungen noch grobe Oberflächen die glatte Glasurfläche stören. Üblicherweise wird Porzellan verwendet. Weißes Steinzeug ist beinahe gleichwertig.

Zum Gestalten mit Kristallglasuren eignen sich Objekte in allen möglichen Formen, solange die Oberfläche in knochentrockenem Zustand oder nach dem Schrühbrand nochmals mit Schleifpapier geglättet wird. Schlichte Flaschen, Schalen etc. sind ideal.

UNTERLAGEN

Damit die Kristalle sich gut entwickeln, muss die Glasur sehr flüssig sein. Es hat sich eingebürgert, die Teile auf passend gedrehten ringförmigen Füßen zu brennen. Deren Innendurchmesser entspricht genau dem Fußdurchmesser des zu brennenden Gefäßes. Diese Ringe fangen wie eine Schüssel ablaufende Glasurüberschüsse auf.

Ausschlaggebend für den Erfolg ist der richtige Glasurauftrag. Der weitaus größte Anteil wird im obersten Drittel der Ware aufgebracht, und zwar bis zu 2 mm dick. Nach dem Brand werden die Unterlagen entfernt. Dazu wird der scharfe Flammenstrahl einer Lötlampe direkt unter die Verbindungsstelle gehalten – den Rest besorgt die Wärmeausdehnung. Die scharfe Bruchkante der Glasur am Gefäßboden wird mit Karborundstein oder Schleifscheibe geglättet.

BRENNKURVE

Kristallglasuren benötigen oxidierende Atmosphäre, da Reduktion das Kristallwachstum unterdrücken würde. Mit programmierbaren Elektroöfen bekommt man die etwas heikle Steuerung am besten in den Griff. Das Temperaturmaximum liegt bei 1260-1300 °C, wobei die letzten 200 °C sehr schnell erreicht werden müssen, damit die Glasur sich möglichst schnell verflüssigt. Ist die Spitze erreicht, muss so schnell wie möglich um 200 °C abgesenkt werden. Erst in diesem Bereich – um 1100-975 °C – bilden sich die Kristalle. Nun wird getempert, d.h. die Temperatur wird drei bis acht Stunden lang beibehalten, damit die Kristalle in der Glasschicht wachsen können.

KRISTALLGLASUREN
(Oxidationsbrand bei 1260 °C)

Ferro-Fritte 3110	44
kalziniertes Zinkoxid	27
Flint	21
Titanoxid	8
+ kalzinierte Aluminiumoxid	0,5
+ Molochit	0,5
+ Finnfix*	

(* Statt dessen kann auch ein Glasurleim, Gummiarabikum oder Tragantgummi verwendet werden.)

Das Rezept ergibt weiße Kristalle mit weißem Hintergrund. Richtig spannend wird es, wenn farbige Oxide zugegeben werden. Die besten Resultate erhält man mit zwei oder sogar drei Oxiden oder Carbonaten innerhalb einer Glasur. Hier einige Anregungen für Farbzusätze (bitte jeweils dem Grundrezept oben beigeben):

**Apfelgrüne Kristalle
auf weißem Hintergrund**

2 % Kupfercarbonat
1 % Mangandioxid

**Preußischblaue Kristalle
auf gelbbraunem Hintergrund**

0,2 % Kobaltcarbonat
0,5 % Kupfercarbonat
0,5 % Nickeloxid

**Violette Kristalle
auf grauem Hintergrund**

0,5 % Kobaltcarbonat
2 %   Mangandioxid

**Türkise Kristalle
auf gelbbraunem Hintergrund**

0,5 % Kupfercarbonat
0,5 % Nickeloxid
0,5 % rotes Eisenoxid

**Goldkristalle
auf grünem Hintergrund**

2 % Kupfercarbonat
3 % Mangandioxid

**Elfenbeinfarbene Kristalle
auf weißem Hintergrund**

1,5 % rotes Eisenoxid

Kupferhaltige Glasuren können zusätzlich nach dem Brand reduziert werden, um leuchtende Kupferlüsterkristalle hervorzubringen (siehe Lüsterbrand Seite 140). Ausgewählte Stücke aus dem Oxidationsbrand werden dazu im Gasofen platziert und auf 825 °C hochgeheizt. Beim anschließenden Absenken der Temperatur auf 550 °C innerhalb der nächsten 90 Minuten wird reduziert. Ofen wie gewohnt abkühlen lassen.

1 Unterlageringe passend für die Gefäße für die Kristallbrand drehen und schrühen

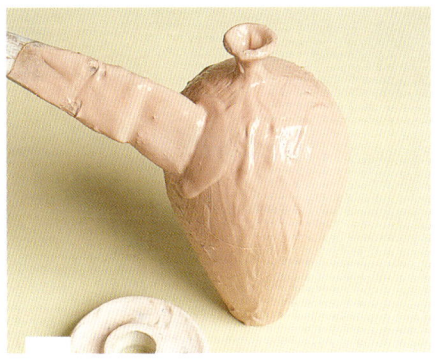

2 Mit dem Pinsel eine dicke Glasurschicht auftragen – vorwiegend im oberen Gefäßbereich, da sie stark abläuft

3 Die Flasche für den Brand auf die Unterlage stellen

4 Nach dem Brand klebt die Flasche durch abgelaufene Glasur an der Unterlage fest. Sie wird mit Hilfe der scharfen Flamme einer Lötlampe gelöst.

5 Scharfe Glasurkanten werden mit der Schleifscheibe geglättet.

Flasche mit Kristallglasur von PETER ILSLEY. Der Künstler hält zum guten Gelingen drei Faktoren für ausschlaggebend: das Glasurrezept, den richtigen Glasurauftrag und den Brandverlauf. →

VARIATIONEN

Links und rechts: Details aus Arbeiten von KATE MALONE mit Kristallglasuren, mit der Hand aufgemalt. Durch ein ausgeklügeltes Brennverfahren mit genau festgelegten Heiz- und Abkühlphasen entwickeln sich die Kristalle.
Unten: Schale mit großen Kristallen von PETER ILSLEY

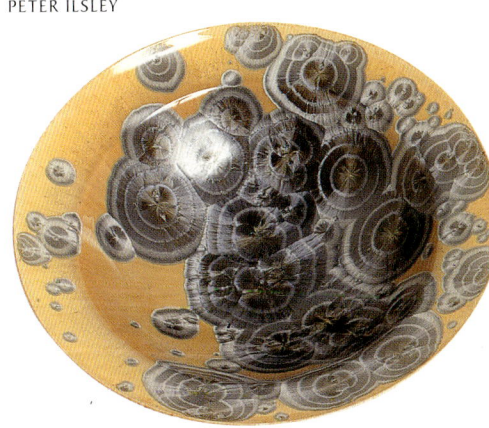

Kapitel 3 Spezielle Brennverfahren

Oft hört man, Töpfer seien entweder Erd- oder Feuer-Menschen. Dieses Kapitel ist für letztere gedacht! Es gibt keinen besseren Weg, um die Vorgänge beim Brennen zu verstehen, als das Erlebnis eines Rauch-

RAUCHBRAND

IN VERGANGENEN EPOCHEN war eine gewisse Rauchentwicklung beim Brennen unumgänglich. Jeder mit Stoffen wie Holz, Pflanzenfasern oder getrocknetem Dung beheizte Ofen produzierte unvermeidlich Rauch. Oft handelte es sich einfach um offene Feldbrände, bei denen die Gefäße ohne weiteren Schutz im Feuer lagen. Bald lernten die Menschen früher Kulturen aber, die Gefäße langsam vorzuheizen und die Flammen einzufassen, damit das Feuer länger brannte und höhere Temperaturen erreichte. Scherben wurden über die Flammen gelegt und mit Lehm und Dung isoliert, neben dem Feuer wurde ein Zug installiert. Unabhängig voneinander entwickelten sich in verschiedenen Weltgegenden effiziente Öfen, die den Feldbrand weitgehend ablösten. In der westlichen Welt der Studiotöpferei setzen wir heute Rauchbrände ein, um Rauch- und Flammenspuren auf die Gefäßoberflächen zu prägen.

WAS IST RAUCHBRAND?

Hier werden mehrere Verfahren vorgestellt, die alle das Ziel haben, die Brennware direkt mit den Flammen in Berührung zu bringen. Der dabei entstehende Kohlenstoff wird vom porösen Scherben (meist vorher schrüh-gebrannt) absorbiert. Dadurch bilden sich Farbvarianten von Schwarz über Braun bis Grau, manchmal durch Zusätze von Oxiden und Sulfaten oder vor dem Schrühen aufgetragene Engoben ergänzt. Rauchbrand ist nor-malerweise ein Niedrigbrandverfahren. Falls nicht glasiert, bleiben die Gefäßwände porös, also für Gebrauchsgeschirr ungeeignet. Die Raucheinwirkung verändert den Scherben

Oben: Geräuchertes Gefäß von GEOFF TOWNSEND *mit Aussparmustern. Auf der polierten, geschrühten Fläche wurden mit Klebefolie Muster gebildet und die Zwischenflächen mit Schlicker gefüllt. Der Rauchbrand verbrennt das Klebeband, durchdringt aber nicht den Schlicker..*

Mitte: Poliertes Gefäß von JAQUI ATKIN *aus Porzellan und T-Material (in England gebräuchliche plastische Masse), Wulsttechnik auf pressgeformter Basis. Rauchbrand mit Ausspartechnik*

Unten: Feldbrandgefäß von ELIZABETH MICHL. *Terra sigillata, gebrüht bei 1060 °C*

Rechts: Spatenförmige Vasen und Kelch aus einem Sägemehlbrand von TESSA WOLFE MURRAY. *Die Formen sind aus Platten aufgebaut und vor dem Räuchern mit Unterglasurfarben behandelt sowie innen glasiert.*

bereits bei sehr niedrigen Temperaturen. Streng genommen handelt es sich also gar nicht um einen „Brand" – mit Ausnahme des Kapselbrandes (*siehe Seite 114*).

RAUCHBRAND UND RAKU

Bei den vielen heute gebräuchlichen Rakuverfahren lassen sich beide Techniken nicht streng trennen. Generell werden aber bei Raku mit etwa 1000 °C höhere Temperaturen erzeugt als beim Rauchbrand mit 400 °C. Die Ware ist beim Nachreduzieren (Postfiring) nach dem Rakubrand bereits sehr heiß, beim Rauchbrand dagegen wird sie kalt oder zur Vermeidung größerer Hitzespannungen leicht angewärmt dem Feuer ausgesetzt. Beim Raku entstehen Raucheffekte nach dem eigentlichen Brand. Die Aussapartechnik mit Schlicker von Seite 76 eignet sich für beide Verfahren.

Oben: *Kugelgefäß aus stark schamottierter Porzellan- und Steinzeugmasse von* ARDINE SPITTERS. *Die Objekte werden vor dem Rauchbrand poliert und bei 1050 °C geschrüht. Zusätzliche Schmuckelemente aus Schiefer*

UNMITTELBARE RESULTATE

Alle Arten von Keramikbränden haben ihre eigene Faszination. Manche wie etwa Kristallglasuren (*siehe Seite 106*) dauern bei exakt gesteuertem Brennverlauf viele Stunden und ergeben bei erfahrenen Töpfern recht gleichmäßige Ergebnisse. Andere wie Salz- und Sodabrand (*siehe Seite 104*) fordern stundenlang die Aufmerksamkeit mit Steuerung und Überwachung der Reduktionsatmosphäre, Einschütten des Salzes und sogar Ofenselbstbau. Rauchbrandverfahren dagegen ergeben mit minimaler Ausrüstung und geringen Kosten ganz direkte Resultate – dafür mit oft unvorhersehbaren Ergebnissen. Die Unmittelbarkeit und unsere Vorerwartungen machen den Prozess so spannend. Feine Spuren verraten oft die Einwirkung und den Charakter der Flammen und passen sich ganz natürlich der Gefäßform an. Der Rauchbrand spricht unsere „pyromanischen" Seiten an und ist eine aufregende Abwechslung vom sachlichen Elektrobrand. Heute haben wir beides zur Auswahl. Durch vorheriges Schrühen wird das Bruchrisiko zwar minimiert, doch auch mit wachsender Erfahrung bleiben die Resultate von Rauchbränden immer ein Zufallsspiel. Geringere Rauchmengen – umweltfreundlich und für die Nachbarschaft nicht störend – reichen für den Effekt aus.

Links außen: *Zwei schlanke gedrehte Flaschen von* CHRISTINE GITTINS. *Nach dem Polieren Auftrag von Kupferlüster zur besonderen Betonung einzelner Partien. Anschließend Kapselbrand im Ofen. Die Oberflächen sind mit Wachs versiegelt und glänzend poliert.*
Links: *Steinzeugobjekt aus einem Feldbrand (Brennmethode siehe Seite 112/113) von* ELIZABETH MICHL

Feldbrand

OFFENE FELD- ODER GRUBENBRÄNDE verlaufen oft sehr erfolgreich, da die massiven Grubenwände gut isolieren. Die Grube kann beliebige Größe haben. Ist sie zu flach, tritt extreme Oxidation ein. Zu tiefe Gruben sind schwer zu beschicken. Ideal ist eine Tiefe von 60 cm. Flachere Konstruktionen brennen zu geschwind ab. Gewöhnlich wird schnell und langsam verbrennendes Material gemischt, so dass während des ganzen Brandes eine Reduktionsatmosphäre besteht. Die Gefäße werden für eine reichere Farbentwicklung oft mit Engobe und Oxiden vorbehandelt: Eisen ergibt zusammen mit Salz oft Orange, Kupfercarbonat Rot- und Rosatöne. Manchmal werden Algen, Obst- und Gemüseschalen und sonstiges Pflanzenmaterial verschürt. Chemische Reaktionen verändern in der Hitze die Gefäßoberflächen. Der Scherben bleibt porös.

BRENNPROZESSE

Ein achtstündiges Feuer in einer Bodengrube, das sorgfältige Einschichten der Gefäße, das Zusammenspiel von Erde und Feuer bringen unnachahmliche Ergebnisse. Es ist einfach aufregend – und anstrengend! Vielleicht haben Sie den Eindruck, dass aus diesem Inferno nur mit viel Glück gelungene Teile auftauchen könnten. Das ist definitiv falsch. Doch gute Planung und Kontrolle der Vorgänge sind unerlässlich.

Auf der Scheibe gedrehtes Steinzeuggefäß von ELIZABETH MICHL. Nach vorherigem Schrühen im Grubenbrand fertiggestellt. Farbgebung mit Kupfercarbonat

Die Gefäße stehen zum Einräumen in die Grube bereit. Sie ist mit Holzplanken umwandet und am Boden mit Sägemehl gefüllt. Die weiße Steinzeugware wurde vor dem Schrühbrand im Elektroofen bei 1050 °C mit Terra sigillata überzogen.

VARIANTEN

Links: ELIZABETH MICHL *überzieht ihre Gefäße aus weißer Steinzeugmasse vor dem Schrühbrand mit Terra sigillata. Eine Kupfercarbonatlösung wird aufgesprüht. Beim Grubenbrand werden Seegras, Salz und weiteres Kupfercarbonat beigegeben, wie oben gezeigt.*
Mitte: Zwei Gefäße von ARDINE SPITTERS *aus schamottierten Porzellan- und Steinzeugmassen. Vor dem Schrühbrand bei 1050 °C poliert und mit Sulfaten behandelt. Die Grube wird mit einer Mischung aus Holz und Sägemehl gefüllt und 48 Stunden langsam gebrannt.*
Rechts: In Teilen gedrehte und zusammengesetzte Gefäße von TAMASINE HOLMAN. *Oberflächen poliert, bei 850 °C im Elektroofen geschrüht. Der Grubenofen wird mit einer* Lage Sägemehl ausgelegt, bevor die Gefäße und die restlichen Brennstoffe eingeladen werden. Das Ganze brennt drei Tage lang und kühlt ganz aus, bevor die Objekte entnommen und abschließend gewachst werden.

2 Beschickung des Ofens mit Holz und Brenngut. Kupfercarbonat, Seegras vom Strand und Salz werden um die Gefäße arrangiert. Die Grube an der Coastal Carolina University in South Carolina ist etwa 1,5 m tief, 90 cm breit und 3,6 m lang.

3 Letzte Vorbereitungen: Das Holz wird sorgfältig arrangiert und nicht auf die Gefäße geworfen. Die oberste Lage wird mit Zeitungspapier und feinen Holzstückchen gemischt, damit das Feuer gut entflammt.

4 Das Beschicken der Grube kann mehrere Stunden dauern. Ist alles fertig, wird sie oben mit Wellblech abgedeckt und das Holz in Brand gesetzt.

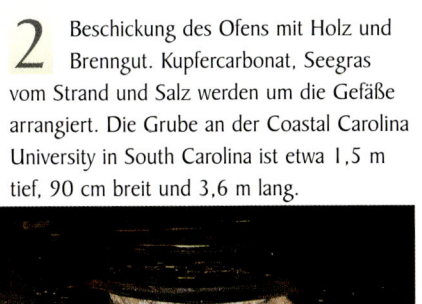

5 Acht Stunden lang wird die Grube mit Holz geschürt und gelegentlich geöffnet, damit sich das Feuer im ganzen Brennraum ausbreitet. Hier ist das Holz bereits zu Glut zerfallen. Die Grube bleibt aber noch 36 Stunden geschlossen.

6 Zwei Tage später: Die Seitenwände sind zerfallen, ohne die Gefäße zu beschädigen. Die Erde ist sehr sandig. Endlich können die Teile herausgenommen, gereinigt und bestaunt werden.

7 Die interessanten Oberflächen werden durch eine Bienenwachspolitur hervorgehoben. Farben und Flammenspuren geben jedem Gefäß sein individuelles Gepräge.

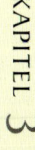

Kapselbrand

KAPSELN ODER MUFFELN sind feuerfeste Behältnisse, die beim Brand das Brenngut aufnehmen. Sie schützen es vor dem direkten Flammenzugriff, vor Gasen und Verunreinigungen und waren früher besonders in Holz- und Kohlenöfen gebräuchlich. Die Kapseln wurden zu hohen Säulen gestapelt. Moderne Brennöfen arbeiten sehr sauber, ein zusätzlicher Schutz ist eigentlich nicht mehr nötig. Doch Keramikkünstler haben die Methode übernommen, um ein Mikroklima mit räumlich beschränkter Reduktionsatmosphäre im Ofen zu schaffen. Mit den Räucherstoffen können für Spezialeffekte weitere Substanzen wie Salz, Metalloxide und Sulfate in die Kapseln gefüllt werden.

SIE BRAUCHEN

Schrühware
Brennkapsel
Sägemehl
Rakuofen

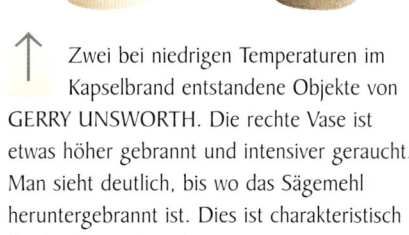

↑ Zwei bei niedrigen Temperaturen im Kapselbrand entstandene Objekte von GERRY UNSWORTH. Die rechte Vase ist etwas höher gebrannt und intensiver geraucht. Man sieht deutlich, bis wo das Sägemehl heruntergebrannt ist. Dies ist charakteristisch für den Kapselbrand.

KAPSELN UND NIEDRIGBRAND

Die hohe Vase wurde vor dem Kapselbrand zweimal gebrannt: zunächst geschrüht und dann mit einer Irdenware-Craqueléglasur im Inneren. Sie wird mit Sägemehl in die Brennkapsel gefüllt, diese kommt in den Rakuofen (siehe Seite 122) und wird im Freien gebrannt – egal ob mit Gas, Holz oder Öl als Brennstoff. Der Rauch verteilt sich mit dem Zug. Selbst Elektroöfen eignen sich für Kapselbrand – sofern sie gut belüftbar sind, da sich reichlich Rauch entwickelt.

1 Das hohe Objekt wird niedrig bei Irdenwaretemperatur mit einer ungaren Glasur im Inneren gebrannt. Sie bildet ein Craquelénetz, das durch die Einwirkung von Kohlenstoff im Rauchbrand deutlich hervortritt.

2 Die Ware wird zusammen mit ein paar Händen voll Sägespäne in die Kapsel gefüllt und mit dem Deckel geschlossen. Im Rakuofen wird bei 400-600 °C (bzw. bis das Sägemehl Feuer fängt) gebrannt.

3 Durch das Schauloch im Ofendeckel kann man Flammen sehen, wenn die Sägespäne sich entzünden. Der Ofen wird abgeschaltet und die Holzspäne können verbrennen.

VARIANTEN

Links: Hohe Vase von GERRY UNSWORTH. *Nach dem Schrühen glasiert, bei Irdenwaretemperatur gebrannt, mit Lüster besprüht, nochmals bei 780 °C gebrannt und schließlich bei 400 °C in Kapselbrand vollendet*

Rechts: Vase und Schale von CHRISTINE GITTINS. *Die weiße Irdenware wurde zunächst poliert und vor dem Brand mit Kupferlüster überzogen. Der Abschlussbrand erfolgte in Brennkapseln.*

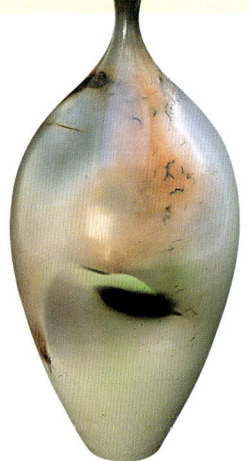

KAPSELN UND HOCHTEMPERATURBRAND

Bei dieser Brennvariante im Gasofen sind Temperaturen um 1220 °C im Steinzeugbereich erforderlich. Öfen mit Kamin sind vorzuziehen. Die meisten Raküöfen reichen längst nicht aus. Brennkapseln werden aus vorzugsweise stark schamottierten Massen geformt, die Temperaturschocks gut verkraften, und vor dem Einsatz geschrüht. Sie können mehrfach verwendet werden, bis sie eventuell platzen.

Die geschrühten, gedrehten Porzellanobjekte auf dieser Seite wurden zunächst dünn mit einer Mischung aus Kupfercarbonat und Mangandioxid besprüht. Auch Eisen- und Zinnoxid sind geeignet. Bitte dünn auftragen und den Boden aussparen.

SIE BRAUCHEN

Schrühware
Brennkapsel
Sägemehl und -späne
Getreide (Reis, Weizen etc.)
Gasofen
Mangandioxid
Kupfercarbonat

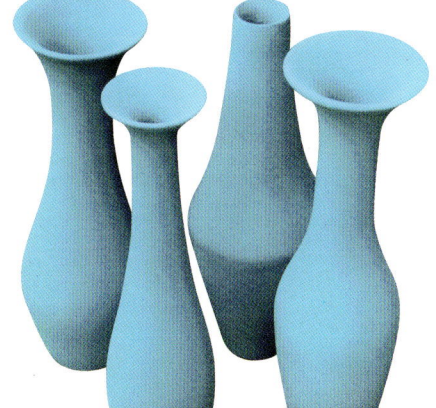

2 Gefäße sorgfältig einräumen. Brennmaterial – zuerst etwas Getreide – eher unterhalb der Ware statt rund um die Oberfläche anordnen. Brennkapsel zu drei Viertel sowie Inneres der Gefäße vollständig mit Sägemehl und -spänen auffüllen, oben mit einer dünnen Lage grober Späne abschließen.

3 Kapsel bei 1220 °C im Gasofen brennen, bei 1000 °C Reduktion einleiten. Die Brennkammer darf noch anderes Brenngut enthalten. Hier dient die auf die Kapsel gelegte Platte als Deckel und gleichzeitig als Stellfläche für weitere Ware.

1 Geschrühte Porzellanteile werden vor dem Kapselbrand mit einer Mischung aus Mangandioxid und Kupfercarbonat besprüht. Der Überzug fällt leicht ab. Daher etwas Gummiarabikum beimischen, damit er besser haftet.

4 Nach dem Brand ist das Sägemehl zu Asche zerfallen und hat die charakteristische Abgrenzungslinie an den Gefäßen hinterlassen: Unten sind die Wände matt und samtig, die oberen Partien dagegen zeigen an Giraffenfell erinnernde glasurartige Musterungen, mit etwas Glück sogar teilweise Regenbogenfarben (*Detail links*).

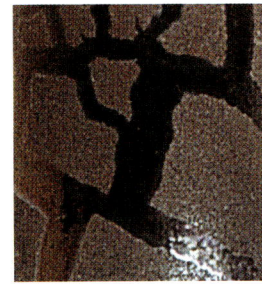

← Zwei Vasen von BRIDGET ALDRIDGE. Die erkalteten Teile werden aus der Kapsel genommen und vorsichtig gewaschen. Es ist immer wieder spannend. Jeder Brand birgt Überraschungen, das Experimentieren nimmt kein Ende.

TEMPERATURSCHOCKS

Bei manchen Vorgängen wird der Scherben im Brand plötzlich starken Temperaturveränderungen durch schnelles Aufheizen oder Abschrecken ausgesetzt. Nicht alle Massen verkraften diese Anforderungen gleich gut. Wählen Sie in diesem Zusammenhang stark schamottierte, besonders hitzebeständige, unempfindliche Sorten. Diese eignen sich auch für Mehrfachbrände.

Sägemehl und Ausspartechnik

RÄUCHERN, SCHMAUCHEN UND NACHREDUZIEREN finden meist nach dem eigentlichen Brand statt. So auch bei dieser Variante, bei der die erreichten Temperaturen zum Erhärten des Scherbens gar nicht ausreichen würden. Das Arbeiten mit Behältern ist sicher und einfach. Der im Inneren gefangene Rauch entwickelt seine maximale Wirkung und verändert die Scherbenoberflächen erheblich. Verwendet wird eine Metalltonne mit kleinen eingebohrten Belüftungslöchern.

SIE BRAUCHEN

Schrühware zum Dekorieren

Klebeband zum Abdecken

Blechtonne

Sägemehl

Zeitungspapier

Möbelpoliturwachs

1 Die gegossene Figur ist bereits geschrüht. Aus Klebeband gerissene Streifen werden für ein unregelmäßiges Muster auf der Oberfläche fixiert.

2 Die vorbereitete Figur wird auf einer Schicht Sägemehl und Zeitungspapier in den Behälter gelegt.

3 Weiteres Sägemehl und Zeitungspapier werden locker über dem Objekt eingefüllt, bis es vollständig bedeckt ist.

4 Das Papier wird von oben angezündet, bis es gut brennt. Gegebenenfalls kann eine der üblichen Anzündhilfen das Feuer richtig in Gang setzen. Bitte niemals Benzin oder Spiritus dazu verwenden!

5 Ist das Material verbrannt, ist der Brand abgeschlossen. Die Dauer variiert stark. In diesem Fall dauerte er nur eine Viertelstunde. Um den Vorgang zu verlangsamen, kann ein Deckel auf die Tonne gelegt oder das Sägemehl dichter eingepresst werden. Kurzes Räuchern ergibt blasse, längeres dagegen tiefschwarze Rauchspuren.

6 Mit Handschuhen wird das Objekt entnommen und geprüft. Sind Sie nicht zufrieden, wiederholen Sie den Vorgang. Vorher bitte neues Klebeband aufbringen. Ansonsten wird die Oberfläche mit warmem Wasser und einem Scheuerschwamm gereinigt.

7 Zum Schluss wird die Figur mit Möbelpolitur eingewachst. Hier wird ein eingefärbtes Produkt mit warmem Holzton verwendet.

↑ Die fertige Figur von JUNE TAYLOR mit einem markanten Aussparmuster und kräftigen Rauchspuren

PAPIEROFEN

Dieser Papierofen von SEBASTIAN BLACKIE besteht aus sehr fest verdrillten Zeitungspapierschnüren und ist selber schon ein richtiges Kunstwerk von stattlichen 20 kg Gewicht. Wegen der sehr dicken, festen Papierwände brennt er viel langsamer herunter, als man erwarten würde. Das Papier hat gute Isoliereigenschaften. Beim Brennen bildet es eine feine Kohlenstoffkruste, zerfällt also nicht vollständig. Ähnlich konstruierte Öfen erreichten bis zu 1150 °C Brenntemperatur und erlaubten damit echte Keramikbrände, nicht nur eine Veränderung der Oberfläche. Bei derartigen Experimenten können sich verschiedenste dekorative Effekte ergeben, meist allerdings bleibt es bei relativ zarten Schmauchspuren auf der Gefäßoberfläche.

Papieröfen sind selber schon Kunstwerke. Neben dem Behälter liegt der Deckel, der nach dem Einräumen fest damit verbunden wird.

VARIANTEN

Oben rechts: *Bauchige Schale von GEOFF TOWNSEND. Nach dem Schrühbrand mit Klebefolie gemustert und mit Schlicker bestrichen. Nach dem Trocknen in einer Blechtonne mit brennendem Zeitungspapier geräuchert und mit Bienenwachs poliert*
Mitte und unten: *Figuren und Gefäß von JUNE TAILOR mit Aussparmuster, ebenfalls auf die beschriebene Weise geräuchert*

GESUNDHEIT UND SICHERHEIT

- Sägemehl brennt sehr gut. Es darf nicht in starken Luftzug kommen – besonders, wo sich Flammen entwickeln –, es könnte sonst eine Explosion auslösen!
- Lagern Sie Sägemehl sicher.
- Rauch und aufsteigende Glutpartikel sind gefährlich für Menschen, Tiere und Gegenstände. Checken Sie die Umgebung der Metalltonne und bedenken Sie, dass Rauch und Gestank für die Nachbarschaft unangenehm werden können. Beachten Sie die Vorschriften bezüglich offenem Feuer.
- Arbeiten Sie nicht bei windigem Wetter.
- Tragen Sie bitte immer eine Gesichtsmaske mit Rauchfilter und hitzebeständige Handschuhe.
- Langes Haar und flatternde Kleidungsstücke bitte zurückbinden.

Räuchern

ÄHNLICH WIE BEIM SÄGEMEHLBRAND verändert die Rauch-entwicklung auch hier die Farbe des Scherbens. Wir stellen zwei Varianten zum Schwärzen des Scherbens vor. Die Ausrüstung ist einfach. Bei den anderen Rauchbrand-verfahren angeführte Hinweise gelten auch hier – besonders was die Gesundheits- und Sicherheitshinweise betrifft.

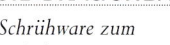

SIE BRAUCHEN

Schrühware zum Dekorieren

feuerbeständige Metall- oder Blechtonne

Heu oder Sägemehl

Schlicker für Aussparmuster

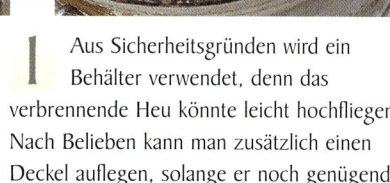

1 Aus Sicherheitsgründen wird ein Behälter verwendet, denn das verbrennende Heu könnte leicht hochfliegen. Nach Belieben kann man zusätzlich einen Deckel auflegen, solange er noch genügend Luftzirkulation für den Brand zulässt.

2 Vorsorglich wurden die zuvor geschrühten Gefäße im Elektroofen nochmals auf 200 °C vorge-wärmt, um einen Temperatur-schock zu vermeiden. In Ausspar-Manier ist etwas Schlicker aufgekleckst. Er platzt später wieder ab. Die Gefäße werden auf eine Schicht Heu gelegt, das mit einer langen Kerze, Grillanzünder oder ähnlichen Hilfsmitteln angezündet wird.

3 Innerhalb von fünf bis zehn Minuten ist das Heu zu Asche verkohlt. Nach dem Abkühlen können die Objekte entnommen werden.

4 Eine Wachspolitur bringt Farben und Musterung gut zur Geltung. Die ursprünglich sichtbaren Spuren von Grasähren gingen leider bei diesem Gefäß durch das Polieren verloren.

Das fertige polierte Gefäß von JOHN COMMANE zeigt ein klecks-artiges Aussparmuster, das vom vor dem Abräuchern aufgetragenen Tonschlicker stammt.

TIEFES SCHWARZ

1 Der Topf wurde im Rakuofen gebrannt, bei 600 °C entnommen, sofort in einen Behälter mit Sägemehl gelegt und unter möglichst starkem Luftabschluss vollständig mit weiterem Sägemehl umhüllt.

2 Nach etwa einer halben Stunde wird der Deckel abgehoben. Das Gefäß wird entnommen und in Wasser getaucht. (Es ist noch sehr heiß und kann nach Belieben auch länger im Behälter bleiben.)

3 Anschließend wird die Oberfläche abgewaschen und mit Wachspaste zu einem edlen metallischen Glanz aufpoliert. Das Gefäß kennen wir bereits von Seite 72 (Terra sigillata).

← Schwarzer Topf von PETER ILSLEY, aus rotem Ton gedreht und mit Terra sigillata überzogen. Poliert, bei 850 °C geschrüht und karbonisiert. Mit Wachs zu einem tiefen seidigen Schimmer poliert

VARIANTEN

Links: *Kleine Terrakotta-Schale mit poliertem Rand und Ritzmuster von JO CONNELL. Die dunkel mit dem roten Scherben kontrastierenden Partien sind leicht geräuchert.*

Mitte und rechts: *Polierte und geräucherte Gefäße von JOHN COMMANE mit Aussparmuster durch Schlickerauftrag. Nach dem Schwärzen fällt der Schlicker von den heller gebliebenen Partien ab.*

RAKU

DIE URSPRÜNGE DES RAKU LIEGEN IN JAPAN im 16. Jahrhundert. Frei übersetzt bedeutet das Wort „Freude" oder „Vergnügen" – und das können viele Töpfer bestätigen! Im Lauf der Zeit wurde die Technik im Westen übernommen, abgewandelt, weiterentwickelt, ergänzt. Einige Varianten werden auf den folgenden Seiten vorgestellt. Generell versteht man unter Raku ein sehr kurzes Niedrigbrandverfahren im Irdenwarebereich. Die Gefäße werden mit Zangen glühend aus dem Ofen genommen und weiterbehandelt, indem man sie beispielsweise in Sägemehl oder anderes brennbares Material hüllt oder direkt in Wasser taucht. Rakubrände sind durch die schnellen Ergebnisse sehr spannend und scheinen allen gewohnten Regeln zu widersprechen. Wir kommen so direkt mit dem Feuer in Berührung und erleben so unmittelbar seine Wirkung auf den Ton, dass eine einmalige Faszination davon ausgeht. Gleichzeitig können wir viel lernen.

MATERIALIEN

Ofen, Brenner und Gas

Rakuzange

Reduktionsbehälter

Sicherheitsausrüstung wie Rakuhandschuhe, Gesichtsschild und sicheres Schuhwerk (siehe Seite 154)

RAKUGLASUREN

Glasiertes Raku trägt nach der Reduktion die charakteristischen, vom Kohlenstoff schwarz eingefärbten Craquelémuster. Teils bilden sich die Rissnetze durch schnelles Erhitzen und Abkühlen, teils durch Verwendung von schlecht zum Scherben passenden Glasuren (oft auf der Basis von Alkalifritten). Sie tendieren zum Abspringen und bleiben fast immer porös. Raku ist also nur für reine Zierobjekte geeignet, nicht für Gebrauchsgeschirr.

Glasuren werden fertig gekauft oder nach den Rezepten von Seite 125 gemischt. Wirklich aufregende Bronzeüberzüge ergibt in der Reduktionsatmosphäre Kupfer. Mit Silbernitrat entsteht Gold und Gelb, mit Kupferchlorid oder -sulfat Türkis. Viele dieser Chemikalien entwickeln sich unvorhersehbar und müssen sehr bedachtsam eingesetzt werden. Vorsicht bitte auch bei den aus dem Ofen entweichenden Dämpfen!

RAKUMASSEN

Beim Rakubrand wird der Scherben bis an die Grenzen beansprucht. Häufig treten Risse und Brüche auf. Im Prinzip kann jede Masse verwendet werden. Generell werden aber eher poröse Sorten gewählt, die den unvermeidlichen Temperaturschock am besten verkraften. Zusatz von Sand, Schamotte, Feuerfest-Ton oder brennbaren Zuschlagstoffen *(siehe Seite 16)* erhöht die „Elastizität". Substanzen mit geringer Ausdehnung und Kontraktion wie Spodumen, Petalit und Talk wirken ähnlich. Der Handel hat – normalerweise eher grobe – Fertigmassen für Raku im Programm.

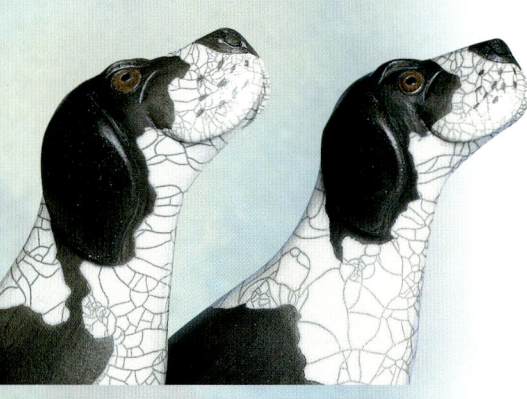

Oben: *Rakugefäß von* MERVYN NICHOL *mit strukturierter Oberfläche und Kupferglasur*

Mitte: *Schale mit eingelegten Tonornamenten, durch Kupfercarbonat gefärbt. Nach dem Schrühen mit weißer Zinnglasur überzogen. Beim Rakubrand ist das Craquelémuster deutlich hervorgetreten, die Glasur zeigt auf dem kupferhaltigen Scherben eher zu Rot und Bronze statt Grün tendierende Reduktionseffekte. Arbeit von* JO CONNELL

Unten: *Hunde von* TONY WHITE *mit markanten Craquelérissen auf der weißen Glasur*

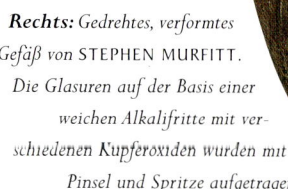

Rechts: *Gedrehtes, verformtes Gefäß von* STEPHEN MURFITT. *Die Glasuren auf der Basis einer weichen Alkalifritte mit verschiedenen Kupferoxiden wurden mit Pinsel und Spritze aufgetragen.*

RAKUÖFEN

Elektroöfen sind für Raku ungeeignet. Früher konnte man die Öfen nur selber bauen. Holz und Kohle wurden meist zum Heizen benutzt, gebrannt wurde immer im Freien. Dank moderner Materialien wie Keramikfasern und hoch hitzebeständigen Feuerleichtsteinen werden heute auch vorgefertigte Konstruktionen angeboten. Sie sind leicht und tragbar und können mit zusätzlichen Belüftungsvorrichtungen sogar unter Dach eingesetzt werden. Befeuert werden sie praktischerweise meist mit Flaschengas.

BRAND

Wird die Ware vor dem Brennen angewärmt, ist sie weniger rissanfällig. Große Teile werden in den noch kälteren Ofen gesetzt und langsamer als kleinere hochgeheizt. Nach dem ersten Brenndurchgang bleibt der Ofen noch heiß und erreicht je nach Modell bereits nach etwa einer halben Stunde wieder seine Endtemperatur. Gute Isolierung und ein starker Brenner sind dabei nützlich.

Links: Torso-Gefäß mit trockener Kupferglasur von CLIVE OATES. *Der Rakubrand erfolgte nach der auf Seite 128/129 beschriebenen Technik.*

121

HAUBENOFEN

Oben: *Der improvisierte Haubenofen entstand aus einem von allen entflammbaren Stoffen gereinigten Ölfass. Der Boden ist mit Feuerleichtsteinen ausgelegt, der Deckel mit keramischen Fasermatten. Dadurch ist er leicht abhebbar, das Brenngut lässt sich gut seitlich herausnehmen und man braucht sich dabei nicht über den heißen Ofen zu lehnen.*

HOLZOFEN MIT LIEGENDER FLAMMENFÜHRUNG

1 Die Flammen ziehen aus dem Feuerraum unterhalb der Brennkammer durchs Ofeninnere. Durch den Kamin entweichen schließlich die Abgase.

2 Die seitliche Ofenklappe wird einen Spalt geöffnet, um zu kontrollieren, ob die Glasuren im Inneren bereits geschmolzen sind. Dabei zum Sauerstoff hin nach außen schlagende Flammen zeigen an, dass im Inneren eine Reduktionsatmosphäre herrscht.

Nachreduzieren

RAKU KENNT MITTLERWEILE DUTZENDE VON STILRICHTUNGEN. Für persönlichen Ausdruck bleibt viel Platz. Keramiker entwickeln ihre eigenen Erfolgsrezepte. Oft werden die Rakugefäße nach dem eigentlichen Brand einer Reduktionsphase unterzogen. Der Begriff Reduktion kommt im Zusammenhang mit Keramik häufig vor. Genauer wird er auf Seite 100 erklärt. Grundsätzlich bedeutet Reduktion eine unvollständige Verbrennung durch Sauerstoffmangel, wodurch sich besondere Farben und Effekte bei Glasuren und Scherben entwickeln.

Beim Raku erfolgt eine Reduktion, wenn die Gefäße bei etwa 1000 °C mit vollkommen geschmolzener Glasur aus dem Ofen genommen und in brennbares Material wie Sägemehl, trockene Blätter, Stroh oder Papierfetzen gelegt werden. Die hier demonstrierte Technik ist vielfältig abwandelbar. Manchmal wird die Ware vor dem Einlegen ins Sägemehl erst etwas abgekühlt, bis die Glasur zu erstarren beginnt. Zügiges Auskühlen an der Luft oder durch Aufsprühen von Wasser kann die Craquelébildung fördern. Die Reduktion wird so gesteuert, dass sie unter weitestmöglichem Ausschluss von Luft stärker oder mit teilweiser Reoxidation schwächer verläuft. Einer der heikelsten Punkte ist dabei die richtige Rauchmenge. Hier ist etwas Fingerspitzengefühl gefragt.

1 Der mit Propangas beheizte Ofen besteht aus mehreren Ringsegmenten, die je nach Form und Größe der Brennware variabel eingesetzt werden können. Auf dem Deckel stehend werden die Gefäße vor dem eigentlichen Brand vorgewärmt. Dadurch verringert sich der Hitzeschock, der beim Einstellen in den heißen Ofen auftritt.

2 Die Glasur ist gar, d.h. geschmolzen, Ofendeckel und oberstes Ringsegment sind bereits abgenommen. Die Zange hält das Gefäß von innen etwas unterhalb des Halses, es ist bereit zum Herausheben.

VARIANTEN

Links: Kugelgefäß mit weißer Craquelé- und Metallglasur von RICHARD CAPSTICK, nach dem Brand zusätzlich durch Messingstäbe verziert

Mitte links: Pressgeformtes Gefäß von JO CONNELL. Die dunklen Partien sind aus einer mit Kupfercarbonat gefärbten Masse eingelegt. Außer dem unglasierten Rand ist es mit weißer Craqueléglasur überzogen. Bei der Reduktion entwickelte sich auf den kupferhaltigen Partien ein satter Bronzeton.

Mitte rechts: GORDON THOMAS gestaltete das „Fliehende Pferd" aus einer Pressform mit anmodellierten Details. Rakubrand mit türkiser Craqueléglasur, leichte Reduktion. Die unglasierten Flächen sind vom Kohlenstoff schwarz gefärbt.

Rechts außen: Zwei Raku-Papageientaucher von TONY WHITE. Sie zeigen den geschickten und einfallsreichen Einsatz farbiger sowie charakteristischer weißer Craqueléglasuren im Kontrast zu schwarzen Reduktionsflächen.

4 Weiteres Sägemehl wird über die Vase gekippt und angezündet. Flammen zeigen an, dass sich das Sägemehl bei Berührung mit der Vase entzündet.

3 Die hohe Vase wird ins Reduktionsgefäß (hier ein altes Ölfass) gesenkt, das bereits mit einer Schicht Sägemehl ausgekleidet ist.

↑ Rakutopf von STEPHEN MURFITT. Der Scherben zeigt einen kräftigen Lüsterüberzug, der sich bei der Reduktion bildete. Die verwendete Glasur enthält neben Boraxfritte reichlich Kupfercarbonat. Höhe 44 cm

5 Die riesige Vase bleibt zwei bis drei Stunden im Rekuktionsbehälter und wird dann zum Abkühlen herausgehoben. Anschließend wird sie geschrubbt, um die Kohlenstoffschicht zu entfernen. Erst dann kommt die glutfarbene Oberfläche zum Vorschein.

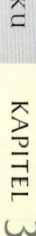

RAKUBRAND MIT VERSCHIEDENEN MATERIALIEN

Manche Glasuren sprechen extrem auf die Reduktionsprozesse an – vor allem solche, die Kupferoxide enthalten. Bei kräftigem Reduzieren verwandeln sich die Farbtöne von Türkis oder Grün zu rötlicher Bronze. Gelegentlich reoxidieren sie allerdings im Lauf der Zeit an der Luft wieder zu leicht lüsterartigen Grünnuancen. Die metallische Natur der reduzierten Glasuren beim Raku ist dem auf Seite 102 beschriebenen Lüster vergleichbar. Beide Verfahren ähneln sich.

Die Vase mit Metallnieten wird mit Kupferglasur überzogen und im Rakuofen bei etwa 1000 °C gebrannt.

2 Direkt aus dem Ofen kommt die glasierte Vase zum Nachreduzieren in Sägemehl. Die Glasur enthält 3 % Kupfercarbonat und erscheint vor dieser Behandlung grün.

3 Durch den Sauerstoffmangel bildet das Kupfer einen Bronzeton aus. Der metallische Überzug wird kräftiger, wenn das Objekt vollständig mit Sägemehl bedeckt wird und dadurch eine kräftige Reduktion abläuft.

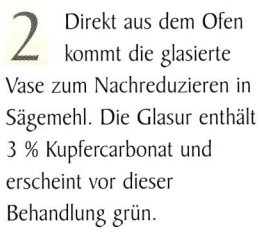

VARIATION

Rechts: *In eine Form gepresstes und mit Platten aufgebautes Objekt von* JERRY CAPLAN. *Der Ton ist mit Nägeln und Metallklammern kombiniert, die gleichzeitig verbindende und dekorative Funktion haben. Rakubrand mit Kupfer glasuren und Nachreduzieren.*

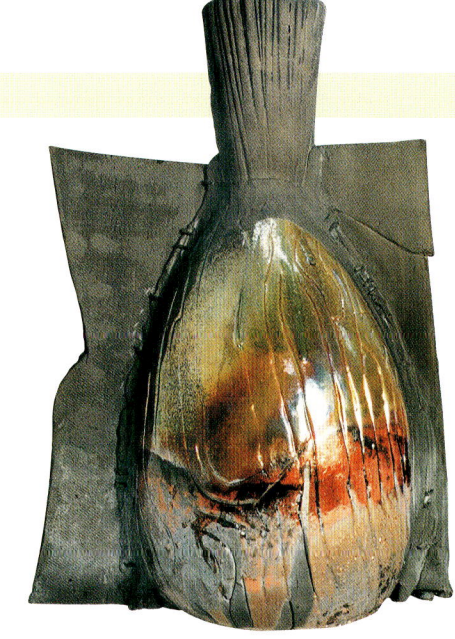

↑ Rakuvase von JO CONNELL.
Materialmix aus Metall und Keramik

Oxidierender Rakubrand

WENN AUCH MEISTENS AN RAKUBRÄNDE angehängt, so ist das Nachräuchern doch nicht unbedingt nötig, wie die folgenden Beispiele zeigen. Einfach gesagt wird die Ware aus dem Ofen gehoben und in Wasser oder an der Luft gekühlt. Sie kann auch – bei empfindlichen und großen Stücken sehr praktisch – im Ofen bleiben, bis er erkaltet ist. Die typischen Rakueffekte kommen dabei nicht zustande. Dennoch ist der oxidierende Rakubrand eine interessante Einsatzmöglichkeit für niedrig schmelzende Glasuren. Die charakteristischen Craquelénetze ergeben sich in jedem Fall.

CRAQUELÉ

Alkaliglasuren mit Kupferzusatz ergeben ein sattes Türkis mit Rissnetzen. Zusätzlich beigemischtes Zinnoxid (5-10 %) macht daraus ein weißes Craquelé, dessen Muster sich aber nicht immer sofort zeigt. Zur Betonung der Risse kann das Gefäß in Stofffarbe (Textilfarben für Kaltbatik) getaucht werden. Die porösen Wände nehmen diese gut auf, das Netz wird reizvoll betont. Eingeriebene Tusche wirkt ähnlich. Rezepte finden Sie unten.

↑ Der kupferglasierte Topf zeigt eine grünliche Türkisglasur. Durch Nach-reduzieren würde er einen bronzeartigen Metallicton annehmen.

1 Der geschrühte Topf wird mit einer für niedrige Brenntemperaturen geeigneten Kupferglasur bestrichen.

2 Eingeräumter Rakuofen. Die Teile werden nach den auf den folgenden Seiten vorgestellten Methoden weiterbehandelt.

3 Sobald die Glasur geschmolzen ist, werden die zwei Gefäße mit Zangen aus dem Ofen genommen, auf eine feuerfeste Platte gestellt und mit etwas Wasser besprüht, um Abkühlung und Rissbildung in der Glasur zu fördern.

VARIATION

Unten: Flasche mit weißer Zinnglasur und dunklem Craquelé, das durch Tränken des Teils nach dem Rakubrand in Stofffarbe hervorgehoben wurde

WEISSE CRAQUELÉGLASUR I		
Alkalifritte	90	80
Kaolin	10	20
+ Zinnoxid	10	10

(für höhere Brenntemperaturen Alkalifritte auf 80 verringern und Kaolinanteil auf 20 erhöhen)

WEISSE CRAQUELÉGLASUR II	
Calciumboratfritte	75
Nephelin-Syenit	20
Kaolin	5
+ Zinnoxid	10

Für Transparentglasur einfach bei den oben stehenden Rezepten das Zinnoxid weglassen (dieses ist der eintrübende Bestandteil). Für farbige Glasuren Zinn ganz oder teilweise weglassen, je nach gewünschtem Deckungsgrad. Zusätzlich zugeben:

1,5 % Kobaltoxid **für Tiefblau**
3 % Kupferoxid **für Türkis** (bei Oxidationsbrand)
(Bei Reduktion bildet dieses Rezept einen Bronzeton.)

Auch andere Oxide eignen sich als Zugabe. Für Pastellnuancen probeweise etwa 5 % Unterglasurfarbe oder Farbkörper einrühren.

Verlorene Engobe (Slip resist)

DIE TECHNIK AUF DEM UNGLASIERTEN SCHERBEN wird auch Naked Raku (nacktes Raku) genannt. Sie kommt mit geringer Rauchentwicklung aus. Wie beim Räuchern (*siehe Seite 118*) bildet der Kohlenstoff die Musterungen. Bei 400-600 °C wird die Ware mit Zange oder Rakuhandschuhen aus dem Ofen genommen und in einen Reduktions-behälter gestellt – auf eine Schicht Zeitungspapier oder Sägemehl oder sonstiges brennbares Material. Bleibt der entstehende Rauch gefangen, ergeben sich geheimnis-volle, oft atemberaubende Zufallsbilder.

Zum Abdecken der Scherbenwände wird Engobe oder Schlicker verwendet, die nur so lange an der geschrühten Ware haften bleiben, wie sie dem Rauch ausgesetzt werden. Ritzt man Linien durch diese Schicht, färben sich die darunter liegenden Stellen beim Nachrauchen schwarz. Zahllose Varianten sind möglich. Einige Ideen finden Sie unten.

BRAND

Auf den Fotos werden an einem Topf und einer Schale verschiedene Gestaltungs-möglichkeiten demonstriert. Zum Abdecken wird eine Gießmasse verwendet. Zugegebenes Entflockungsmittel (*siehe Seite 156*) verringert den Wassergehalt.

SIE BRAUCHEN

Rakuofen

Schrühware zum Dekorieren

Engobe oder Gießmasse

eventuell Blumendraht

Pinsel und Sgraffito-Werkzeuge

Blechwanne o.Ä. als Abdeckhaube

Sägemehl

EXPERIMENTE

• Verwenden Sie unterschiedliche Massen oder engobierte Stücke, so dass unter der Abdeckung verschiedene Farben zum Vorschein kommen.

• Nehmen Sie die Ware bei höheren oder niedrigeren Temperaturen aus dem Ofen.

• Räuchern Sie leicht oder kräftig nach, eventuell mit unterschiedlichen Brennstoffen.

WEITERE ÜBERZÜGE

• Nehmen Sie zum Abdecken Schlicker. Rühren Sie ihn aus der Masse an, die Sie für das Gefäß verwendet haben.

• Streichen Sie niedrigschmelzende Glasuren auf.

• Probieren Sie Schlicker aus 3 Teilen Kaolin und 2 Teilen Quarz.

• Kleben Sie geschrühte Tonscherben mit feuchtem Ton oder Schlicker auf.

• Verwenden Sie zum Aussparen sonstige feuerfeste Stoffe.

1 Gießton reichlich dick mit dem Pinsel auf die Schrühware auftragen. Überschüsse in ein untergestelltes Gefäß ablaufen lassen.

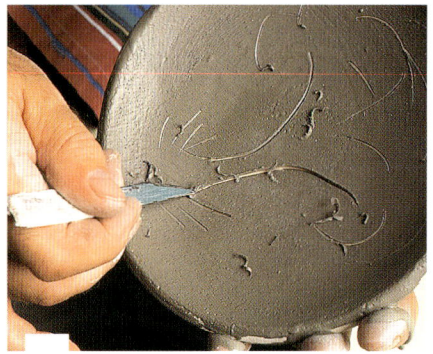

2 Durch die Schlickerschicht ein paar Linien einritzen. Der Überzug schrumpft schnell und blättert leicht ab. Es ist wichtig, schnell zu arbeiten.

3 Ebenso wird der Topf mit einer dicken Schlickerschicht überzogen. Wo der Rauch diese durchdringt, zeigen sich später kräftige, dunkle Rissspuren.

4 Zum Festhalten des beim Antrocknen schrumpfenden Schlickers wird plastikbeschichteter Blumendraht um das Gefäß gewickelt.

5 Beide Stücke werden bei 600 °C gebrannt, mit der Zange oder Rakuhandschuhen aus dem Ofen gehoben und auf eine dünne Sägemehlschicht gestellt.

6 Weiteres Sägemehl darüber streuen. (Statt dessen kann auch ein Bogen gefaltetes Zeitungspapier verwendet werden.)

7 Über das Ganze kommt eine Blechhaube, unter der sich der Rauch fängt. Der Rand wird mit weiterem Sägemehl oder Sand abgedichtet. Das Ganze für mindestens 20 Minuten stehen lassen.

8 Der Schlicker bröselt von selbst von der Schale, das Rauchmuster wird sichtbar.

9 Auch auf dem Topf zeigen sich schwarze Linien – und zwar an den Stellen, wo der Schlickerüberzug gesprungen war und Rauch eindringen konnte.

VARIANTE

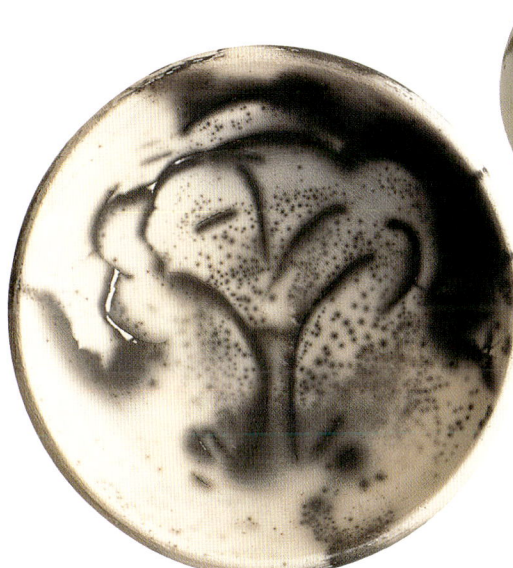

← Die Rauchspuren sind dezent und fallen jedesmal anders aus. Der Topf entwickelte auch ohne Einritzen von Linien in den Schlicker kräftige Rissmuster. In der Schale finden sich dicke schwarze Streifen und Flächen. Sie entstanden dort, wo der Schlicker eingeritzt war, der Rauch also an die Scherbenoberfläche dringen konnte. Beide Stücke stammen von TONY BLENKINSOPP.

↑ Ähnliche Musterungen erreicht man mit niedrigbrennenden Glasuren auf engobierten Oberflächen. Die Engobe verhindert, dass die Glasur am Scherben haftet. Sie blättert nach dem Brand vollständig ab und hinterlässt ein Craquelémuster mit anderem Charakter. Hier ein gerade aus dem Ofen genommenes und nachgeräuchertes Werkstück.

127

VARIANTEN

Links: *Bunte Engoben auf strukturierten Oberflächen mit rauchgeschwärzten und ausgesparten Bereichen. Detail aus einer Arbeit von* JOHN COMMANE
Mitte: *Ausschnitt aus einem Gefäß von* DAVID ROBERTS. *Das Dekor lebt von den scharfen Musterungen der geschwärzten Partien, wo der Rauch durch den Schlickerüberzug drang.*
Rechts: *Nach der oben beschriebenen Methode gestaltetes Objekt mit Kaktusmotiv von* HEATHER MORRIS. *Die Details sind durch die Schlickerabdeckung eingeritzt.*

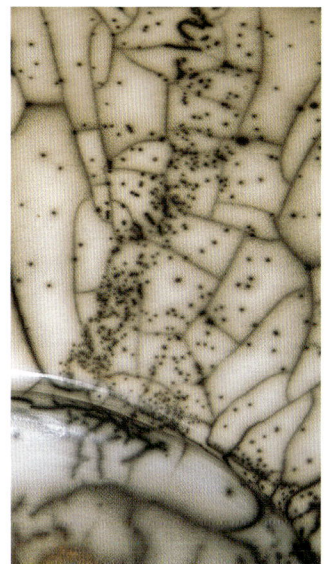

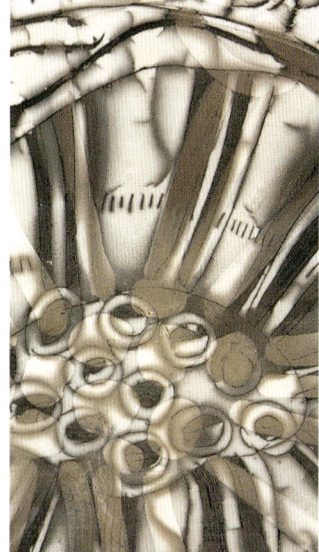

Samteffekte – Bedampfen

BEIM NACHREDUZIEREN von Rakuobjekten wird meist mit Kupferoxiden gearbeitet. Kupfermatt ergibt oft ein unglaublich facettenreiches Farbenspiel auf der Tonoberfläche. Meist wird das Kupfer mit einem Flussmittel gemischt (siehe Rezept unten), vielfach auch mit einem Klebstoff wie Gummiarabikum, Tapetenkleister oder Weißleim, damit es im Rohzustand nicht abblättert. Es wird auf die Schrühware gesprüht oder gepinselt und bei 920-1000 °C gebrannt. Statt Abschrecken oder Reduktion stellt man das gebrannte Objekt auf etwas Sägemehl oder andere brennbare Stoffe. Eine kleine Menge reicht aus, solange sie sich bei der Berührung mit der heißen Ware entzündet. Ein paar Flammen schlagen hoch und ergeben interessante Wandmuster.

Die Hitze wird mit einer Haube abgeschirmt, der Rauch bleibt im Inneren. Die Technik lässt sich individuell abwandeln. Selbst kleinste Veränderungen durch Rauchspuren sind eine enorme Bereicherung.

1 Die Mischung wird hier mit dem Pinsel aufgetragen. Andere Methoden sind ebenso geeignet. Für ganz gleichmäßige Überzüge sprüht man sie gern auf. Sie ist allerdings dicklich und kann eventuell die Spritzdüse verstopfen.

5 Leichtes Besprühen des Metalldeckels mit dem Wasserschlauch zum schnelleren Abkühlen hilft Ungeduldigen die Wartezeit verkürzen.

MODIFIKATIONEN

- Verändern Sie probehalber einmal die Temperatur, bei der die Ware aus dem Ofen entnommen wird. Niedrigere Hitze ergibt eher Purpur- und Rosatöne, höhere metallisch schimmernde Oberflächen in Gold und Gelb.

- Mit Latex abgedeckte Flächen (siehe Ausspartechnik Seite 126) erlauben interessante Kontraste zwischen dunklen gelbgrünen Schillerfarben und dem matten grauen oder schwarzen Scherben.

- Nach dem Nachreduzieren können mit einer kleinen Lötpistole runde Muster auf der Oberfläche kreiert werden, da das Kupfer auf Hitze weiterhin reagiert. Leider geht der Scherben bei dieser Behandlung leicht zu Bruch. Bitte vorsichtig arbeiten. Auch durch Einritzen oder Kratzmuster lässt sich die Oberfläche verändern.

- Lassen Sie in unterschiedlichen Phasen der Abkühlung sehr vorsichtig (siehe Seite 154) kurz einen Schwung Luft unter die Abdeckhaube eindringen.

RÄUCHERMISCHUNG

Kupferoxid	90
Alkalifritte	10
+ Bentonit	10
+ Tapetenkleister	1

VARIANTEN

Links: In Pressform gestaltetes Gefäß aus stark schamottiertem Ton mit strukturierten Wänden von MERVYN NICHOL
Mitte links: Großartige Farbenspiele auf einem Torso von CLIVE OATES. Nach dem Rakubrand wurde das Objekt zum Nachreduzieren in Sägemehl mit einer ähnlichen Mischung wie oben angeführt behandelt.
Mitte rechts: Seepferdchen von CLAIRE BOTTERILL. Aus weißer Irdenware gegossen, nach dem Schrühbrand nachreduziert
Rechts: Gedrehtes Gefäß von HARRY DANCEY, ebenfalls mit Kupferoxid und Rauch gestaltet

2 Bei 920-1000 °C wird das Gefäß aus dem Ofen genommen und in Sägemehl gestellt, das sich sofort entzündet. Pyrometer sind beim Raku meist zu ungenau. Man muss sich einfach mit dem Ofen vertraut machen und mit unterschiedlichen Temperaturen experimentieren.

3 Sofort wird eine Haube über die Flammen gestülpt. Sie bleibt ein paar Minuten geschlossen.

4 Dann wird der Deckel nur so weit angehoben, dass ein Schwung Luft eindringen kann, und schnell wieder aufgelegt. Von außen den Rand mit Sägemehl oder Sand versiegeln und anschließend auskühlen lassen.

6 Nun den Deckel abheben. Dabei kühlen die Teile an der frischen Luft schnell aus. Anders als beim normalen Nachreduzieren ist nicht genug Sägemehl vorhanden, um als Isolierung zu wirken.

7 Das Gefäß wird zur Abkühlung in Wasser getaucht und abgewaschen. Das Abschrecken ist aber nicht unbedingt nötig.

↑ Gefäß von TONY BLENKINSOPP. Mit der beschriebenen Methode lassen sich ungeahnte Effekte erzielen. Der Scherben bleibt immer porös und ist für Nahrungsmittel deshalb nicht zu gebrauchen.

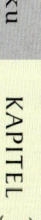

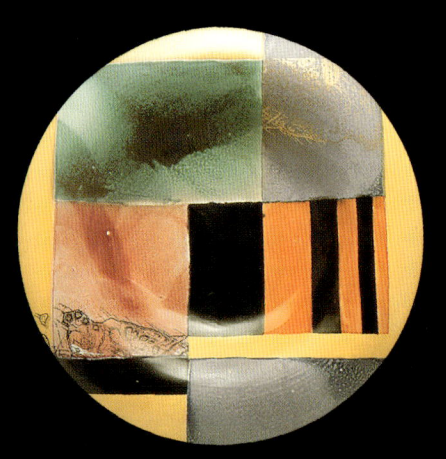 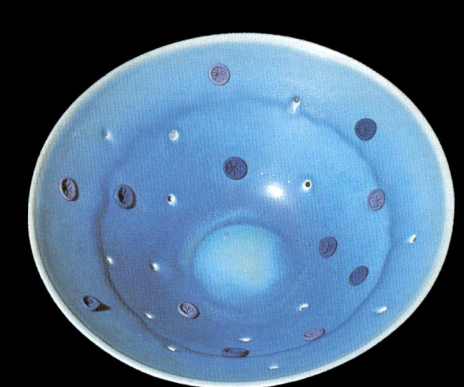 

Kapitel 4 Mehrfachbrand und abschließende Behandlung

Die meisten keramischen Verfahren sind mit ein bis zwei Bränden abgeschlossen. Manchmal aber werden mehr Durchgänge nötig. Schmelzfarben oder Aufglasurdekore sowie Edelmetalllüster erfordern mindestens einen dritten Brand. Auf den folgenden Seiten finden Sie Vorschläge zur Vollendung bereits gebrannter Objekte durch zusätzliche Dekore, weitere Brände, Patina, Sandstrahlen etc.

SCHMELZFARBEN UND AUFGLASURTECHNIKEN

GEBRANNTE, GLASIERTE KERAMIK wird normalerweise als fertig betrachtet. Das muss aber nicht so sein: Bei einem dritten Brand können weitere farbgebende Stoffe eingesetzt werden. In diesem Kapitel geht es um Schmelz- und Aufglasurfarben. Dies sind glasurartige Substanzen mit niedrigem Schmelzpunkt. Sie werden auf die bereits glattgebrannte Oberfläche aufgetragen und nochmals bei 700-850 °C eingebrannt. Vorheriges Glasieren ist nicht zwingend nötig, und manche Töpfer gehen dabei ganz unkonventionelle Wege (siehe Seite 134).

SCHMELZFARBENBRAND

Emails und Schmelzfarben werden aus einer Vielzahl von Farbstoffen hergestellt. Nicht alle erfordern dieselbe Brenntemperatur. Besonders Rot- und Orangetöne, die oft Cadmium und Selen enthalten, verflüchtigen sich außerdem bei höheren Temperaturen leicht. Mehrfarbige Aufglasurdekore benötigen also eventuell mehrere aufeinander folgende Brände, bei der Farbe mit dem höchsten Schmelzpunkt beginnend. In der Keramikindustrie ist diese Technik sehr gebräuchlich. Handbemalte Stücke (etwa bei Royal Crown Derby, wo zusätzlich Gold eingesetzt wird) werden teilweise mindestens zwölfmal gebrannt.

Die ideale Brenntemperatur hängt u.a. von der Grundglasur ab, auf die die Schmelzfarbe aufgebracht wird. Richten Sie sich bitte dabei nach den Herstellerangaben. Die Glasur schmilzt an und verbindet sich dauerhaft mit der Farbe. Das Ergebnis ist dennoch nicht so beständig wie die meisten normalen Glasuren, ständiges Reiben und Spülen kann es beschädigen.

MATERIALIEN

Emailfarben in Pulverform oder fertig gemischt

geeignetes Malmedium

Pinsel etc.

Papier für und Überzug (Covercoat) für Abziehbilder, Materialien und Ausrüstung für Siebdruck

weiß glasierte Ware zum Dekorieren

Oben: „Wegweiser". Engobierte Irdenware mit Unterglasurdekor von ANDREW DOCHERTY. Die dünn auf eine zurechtgeschnittene Unterlage gestrichenen Aufglasurfarben wurden wie Abziehbilder vor dem dritten Brand auf die Glasur gelegt.
Mitte: Schale mit Aufglasurfarbe von STEPHANIE REDFERN. Die Farben wurden nach dem Schrühbrand (bei 1250 °C) auf den mit bunten Engoben überzogenen Scherben gemalt und blieben unglasiert.
Unten: „Tutti Frutti". Objekt von PHILOMENA PRETSELL in Plattentechnik, Reliefmuster mit Holzmodel. Farbgebung durch hoch brennenden roten Farbkörper, Abziehbilder mit Goldlüster, Mehrfachbrand

Links: „Jelly-go-round". Geschirr von LAURA VICKERS mit Aufglasurfarben und Transferdrucken auf engobierter Irdenware

SCHMELZFARBENAUFTRAG

Sie können die Schmelzfarben auf mehrere Arten auftragen. Die folgenden Seiten demonstrieren genauer die Arbeitsschritte:

- Aufmalen mit verschiedenen Malmedien

- Drucken: Siebdruck ist das gebräuchlichste Verfahren, doch auch Stempel- und Schwammdruck funktionieren (*siehe Seite 137*).

- Abziehbilder (*siehe Seite 138*)

- Aufsieben von trockenem Farbpulver auf klebrige, mit Öl behandelte Oberflächen

- Aufsprühen: Mit etwas Vorsicht lassen sich abfließende Tropfenbildungen vermeiden, wenn Sie die glatte Oberfläche vorwärmen, so dass die Flüssigkeit schnell verdunstet. Zugabe von etwas Weißleim zur Farbe verbessert ebenfalls die Haftfähigkeit.

Die folgende Liste gibt ungefähre Richtwerte für Brenntemperaturen:

Verwendete Masse	Brenntemperatur
Irdenware	700-800 °C
Steinzeug und Porzellan	780-840 °C

AUFGLASURFARBEN

Zum Einfärben von Schmelzflüssen werden die Metalloxide verwendet, die wir auch aus anderen Keramikbereichen kennen. Wie gewöhnliche Glasuren werden Schmelzfarben auf der Basis von Aluminiumoxid, Siliziumoxid und einem Flussmittel gemischt. Eine große Auswahl von leuchtstarken Farben, die gewöhnlich nicht im Töpferstudio zu finden sind, ist heute Standard. Manche Fabrikate sind untereinander mischbar und lassen sich durch Zusatz von Weiß bzw. Schwarz aufhellen bzw. in der Intensität dämpfen. Eventuell beim Hersteller erfragen oder ausprobieren. Manche Schmelzfarben können mit Lüster zusammen gebrannt werden.

VERARBEITUNG IN INDUSTRIE UND STUDIO

Schmelzfarben werden oft im Zusammenhang mit industriellen Verfahren gesehen. Doch die Grenzen verfließen und zeitgenössische Keramiker kombinieren kommerzielle Verfahren mit ihren individuellen Techniken zu ungeahnten Ergebnissen. Ein Rundgang durch die Dekorabteilung einer großen Keramikmanufaktur, wo professionell mit Aufglasurfarben gearbeitet wird, kann neue Erkenntnisse bringen. Der Reiz bei Aufglasurfarben liegt darin, das Dekor als integralen Teil der Gesamtgestaltung erscheinen zu lassen, nicht als einen nachträglichen Zusatz. Dazu sind Übung und ein gutes Materialgefühl nötig. Email ist in anderen Kunsthandwerksbereichen beliebt, besonders auf Glas und Metall. Dort werden ähnliche niedrig brennende glasartige Substanzen mit hochglänzender Oberfläche und intensiver Leuchtkraft eingesetzt.

Oben: *60 cm hohe Steinzeugvase von* WILL LEVI MARSHALL, *vor dem dritten Brand mit Abziehbildern geschmückt*

Links: *Dekorative Teekanne aus glasierter Irdenware mit kommerziell hergestellten Abziehbildern aus dem Industriebereich und weiteren Details in verschiedenen Techniken von* VIRGINIA GRAHAM

VARIATIONEN

- Mischen Sie einmal Schmelzfarbe mit Unterglasurfarben für leicht mattierte Resultate.

- Brennen Sie bei höheren Temperaturen. Dabei sinkt die Schmelzfarbe in die Glasur. Einige Farbtöne verschwinden vielleicht ganz, andere ergeben einen angenehm weichen Melangeeffekt.

- Verwenden Sie mehrere Kombinationen von Schmelzfarbe oder Oxiden auf vorglasierter Keramik und brennen Sie nochmals bei der Temperatur des ursprünglichen Glasurbrandes. Dadurch bilden sich Inglasurdekore, wie auf Seite 136 beschrieben.

Malen mit Schmelzfarben

IM FOLGENDEN BEISPIEL geben die Aufglasurfarben einer fast fertigen Figur den letzten Schliff. Der Steinzeug-Fisch ist bereits teilweise gestaltet und gebrannt. In den rohen Ton wurden feine Musterfelder geritzt, die nun mit Schmelzfarbe gefüllt werden. Auf den getrockneten Rücken strich die Künstlerin mit Wasser angerührtes Kupfercarbonat und rieb es wieder ab (Methode *siehe Seite 96*). Schmelzfarbe ist zwar der Definition nach eine Aufglasurfarbe, in diesem Fall wird aber nur wenig Glasur auf begrenzten Bereichen eingesetzt, um etwas Glanz zu bringen. Die Schmelzfarben bilden auf den unglasierten Flächen zarte Töne. Dünn auf den matten Untergrund gepinselt wirken sie eher weich und aquarellartig, nicht wie eine einheitliche Farbschicht, und entsprechen überhaupt nicht dem gewohnten Bild. Schmelzfarbe muss in staubfreier Umgebung auf saubere, fettfreie Oberflächen aufgetragen werden.

SIE BRAUCHEN
Objekt zum Dekorieren

Schmelzfarbe, als Fertigmischung oder in Pulverform mit entsprechendem Malmedium

Pinsel

↑ Der Fisch von STEPHANIE REDFERN ist bei Steinzeugtemperatur und anschließend nach der Bemalung mit Schmelzfarben nochmals bei 750 °C gebrannt.

1 Der Fischkörper entstand in einer Pressform, Details sind anmodelliert. Beim vorausgehenden Brand wurden nur kleine Partien glasiert, um einige glänzende Blickpunkte zu setzen.

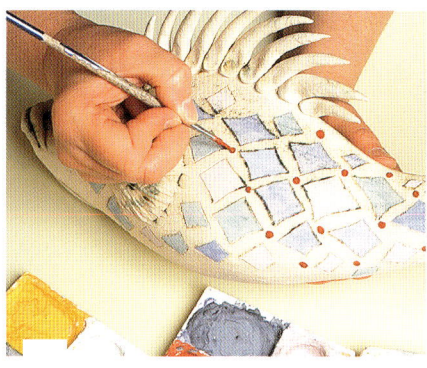

2 Das mit einem Malmedium auf Wasserbasis angemachte Farbpulver wird nach Bedarf mit weiterem Wasser verdünnt. Dünn aufgepinselt brennt es zu einem durchscheinenden Blau, dickerer Auftrag bringt stärkeren Glanz. Eventuell mit Bleistift feine Hilfslinien markieren.

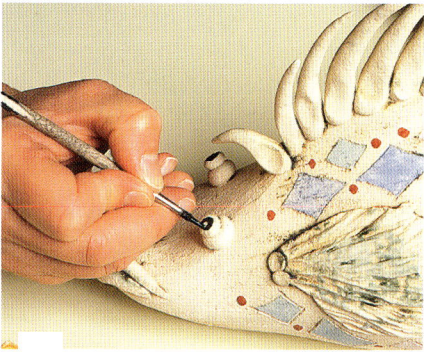

3 In mehreren Durchgängen werden die Farben aufgebracht. Sie kontrastieren einfallsreich mit dem matten Scherben und bringen gewissermaßen eine zusätzliche Dimension, die das Gesamtbild bereichert.

VARIANTEN

Rechts: Alle gezeigten Stücke sind von Hand aufgebaut, mit farbigen Engoben und Oxiden behandelt und bei 1250 °C gebrannt. Danach wurden die Dekore mit Schmelzfarben ergänzt, die nochmals bei 750 °C eingebrannt sind. Drei Arbeiten von STEPHANIE REDFERN

Weißware dekorieren

UNTER WEIßWARE VERSTEHT MAN in der Industrie glasierte weiße Keramikprodukte und Fliesen, die noch nicht mit Dekoren versehen sind. Oft kann man von den Firmen wegen mangelnder Qualität als Ausschuss ausgesonderte Rohlinge kaufen. Es handelt sich um Irdenware, Porzellan oder Knochenporzellan. Weißware eignet sich für weitere – niedrigere – Brände mit Schmelzfarben- oder Lüsterdekor, Oxiden oder Glasurüberzug (besonders für streichfähige Glasuren). Hier drei Gestaltungsideen:

OXIDE

Die weiße Badezimmerkachel ist mit rotem Eisenoxid überzogen und mit Kratzmustern versehen. Das Ergebnis erinnert an einen Holzschnitt.

SIE BRAUCHEN

glasierte Kacheln

Oxide oder streichbare Glasuren

Pinsel

Kratzwerkzeuge

eventuell Tapetenkleister

1 Rotes Eisenoxid wird mit Wasser zu einem Brei vermischt und mit dem breiten Pinsel aufgetragen. Durch Zusatz von etwas Tapetenkleister haftet die Schicht besser. Statt dessen kann das Oxid auch mit wenig Irdenwareglasur versetzt werden, die sich beim Brand verflüssigt. Andere Oxide sind ebenso verwendbar, je nach gewünschten Farbtönen.

2 Nach dem Trocknen (eventuell mit Föhn beschleunigen) wird mit geeigneten Werkzeugen ein Motiv eingeritzt. Hier wird ein Modellierholz mit breiter Spitze verwendet.

3 Beim Abkratzen der Oxide ergeben sich ähnliche Ausdrucksformen wie beim Holz- oder Linolschnitt: Ein Teil des Hintergrunds – und damit die Spuren des verwendeten Werkzeugs – bleibt immer erhalten.

4 Überschüssiges Oxid wird vom untergelegten Papier aufgefangen und kann nochmals verwendet werden. Die empfindliche Oberfläche sollte vor dem Brand nicht mehr berührt werden.

↑ Die fertige Kachel von MALCOM UNSWORTH ist bei 1080 °C gebrannt. Bei dieser Temperatur beginnt die Glasur auf der Kachel zu schmelzen, das Eisenoxid sinkt leicht ein.

FARBGEBUNG AUF WEISSWARE

VERWENDEN SIE ZUR GESTALTUNG

- Aufglasurfarben
- Lüster
- Oxide
- Glasuren (streichbare Produkte sind besonders geeignet)

VARIANTE

Unten: Streichfähige Glasuren eignen sich gleichermaßen zur Gestaltung von unglasierter Rohware, geschrühten und auch bereits glasierten Objekten. Die Kachel erhielt zunächst Aussparlinien mit heißem Wachs (mit Tjanting auftragen, siehe Seite 92), die Zwischenflächen wurden mit farbigen Glasuren gefüllt. Brand bei 1080 °C

WEISSWARE MIT SCHMELZFARBENMALEREI

Schmelzfarbe kann auf viele Weisen auf die gebrannte Glasur aufgetragen und nochmals bei entsprechenden Temperaturen eingebrannt werden. Sie hängen teilweise von der verwendeten Grundglasur ab. Höher gebrannte Weißware wie Porzellan erfordert auch einen höheren Dekorbrand. Gewöhnlich läuft er bei etwa 750 °C ab. Hier zwei Dekormethoden:

RÄNDERN

↑ Mit der bereits auf Seite 64 vorgestellten Technik lassen sich ausgezeichnet Ränder um Teller malen. Die Ränderscheibe wird mit einer Korkplatte belegt, damit der Teller beim Drehen nicht abrutscht. Die Finger der einen Hand wandern um die Achse der Scheibe, während die andere den farbgetränkten Pinsel führt. Hier wird ein Malmedium auf Wasserbasis verwendet.

↑ Vorsichtig, um den Rand nicht zu beschädigen, wird noch ein Abziehbild aufgelegt, bevor der Teller bei 750 °C gebrannt wird. Medien auf Wasserbasis sind so empfindlich, dass der Ring besser vor diesem letzten Dekordurchgang zwischendurch aufgebrannt wird. Der Teller ist von KEN WHITTINGHAM gestaltet.

SIE BRAUCHEN

- **Zum Rändern**
  Ränderscheibe
  Weißware zum Dekorieren
  Farbe auf Wasserbasis
  Abziehbild
  Pinsel

- **Zum Malen**
  Weißware zum Dekorieren
  kommerzielle Schmelz-
  oder Emailfarben oder
  Pulver mit Malmedium
  auf Ölbasis
  Pinsel

TIPP

Nicht jede Weißware lässt sich gleich gut brennen. Verwenden Sie möglichst neue, saubere Teile. Alte, gebrauchte Stücke haben oft Feuchtigkeit und Verunreinigungen aufgenommen, die beim Brand zum Vorschein kommen und unter der Glasur dunkle Kohlenstoffflecken bilden können. Abhilfe schaffen hier eventuell kleine in die Glasur gebohrte Löcher (von unten, wo es nicht auffällt), aus denen die Verunreinigungen entweichen.

Porzellantasse mit Untertasse. Nach dem Brand bei 750 °C erscheinen die aufgemalten Muster glänzend. →

MALEN

↑ Die Porzellanmalerei ist ein eigenes Thema. Hier wollen wir nur einen kurzen Seitenblick darauf werfen. Das Bemalen glatter Glasurflächen erfordert erhebliches Geschick. Zum Einsatz kommen kommerzielle Schmelz- oder Porzellanfarben als Fertigmischung oder Pulver mit entsprechendem Trägermedium – hier ein Medium auf Ölbasis. Zuerst mischt man das Pulver mit Terpentin und dickt es anschließend mit Dicköl (eingedicktes Terpentinöl) zur gewünschten Konsistenz ein.

VARIANTEN

Unten: *Das Motiv ist in scharfen Linien mit einem Tuschefüller aufgemalt. Als Farbe dient mit Glyzerin angerührtes schwarzes Schmelzfarbenpulver, das erst beim Brand trocknet.*
Rechts: *Kommerzielle Wandfliese. Mit Schmelzfarbe und einem Medium auf Wasserbasis bemalt und nochmals bei 750 °C gebrannt*

SIEBDRUCK

Ab Seite 138 finden Sie weitere aufwändigere Fotosieb-
drucktechniken für Abziehbilder. Hier soll zunächst ein
einfaches Sieb auf ähnliche Art eingesetzt werden, um
direkt auf glasierte Kacheln zu drucken.

SIE BRAUCHEN

Siebdruckrahmen

*gummiertes
    Papierklebeband*

Rakel

*Schmelzfarbe und Träger-
    medium auf Wasserbasis*

Palettmesser

1 Das Farbpulver wird mit einem Medium auf Wasserbasis vermengt. Für
Abziehbilder verwendete man bisher meist
ölhaltige Trägermedien, die heute zunehmend
durch weniger gesundheitsschädliche, umwelt-
verträglichere Produkte abgelöst werden.

2 Der gewählte quadratische, schräge
Bildausschnitt wird mit gummiertem
Papierklebeband (zum Aufspannen von
Aquarellpapier gebräuchlich) auf dem zu
großen Sieb umrahmt. Er passt nun genau auf
die Kachel.

3 Mit untergelegten Leisten wird der
Rahmen so weit gehoben, dass das
Sieb nach dem Druck hochfedern kann. Die
Kachel wird von einem Kartonrahmen mit
passend ausgeschnittenem Fenster gehalten.
So lässt sie sich besser positionieren und
bietet eine ebene, gut zu bedruckende Fläche.
Endbrand bei 750 °C.

↑ Üppig bedruckter Gartentisch mit etwa
60 cm Durchmesser und 90 cm Höhe
von JO CONNELL. Die zerteilten Fliesen sind
mosaikartig arrangiert.

137

VARIANTEN

Links: *Die Serie honigfarben glasierter
Bodenfliesen imitiert ein Muster aus dem
15. oder 16. Jahrhundert. Es ist als
Siebdruck mit Eisenoxid und Träger-
medium auf Wasserbasis mit einem
relativ grobmaschigen Sieb ausgeführt.
Im Endbrand bei 1080 °C sinkt das
Oxid in die nochmals schmelzende
Glasur ein.*

Oben rechts: *Ein skelettiertes Pappel-
blatt wurde unter mit Fotoemulsion
beschichte Gaze gelegt und belichtet. Mit
dem so präparierten Sieb ist das
hauchfeine Blattgerippe mit blauer
Schmelzfarbe mehrmals auf die grün
glasierte Kachel abgedruckt. Brand bei
750 °C*

Unten rechts: *Siebdruck mit dunkler
blaugrüner Farbe auf einer gesinterten
Steinfliese. Endbrand bei 750 °C*

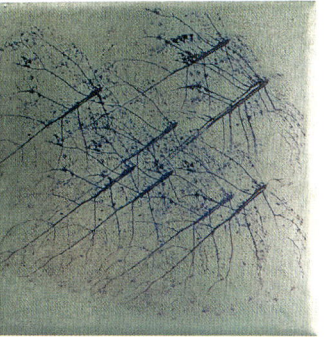

SCHMELZFARBEN UND AUFGLASURTECHNIKEN

KAPITEL 4

Abziehbilder

ABZIEHBILDER KANN MAN MIT Schmelzfarben nach dem auf Seite 52 geschilderten Siebdruckverfahren herstellen. Dies ist zwar nicht schwierig, aber sehr zeitaufwändig, erfordert die entsprechenden Hilfsmittel und exaktes Arbeiten. Manche Firmen stellen Ihnen nach Ihren Vorlagen Abziehbilder her. Oder Sie besorgen direkt Bogen von fertigen Motiven im Handel. Auch mehrfarbige Dessins sind möglich. Damit die einzelnen Komponenten exakt übereinander passen, ist für jede Farbe ein eigenes Sieb nötig. Zur Demonstration werden hier nur einfarbige Drucke gezeigt.

SIE BRAUCHEN

Siebdruckrahmen
Belichtungsvorrichtung
Fotoemulsion
Quetschwalze oder Beschichtungsrinne
Rakel
Spezialpapier / Transferpapier für Abziehbilder
Aufglasurfarbe mit Malmedium
Decklack und Pinsel
glasierte Ware zum Dekorieren
Gumminiere

1 Zuerst wird das Motiv festgelegt. Hier verwenden wir schwarzweiße Fotokopien von Fisch-Illustrationen. Für die Vorlage Fische einzeln ausschneiden und zusammen aufkleben. Vorlage im Computer scannen oder fotokopieren. Die endgültige Vorlage wird als sogenanntes Fotodia auf Transparentfolie gedruckt. Sie kann auch auf andere Art entstehen, indem etwa direkt auf Transparentfolie gezeichnet wird. Oder Sie streichen ein Lösungsmittel (Pinselreiniger) auf die Rückseite von dünnem Fotokopierpapier, damit es transparent genug für das Fotosiebdruckverfahren wird.

2 Die Gaze wird mit lichtempfindlicher Emulsion bestrichen. Eine Quetschwalze/Beschichtungsrinne verteilt sie gleichmäßig. Für Schmelzfarbendruck wird sehr feines Gewebe (30-50 Fäden pro Zentimeter) verwendet. Im abgedunkelten Raum muss das Sieb etwa zehn Minuten trocknen, bevor es belichtet wird.

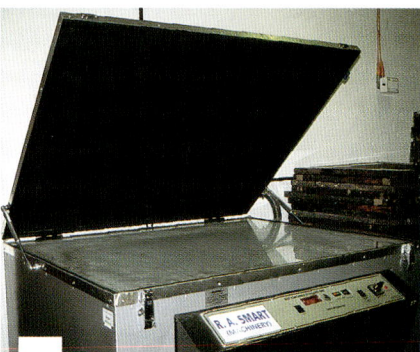

3 Die Kontaktbelichtung im Vakuum (damit sich Sieb und Film komplett miteinander verbinden) erfolgt mit Quecksilberdampflampen.

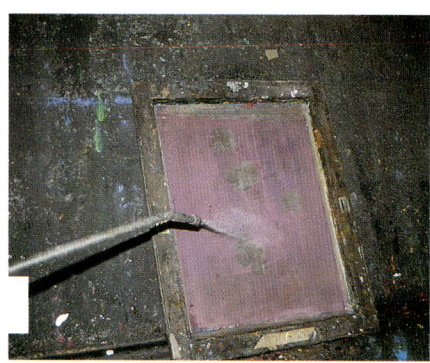

Nach dem Entwickeln wird das Sieb ausgewaschen. Ein Negativbild zeigt sich jetzt auf dem Gewebe. **4**

5 Die Emulsion wirkt als Barriere. Druckfarbe dringt nur an den Stellen durchs Sieb, die nicht mit der Emulsion beschichtet sind. Die keramische Druckfarbe wird wie üblich mit der Rakel durchs Sieb gestrichen.

6 Als Druckfarbe dient ein mit Malmedium auf Ölbasis angemachtes Schmelzfarbenpulver. Mittlerweile sind auch praktischere Druckmedien auf Wasserbasis im Handel. Das verwendete Spezialpapier für Abziehbilder ist gummibeschichtet. Am besten druckt man auf einem Vakuumbett mit Saugvorrichtung, die das Papier fest in Position hält.

7 Ist die Farbe getrocknet (nach frühestens einer Stunde), werden die Dessins mit plastikartigem Decklack beschichtet (im Bild gelb). Der Überzug muss ebenfalls gut trocknen. Blätter mit fertigen Motiven bitte nur absolut trocken und mit Wachspapier zwischen den einzelnen Lagen stapeln.

ABZIEHBILDER AUFTRAGEN

Nach der unten beschriebenen Methode können Abzieh-bilder ganz einfach auf glatte, glasierte Flächen fixiert werden. Gebrannt werden sie bei sowohl für die Glasur wie auch für die Schmelzfarbe geeigneten Temperaturen, bei etwa 750 °C. Bitte in völlig staubfreier Umgebung arbeiten, damit keine Schmutzpartikel unter das Bild gelangen.

SIE BRAUCHEN

selbstgemachte oder gekaufte Abziehbilder

glasierte Ware zum Dekorieren

Gumminiere

1 Motiv ziemlich eng um den Rand mit der Schere ausschneiden und ein paar Minuten in warmem, sauberem Wasser schwimmen lassen. Dabei erweicht das gummierte Papier und löst sich leicht.

2 Das Abziehbild – jetzt nur noch durch die Decklackbeschichtung gehalten – wird auf die glasierte Fläche gelegt. Mit der Gumminiere alle Lufteinschlüsse und Wasserreste vorsichtig von der Mitte aus wegschieben. Das Bild klebt jetzt fest an und kann gebrannt werden. Dabei brennt die gelbe Beschichtung vollständig weg.

← Diesen Teller schmücken zwei Abziehbilder mit Fischmotiven. Als Druckfarbe diente eine Aufglasurfarbe, bei 750 °C eingebrannt.

Fertige Abziehbilder sind bei Spezial-händlern in großer Auswahl erhältlich. Für komplexe Musterungen ist es oft einfacher, solche Produkte zu verwenden, als sie selber herzustellen.

VARIANTEN

Unten: *Die bei 1280 °C gebrannten Steinzeugteller sind mit filigranen Abziehbildern belegt und diese nochmals bei 750 °C eingebrannt. Arbeiten von* WILL LEVI MARSHALL

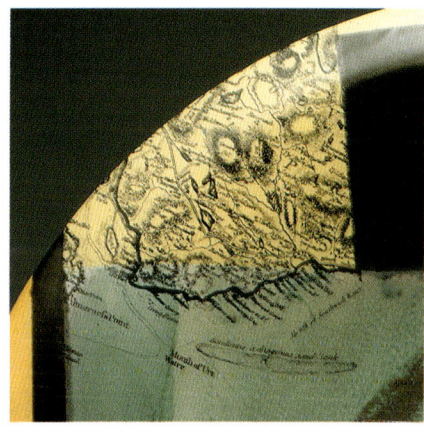

GEWÖLBTE OBERFLÄCHEN

1 Gekrümmte Flächen sind etwas schwieriger zu bedrucken. Decklack ist zwar flexibel, bei mehrfach gekrümmten Wänden wellen sich die Abziehbilder leicht.

2 Wie im Beispiel oben werden unter der Folie eingeschlossenes Wasser und Luft-blasen mit der Gumminiere entfernt. Klebt das Abziehbild gut an, kann es gebrannt werden.

SCHMELZBRANDLÜSTER

LÜSTERÜBERZÜGE BILDEN SICH DURCH Einsatz bestimmter Materialien bei exakter Steuerung der Ofenatmosphäre. Auf Seite 102 haben wir Lüster mit Reduktionsbrand vorgestellt. Die Ergebnisse sind so magisch wie unzuverlässig.

Ein einfacherer Weg sind kommerzielle Lüsterpräparate. Sie werden auf die fertig gebrannte Glasur aufgetragen und nochmals bei niedrigeren Temperaturen oxidierend aufgebrannt. Damit lassen sich alle möglichen dekorativen Farb- und Metalliceffekte zaubern. Sie funktionieren gut und sind leicht zu handhaben. Ein Großteil der Lüsterware entsteht heute auf diese Weise.

Chemisch gesehen sind die verwendeten Substanzen sehr komplex. Sie enthalten bereits einen Reduktionsstoff, der im Oxidationsbrand eine örtlich begrenzte Reduktion bewirkt. Dabei handelt es sich um ein natürliches Öl. Durch Zusätze von ätherischen Ölen wie Kampfer haben sie einen markanten Geruch. Im Rohzustand ähneln alle Lüsteröle einem dicklichen braunen Sirup, lassen sich also schlecht voneinander unterscheiden. Im Brand zersetzt sich das Öl. Beim Temperaturanstieg schmilzt die unterliegende Glasur an. Gleichzeitig bildet sich ein sehr dünner Film aus Metall oder Metalloxid auf der Oberfläche und verbindet sich dauerhaft mit dieser. Es ist wichtig, die erforderlichen Brenntemperaturen zu erreichen, da der Lüster sonst nicht gut hält und sich leicht abreiben lässt.

WERKMATERIALIEN
Lüsterfarben und Verdünner
Pinsel
Geräte zum Aufsprühen

BRENNTEMPERATUREN

Wie bei Schmelzfarben liegen die Einbrenntemperaturen für Lüster gerade leicht unterhalb der Erweichungstemperatur der verwendeten Glasuren: bei niedrigschmelzenden Arten im Bereich um 600 °C, bei Steinzeug und Porzellan um 950 °C. Mehrere Faktoren spielen hier eine Rolle. Der optimale Brennbereich wird am besten durch Ausprobieren bestimmt. Anhaltspunkte finden Sie auf Seite 141.

Oben: Porzellanflasche von MARY RICH *mit reduzierend gebrannter mattgrüner Glasur. Breite Bänder und elegante Pinselmuster mit Glanzgold und Purpurlüster*
Mitte: Schale von GERRY UNSWORTH *mit aufgesprühtem Lüster über craquelierter Irdenwareglasur. Lüsterbrand bei 680 °C*
Unten: Schwarz glasierte Fertigfliese mit Lüsterdekor. Die Präparate sind mit Schwämmen aufgestempelt und bei 780 °C eingebrannt.

Rechts: „Geflügelter Janus" *von* PHILOMENA PRETSELL. *Die in Plattentechnik geformte Irdenware ist mit Abziehbildern aus Goldlüster geschmückt.*

GESUNDHEIT UND SICHERHEIT

Lüsterdämpfe sind entflammbar. Bitte entsprechende Vorsicht walten lassen. Lüster dürfen nicht eingeatmet oder geschluckt werden, da sie gesundheitsschädliche Metalle enthalten. Tragen Sie bei der Verarbeitung einen Atemschutz (Gasmaske) und vermeiden Sie Hautkontakt. Brenn- und Arbeitsräume gut belüften. Geeignete Belüftungssysteme sind unerlässlich!

EINBRENNTEMPERATUREN FÜR LÜSTER

Art der Ware	Brenntemperatur
Glas	450-550 °C
Majolikaglasuren	600-700 °C
Fliesen und niedrigbrennende Irdenware	600-850 °C
Gewöhnliche Irdenware	700-850 °C
Porzellan	700-900 °C
Hartporzellan	700-950 °C

(nach Charles Lamb)

Glasur ist nicht unbedingt als Untergrund nötig. Vom Gewohnten abweichende Lüster ergeben sich auch auf unglasierten Flächen (*siehe auch Seite 142/143*), die nach Belieben noch porös, poliert und/oder geraucht sein können. Bei derartigen Untergründen zeigt sich der Lüster meist dezenter und mit weniger scharfen Abgrenzungen, in der Regel matt.

FERTIGLÜSTER UND EDELMETALLE

Die in kommerziellen Lüsterpräparaten enthaltenen Öle verändern Streich- und Laufeigenschaften, Viskosität und Trocknungszeiten. Solche Produkte eignen sich auch auf Glas, wofür sie übrigens ursprünglich verwendet wurden. Zur Gestaltung glasierter Keramik steht ein erstaunliches Spektrum an Farben mit interessanten Metallic- und Regenbogeneffekten zur Wahl.

Irisierende Lüster ergeben Perlmuttschimmer oder erinnern an Seifenblasen. Edelmetalle werden ebenfalls oft unter dem Oberbegriff Lüster geführt und ähnlich angewendet. Sie sind deckend als Gold (Glanzgold, Goldlüster etc.), Platin, Bronze und Kupfer erhältlich. Lüster und Metallicpräparate sind generell preisgünstiger.

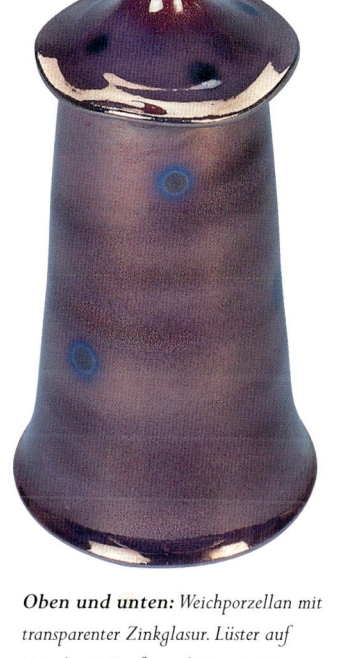

141

AUFTRAG

Lüster können auf viele Arten aufgetragen werden, wie die folgenden Seiten zeigen. Meist werden sie gepinselt, gesprüht (Airbrush), mit Schwamm oder Stempel aufgedruckt. Auch für Siebdruck und Abziehbilder eignen sie sich. Es ist wichtig, die vom Hersteller empfohlenen Malmedien und Verdünner zu verwenden. Von längerer Lagerung eingedickte Präparate lassen sich damit auch wieder verflüssigen. In

Oben und unten: Weichporzellan mit transparenter Zinkglasur. Lüster auf Titanbasis, Kupfer und Karmin. Das Objekt von DAVID MACGREGOR ist mit Schrüh-, Glasur- und Lüsterbrand dreimal gebrannt. Es wurde zunächst in einem Stück geformt und dann aufgeschnitten. Der Deckel liegt wie ein Hut auf.

Kombination mit Ausspartechniken, etwa mit Latex, ergeben sich weitere Gestaltungsräume. Durch Übermalen mit bestimmten Substanzen auf dem ungebrannten Lüster sind sogar Craqueléeffekte möglich. Benzin, Paraffin, Verdünnungsmittel oder Detergentien, aufgetupft oder gesprüht, verändern die noch nicht gebrannte Lüsterfläche auf interessante Art. Lüster sollte in staubfreier Umgebung verarbeitet und vor dem Brand etwa eine Stunde getrocknet werden. Durch Spülen und Abrieb kann die hauchdünne Lüsterschicht relativ schnell verschwinden.

Lüster malen und spritzen

JE NACH GEWÜNSCHTEM ERGEBNIS wird Lüster auf verschiedene Weisen aufgetragen. Mit dem Pinsel erreicht man individuelle, feine Details. Dazu muss die Oberfläche sehr glatt sein. Im Beispiel wird eine unglasierte, handgeformte Porzellankreation bemalt. Flächige Überzüge entstehen durch Sprühen. Kleine Sprühflaschen von guter Qualität oder Spritzpistolen (Airbrush) eignen sich dazu. Die Ware muss sauber und trocken sein. Schmier und Staub kann die ganze Arbeit zunichte machen. Durch Tragen von Baumwollhandschuhen werden Fingerspuren auf dem Scherben vermieden. Ware nach dem Besprühen auf eine Kachel stellen und nicht mehr berühren. Bitte die vom Hersteller empfohlenen Medien und Verdünner benutzen. Auch Zufallsmischungen bringen nicht selten ausgefallene Ergebnisse. Sprühen und Pinselmalerei etc. sind gut zu kombinieren. Im Beispiel unten wurde die Schale vor dem Besprühen mit einer Craqueléglasur überzogen. Der Lüster sinkt teilweise in die feinen Risse und betont sie dadurch.

SIE BRAUCHEN

gebranntes Objekt zum Dekorieren

Lüsterpräparate in mehreren Farbtönen

Pinsel und / oder Sprühgeräte

geeignetes Aussparmittel / Gouachefarbe

LÜSTER AUFMALEN

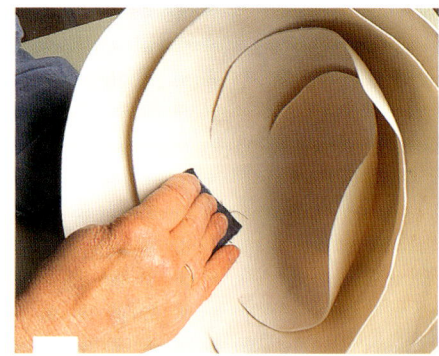

1 Das unglasierte, bei 1230 ºC gebrannte Objekt wird zunächst nass und trocken mit feinem Schleifpapier abgeschmirgelt.

LÜSTER AUFSPRÜHEN

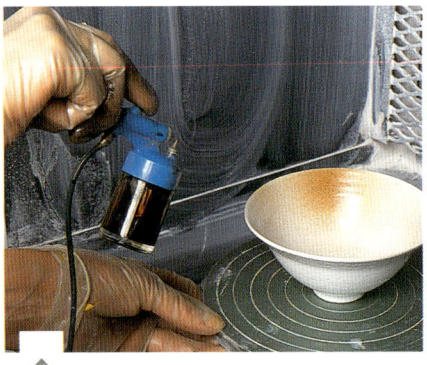

↑ Die mit Craqueléglasur glasierte Schale wird mit Lüsterfarbe besprüht.

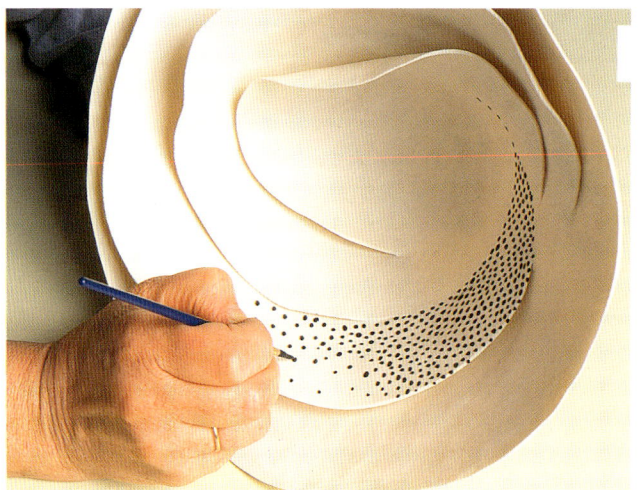

2 Ein geeignetes Aussparmittel wird mit dem Pinsel aufgetupft und trocknen gelassen. Gouache kann ebenso verwendet werden. Nach dem Brand erscheinen die abgedeckten Pünktchen weiß.

VARIANTEN

↑ Fertig gebrannte blaue Lüsterschale von GERRY UNSWORTH. Erster Brand mit Irdenwareglasur bei 1080ºC, Lüsterbrand bei 680 ºC

Links: Porzellanschale mit eingelegtem Dekor, Glasur, Lüster und Gold von LES RUCINSKI

Mitte links: Porzellanflasche von MARY RICH. Die feinen Pinseldekors mit Glanzgold zeigen, welch delikate Muster bei sorgfältigem Arbeiten entstehen konnen.

Mitte rechts: Schale von GERRY UNSWORTH mit Craqueléglasur und aufgesprühter Lüsterfarbe

Rechts: Terrakottaschale von LES RUCINSKI. Die teilweise glasierte Innenfläche ist mit Goldlüster veredelt. Durch ein entsprechendes Medium ergaben sich interessante Rissnetze.

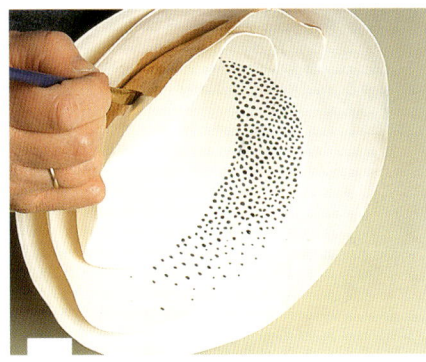

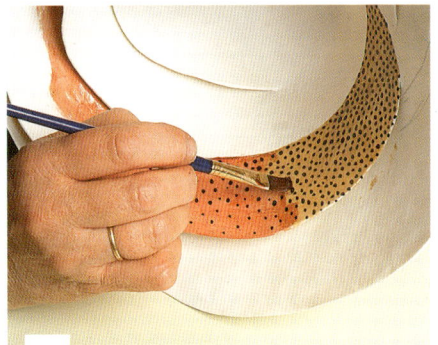

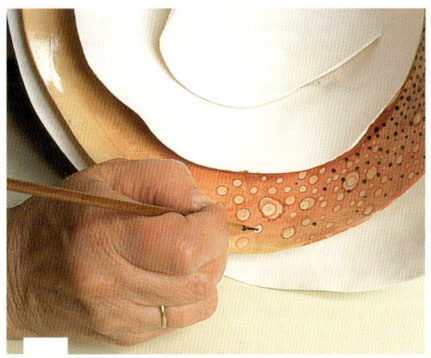

3 Mit einem weichen, elastischen Pinsel werden größere Partien mit Lüster bestrichen. Im Rohzustand sind die späteren Farben nicht zu erkennen. Es ist also wichtig, durch Notizen o. Ä. den Überblick zu behalten.

4 Über die getrocknete Aussparmasse wird Lüster gepinselt. Die Präparate sind recht kostspielig – daher möglichst für jede Farbe einen eigenen Pinsel verwenden, um Verzögerungen und Verluste durch Auswaschen zwischen den Durchgängen zu vermeiden.

5 Mit dem feinen Pinsel wird weiterer Lüster auf die Grundschicht aufgetragen. Tränkt man den Pinsel zuerst in Lüsterfarbe, dann in Benzin ergeben sich „ausblutende" Effekte.

6 Bei empfindlichen Formen wie hier ist es ratsam, jede Partie vor dem Weiterarbeiten erst trocknen zu lassen.

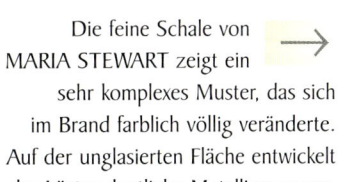

Die feine Schale von MARIA STEWART zeigt ein → sehr komplexes Muster, das sich im Brand farblich völlig veränderte. Auf der unglasierten Fläche entwickelt der Lüster deutliche Metallicnuancen.

Lüster drucken und stempeln

SCHWAMM- UND STEMPELDRUCK mit Aufglasurlüster sind reizvoll auf glasierten und unglasierten Objekten. Stempel entstehen aus Radiergummi und aus sehr festem Schaumstoff.
Die ausgeschnittenen Motive werden zur besseren Handhabung auf einen hölzernen Schaft geklebt. Beim Drucken
können die Farben sich überlagern und gemischt werden.
Kombination mit anderen Techniken ist möglich. Aussparverfahren (siehe Seite 142/143) mit Aussparflüssigkeit, Latex
oder Gouachefarbe, die nach dem Brand abgerieben wird,
lohnen sich ebenfalls. Im Beispiel wird Irdenware dekoriert.
Jede andere glasierte und unglasierte Masse ist geeignet.

SIE BRAUCHEN

gebrannte Ware zum Dekorieren (Fliesen oder handgeformte Objekte, glasiert oder unglasiert)

verschiedene Lüsterfarben

Schwamm oder Radiergummi für Stempel

Schablonen- oder Künstlermesser

↑ Hier sind einige Lüsterpräparate, Schwamm- und Druckstempel zu sehen. Von den kostspieligen Lüsterfarben wird nur wenig gebraucht. Jedesmal nur eine geringe Menge aus dem Behälter entnehmen!

STEMPELMUSTER

1 Der Farblüster wird auf eine Kachel gegossen, die als Palette dient. Alle Präparate sehen ähnlich aus und müssen markiert oder beschriftet werden.

2 Der Schwammstempel wird dünn mit Farbe getränkt und auf eine glasierte weiße Fertigkachel abgedruckt. Um Hautkontakt zu vermeiden, tragen Sie bitte dünne Chirurgen- oder Latexhandschuhe.

3 Drucke mit Radiergummistempeln haben einen etwas anderen Charakter. Die Farbschicht wird dicker als bei Schwammstempeln.

↑ Fliesen mit Schwammdekor von GERRY UNSWORTH, bei 780 °C im Elektroofen gebrannt

VARIANTEN

Links: Engobierte, polierte und in Stempeltechnik mit Lüsterfarben gestaltete Platte von ANNE JAMES. Zum Abschluss wurde das Objekt im Rakubrand noch nachreduziert. Dadurch ergeben sich zarte, geheimnisvolle Musterungen.

Mitte: Stempeldruck mit Platin-, Kupfer- und Perlmuttlüster auf zwei Kacheln: Die schwarze ist hochglänzend glasiert, die blaue trägt eine Mattglasur. Beide zeigen ganz unterschiedlichen Charakter.

Rechts und rechts außen: Schwarze Steinzeuggefäße von JOHN WHEELDON mit effektvollen aufgestempelten Lüsterdekoren

SCHWAMMMUSTER

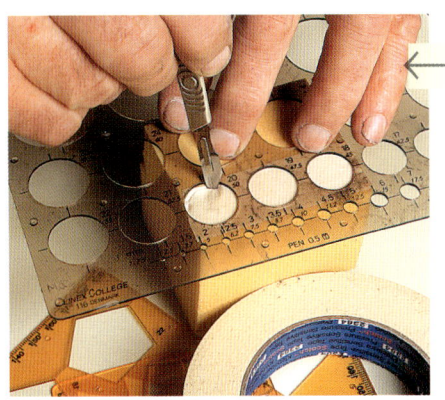

Dichter, fester, feinporiger Schaum-stoff eignet sich am besten für kleine, exakte Ornamente. Zum Schnei-den wird die Oberfläche mit Klebeband beklebt, damit sie sich besser bearbeiten lässt. Plastikschablonen aus der Geo-metrie, an denen das Künstlermesser entlang geführt werden kann, sind sehr hilfreich. Zum Schluss das Klebeband abziehen.

↑ Die Schale von JOHN COMMANE ist zunächst mit einer Mangandioxidschicht überzogen und bei 1250 °C gebrannt, nach Auftrag der Lüsterfarben nochmals bei 780 °C.

1 Kupfer-, Platin- und Perlmutt-lüster werden auf das seidenmatt türkis glasierte Steinzeug gestempelt.

Auch die Außen-wände erhalten ein Stempeldekor. 2

BEARBEITUNG
NACH DEM BRAND

AUFGRUND IHRER HÄRTE und Festigkeit bieten sich für Keramik viele weitere Gestaltungsmöglichkeiten im Anschluss an den eigentlichen Brand an — sei es durch Vergoldung, Sandstrahlen oder andere Eingriffe in die Oberfläche. Sie eignen sich eher für reine Zierobjekte von kleinen Schmuckstücken bis hin zu großen Skulpturen. Dem Einfallsreichtum sind keine Grenzen gesetzt, selbst wenn die Suche nach neuen Strukturen und Ausdrucksformen bis zum Extrem getrieben und die Keramik dabei zerstört wird. Auf den folgenden Seiten sehen wir, dass sich Keramik mit vielen anderen Werkstoffen verbinden lässt. In ihrer Vielseitigkeit harmoniert sie mit Metall, Holz, Glas, Stoff und sogar Gummi und Fundobjekten. Es gibt eigentlich keine Grenzen. Das ist keine neue Idee. Gegen Ende des 16. Jahrhunderts kamen englische Händler auf die Idee, importierte salzglasierte Krüge mit silbernen Fassungen und Deckeln zu veredeln. Später wurden auch in Deutschland speziell dafür hergestellte Töpferwaren mit Zinndeckeln versehen.

STEVE HARRISONS Arbeiten (*siehe Seite 152*) erinnern an diese Tradition. Er fügt Elemente aus Silber und Hartholz an seine salzglasierten Stücke an. Seine cremefarbene Irdenware steht ebenfalls in der Tradition. Er kombiniert Silberteile, zwei verschiedene Massen aus unterschiedlichen Bränden beispielsweise in Form eines salzglasierten Knaufs oder Griffs etc. auf sehr individuelle Art. Viele weitere Werkstoffe zur Ergänzung von Keramikobjekten werden auf Seite 152/153 vorgestellt. Schon eher gebräuchlich im Keramikstudio sind gedrechselte Holzdeckel für Krüge, Holzbrettchen für Käseglocken, Keramikgriffe für Besteckteile, Tonkacheln auf Holzmöbeln und Keramikgriffe für Türen und Schubladen. Die folgende Liste möchte ein paar Anregungen geben,

MATERIALIEN

Sandstrahler und Aussparmittel wie Klebeband, Latex und Weißleim

Blattgold und Vergoldungsprodukte

Oben: *Segelförmiges Objekt von* PETER BEARD *aus Knochenporzellan auf einem Würfel aus Steinzeug. Das Segel ist — teilweise mit Latex abgedeckt — sandgestrahlt. Die dabei entstandenen scharfen, exakten Kanten machen den Reiz aus.*

Mitte: *Das formgepresste Gefäß von* JOY BOSWORTH *ist nach dem Schrühbrand in einem Verbrennungsofen mit Zeitungspapier nachgeräuchert und zusätzlich mit Blattgold verziert.*

Unten und rechts: *„Versteckter Gepard". Schale und Dosen mit Tiermotiven aus sandgestrahltem Porzellan. Die Künstlerin* DIMITRA GRIVELLIS *produziert sehr scharfe, präzise Dekore, die sich dem verwendeten Feuerton ausgezeichnet anpassen.*

wie man durch diesen Materialmix das gewohnte Spektrum bereichert. Möge mancher Töpfer solche unkonventionellen Methoden in der Gebrauchskeramik vielleicht ablehnen, bei skulpturellen und künstlerischen Arbeiten sind sie durchaus erlaubt. Hier ein paar Vorschläge:

- Farbloses und eingefärbtes Wachs (Möbelpolitur, Bienenwachs, Schuhcreme) versiegeln poröse Oberflächen und verstärken den Glanz polierter Flächen (*siehe Seite 35*).
- Acryllack (Spray) kann ebenfalls poröse Keramikflächen wasserdicht versiegeln (praktisch für mit Rauch behandelte Teile).
- Auf Craqueléglasuren eingeriebene Tusche bringt feine Netzmuster, die sonst oft unsichtbar bleiben würden, ausgezeichnet zum Vorschein.
- Textilfarben für Kaltbatik ergeben ähnliche Resultate, sind aber in viel mehr Tönen erhältlich. Besonders spektakulär sind sie auf poröser unglasierter oder mit Craqueléglasur überzogener Ware.
- Ätzpaste (normalerweise zur Glasbearbeitung verwendet) kann Glasuren mattieren, beispielsweise bei Anwendung zusammen mit Ausspartechniken. Sie lässt sich sogar im Siebdruckverfahren aufdrucken. Bitte vorsichtig und genau nach Herstelleranweisungen verarbeiten.

Oben: Sandstrahlgeräte werden in vielen Größen angeboten. Kaufen Sie ein für Ihre Zwecke passendes Modell. Zum Erzeugen des Sandstrahls ist ein Kompressor nötig. Wählen Sie nach Herstellerangaben ein geeignetes Strahlmittel mit groberer oder feinerer Körnung für grobe und feine Arbeiten.

- Bronzepasten und flüssige Goldbronze, die eigentlich für Bilderrahmen, Möbel und Innendekoration gedacht sind, zaubern vor allem im figuralen Bereich Glanzlichter aus Gold, Silber, Messing oder Zinn auf die Keramik.
- Harze, besonders Gießharze, sind mit ihren durchscheinenden, glasartigen Erscheinungsformen eine interessante Bereicherung für Keramik. Oft werden sie bei der Restauration von Keramikobjekten verwendet, da sie sich färben und strukturieren und dadurch exakt an die Originalteile anpassen lassen.
- Wandstrukturfarben auf Schrühware ergeben markante Effekte und halten sogar die Temperaturen beim Rauchbrand aus. Eine zufällige Entdeckung!
- Gebranntes Porzellan mit seinem harten, strahlend weißen Schereben kann einen interessanten Malgrund für Aquarellmalerei bieten. Vor dem Brennen und Bemalen werden eventuell Sgraffitolinien eingeritzt.
- Einen kupferartigen Grünspaneffekt, Patina und „gealterte" Oberflächen demonstriert PETER HAYES auf Seite 150.
- Im Keramikfachhandel werden heute außerdem Glasurlacke und Einbrennfarben angeboten. Sie sind handlich zum Dekorieren und Ausbessern glasierter wie auch unglasierter Objekte. Manche Fabrikate müssen im Küchenherd ausgehärtet werden. Ein Keramikbrennofen ist jedenfalls nicht notwendig.
- Viele gebräuchliche Farben können für Keramik verwendet werden. Einige blättern allerdings leicht ab und sind nicht für im Freien aufgestellte Objekte brauchbar. Generell halten sie besser auf unglasierten als auf glasierten Flächen und sind ideal für plastische Arbeiten. Besonders fest und haltbar ist Acryllack.

Rechts: Eine Sammlung von Gefäßen aus gemischten Steinzeugmassen von AKI MORIUCHI. Durch Sandstrahlen erhielten die Töpfe sehr ungewöhnliche, alt und verwittert wirkende Oberflächen und erinnern an archäologische Funde vom Meeresgrund. Die Glasuren (meist zehn bis zwölf unterschiedliche) wurden schichtweise auf die geschrühten Objekte aufgetragen. Nach dem ersten Glasieren, Brennen und Sandstrahlen wurden sie teilweise nochmals glasiert und ein zweites Mal gebrannt.

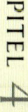

Sandstrahlen

HEUTE WIRD – TROTZ DES NAMENS – zum Strahlen kein Sand mehr eingesetzt, da der Quarzstaub gesundheitsschädlich ist. Statt dessen verwendet man hauptsächlich Aluminiumoxide und -silikate oder Eisensilikate. Die Technik ist einfach, erfordert aber eine spezielle Ausrüstung. Im Keramikstudio ist sie relativ neu. Sandstrahlgeräte sind teuer. Manchmal findet man sie in Kunstschulen, besonders bei der Glasbearbeitung. Die Apparatur besteht aus einer Kammer zur Aufnahme der Objekte, die von außen beim Strahlen mit Schutzhandschuhen in Position gehalten werden (siehe Seite 147). Je nach Länge und Druck der Strahlung wird die Oberfläche zunächst nur matt abgescheuert und erodiert dann sichtbar. Ein weicherer, niedrig gebrannter Scherben wird stärker angegriffen als ein hochgebrannter. Sinnvollerweise kombiniert man das Sandstrahlen mit Ausspartechniken, um Kontraste zwischen geschützen und ungeschützten Flächen zu erhalten. Wir zeigen hier drei verschiedene Möglichkeiten. Bitte beim Arbeiten stets eine gute Staubmaske tragen!

SIE BRAUCHEN

Sandstrahlgerät und Zubehör

glasierte Kacheln oder andere Objekte

Isolierband oder -folie, Latex oder Holzleim

Staubmaske

1 Eine Fertigfliese mit blauer Glasur wird mit Isolierband oder -folie abgeklebt, wellenartig eingeschnitten und teilweise wieder abgezogen. Nur die ungeschützten Flächen werden vom Sand angegriffen.

2 Nach dem Sandstrahlen wird das Klebeband entfernt. Die ungeschützten Flächen haben sich nur leicht aufgeraut und verdünnt, die Glasur wirkt jetzt matt, eine dezente Musterung ist entstanden.

3 Eine ähnliche Kachel wurde stärker gestrahlt, so dass unter der komplett abgetragenen Glasurschicht der weiße Scherben zum Vorschein kommt. Das Dessin lebt von den starken Kontrasten und der geriffelten Oberflächenstruktur.

↑ Die fertige Kachel: Der poröse Scherben ist zusätzlich mit rosa Farbkörper eingerieben.

VARIANTEN

Links und Mitte: DIMITRA GRIVELLIS *gestaltete die Dose mit Lemuren und Ringelschwanz-Griff sowie die Tiger-Schale. Sandgestrahltes Porzellan, Oxidationsbrand bei 1250 °C*

Rechts: Kacheln von LES RUCINSKI. *Die geschrühte Fläche wurde mit einer Mischung aus rotem Eisenoxid und Tapetenkleister überzogen, gebrannt, teilweise mit blattförmig zugeschnittener Klebefolie abgedeckt und dann sandgestrahlt.*

Rechts außen: In diesem Beispiel von JO CONNELL *wurde die geschrühte Oberfläche mit Latex überzogen und nach dem Trocknen sandgestrahlt, anschließend mit einer mit Kupfer eingefärbten matten Bariumglasur überzogen, vom Latex befreit und bei 1150 °C gebrannt.*

ABDECKEN MIT LATEX

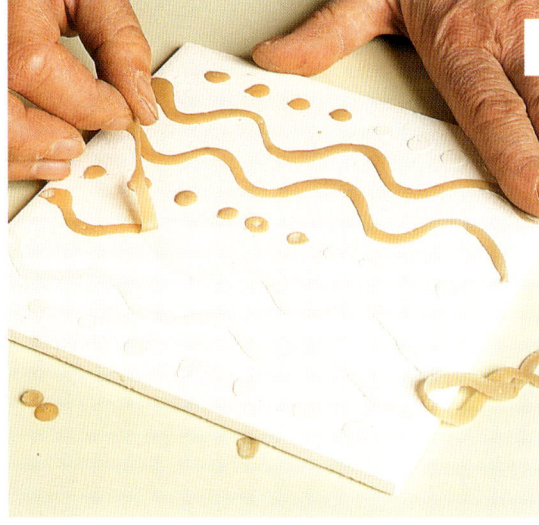

1 Latex wird mit der Malflasche auf die unglasierte, geschrühte Kachel aufgetragen. Die flüssigen Linien erinnern an Engobenmalerei. Auf glasierten Flächen hält Latex nicht so gut. Vor dem Sandstrahlen muss es vollständig trocknen.

2 Nach dem Strahlen wird das Latex von der Fliese gezogen. Das entstandene Reliefmuster ist wenig ausgeprägt. Eventuell wird es glasiert. Die Methode eignet sich für jede poröse gebrannte Ware.

Die Meeres-Szene ist mit Weißleim ausgespart. Anschließend wurde die Glasur im nicht abgedeckten Bereich abgestrahlt, um den porösen Scherben freizulegen. Vor dem nochmaligen Brand wurde er dünn mit Unterglasurfarbe überzogen.

ABDECKEN MIT WEISSLEIM

Als dritten Abdeckstoff verwenden wir Weißleim (Holzleim), der sich gut für glasierte Flächen eignet. Auch er muss vor der Weiterbehandlung vollständig trocknen. Das dauert meist mehrere Stunden. Nach dem Sandstrahlen lässt er sich mit warmem Wasser abwaschen.

149

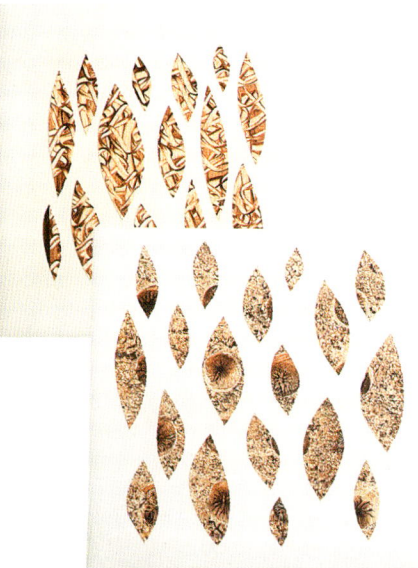

Patina

TON LÄSST SICH ausgezeichnet „altern". Der trockene rohe Scherben wird durch Sandstrahlen stark angegriffen. Dabei entsteht viel feiner Staub. Auch geschrüht ist er noch weich genug für derartige Eingriffe. Höher gebrannte oder glasierte Keramik ist schwieriger zu bearbeiten, erlaubt dafür aber genauer vorherbestimmbare Ergebnisse. Wenn man zu schwungvoll ans Werk geht, hat man beim Sandstrahlen schnell nur noch einen Haufen Sand vor sich. Bitte bedachtsam arbeiten. Auch natürliche Alterungsprozesse verändern den Scherben, erfordern aber mehr Geduld.

VORHER – NACHHER

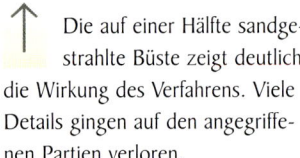 Die auf einer Hälfte sandgestrahlte Büste zeigt deutlich die Wirkung des Verfahrens. Viele Details gingen auf den angegriffenen Partien verloren.

Auf einer Hälfte „gealterte" Schmuckplatte. Die dunkle Hälfte wurde geschützt, die helle zeigt den Erosionseffekt durch Sandstrahlen.

PETER HAYES versenkt hier gerade eines seiner Rakuobjekte im Meer. Spannende Alterungsprozesse laufen dort ab. Nach dem Brand werden Risse und Oberflächenstrukturen mit einem Brei aus Kupferpulver gefüllt. Die im Meerwasser enthaltenen Salze oxidieren das Kupfer zu Grünspan. Je länger es im Wasser bleibt, desto mehr Kupfer breitet sich im Scherben aus, der dadurch einen Türkisschimmer erhält.

150

MEHRFACHBRAND UND ABSCHLIESSENDE GESTALTUNG

KAPITEL 4

VARIANTEN

Links: Kleiner Kopf von GABRIELLE RUCINSKI, sandgestrahlt und mit rotem Eisenoxid überzogen
Mitte: „Eine Schale trockenes Wasser" von AKI MORIUCHI aus gemischten Steinzeugmassen. Gedreht und verformt, im Gasofen oxidierend gebrannt und anschließend sandgestrahlt.
Rechts: Wettergegerbter „Schuh" von GABRIELLE RUCINSKI. Schrühbrand und anschließendes Sandstrahlen

Blattmetalle

BLATTMETALLE – KUPFER, SILBER, GOLD und Goldersatz-stoffe – sind im Spezialhandel für Künstler- und Bildhauer-bedarf und direkt beim Hersteller erhältlich. Die hauch-dünnen Blätter werden in kleinen Heften zwischen Perga-mentpapier oder direkt mit einem Papierrücken geliefert. Sie sind federleicht und fliegen beim kleinsten Lufthauch auf. Blattgold mit Papierbeschichtung ist einfacher zu handhaben, aber nicht für alle Zwecke brauchbar. Im Beispiel wird ein Rakuobjekt vergoldet. Gold braucht keinen zusätzlichen Überzug, kann aber durch Bienenwachs leicht mattiert werden. Kupfer muss mit Acryllack geschützt werden, damit es sich nicht verfärbt. Silber kann mit Kaliumsulfid patiniert werden.

SIE BRAUCHEN

Blattmetall

*Anlegeöl / Goldgrund zum
Ankleben von Blattgold*

weichen Pinsel

*geeignetes Objekt zum
Dekorieren*

↑ Beispiele für Blattmetalle: Links und oben loses Gold und Kupfer, rechts ein Silberblatt mit Papierrücken.

1 Die Oberfläche wird mit Anlegeöl eingestrichen.

2 Legen Sie die Goldfolie mit dem Papier nach oben auf und halten Sie sie an den überstehenden Papierrändern. Mit den Fingern reiben Sie die Goldschicht fest auf die Keramikoberfläche.

3 Das Papier lässt sich leicht abziehen, das Gold haftet gut an. Eventuelle Lü-cken werden nochmals mit Gold belegt. Doch hier passt die brüchig wirkende Goldschicht gut zur stark strukturierten Tonoberfläche.

151

↑ Das Rakuobjekt von HEATHER MORRIS trägt auf der stark strukturierten Oberfläche reiche Goldspuren.

VARIANTEN

Unten: *Geräucherte Steinzeugplatte von* JOY BOSWORTH *mit Blattgoldauflage*
Rechts: *Terrakottaobjekt von* HEATHER MORRIS. *In Gipsform geformt und mit Relief versehen, bei 1150 °C gebrannt und mit Blattgold veredelt*

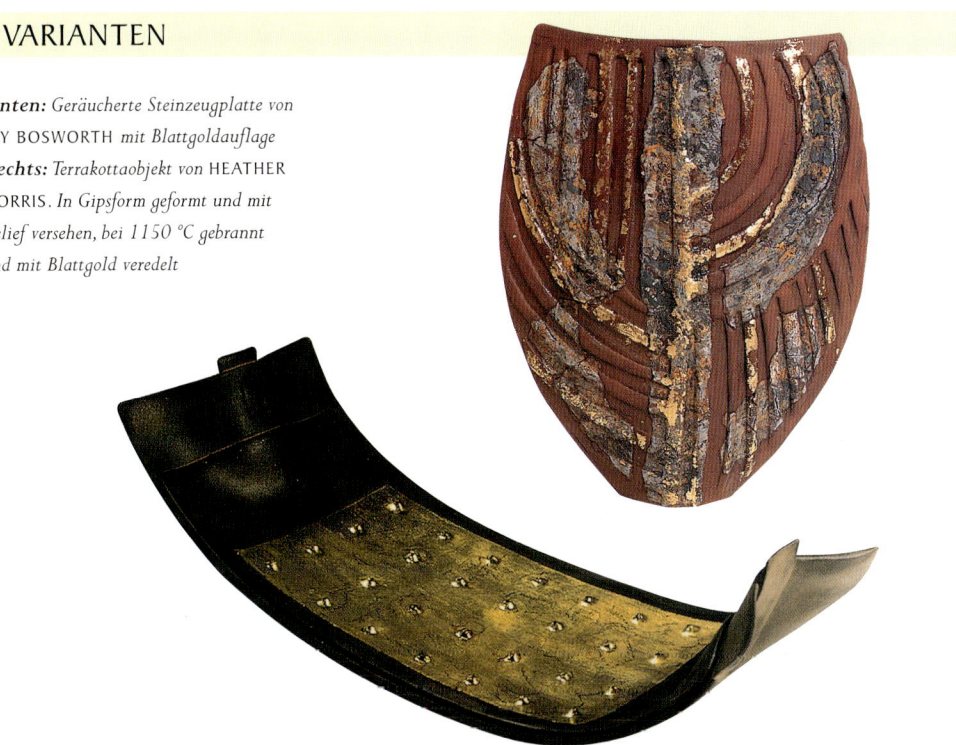

Materialmix

DURCH MEHRFACHE BRÄNDE und Grenzüberschreitungen mit materialfremden Werkstoffen bewegt sich die Keramik deutlich in Richtung Kunst und Bildhauerei. Genau wie Ton viele unterschiedliche Materialien nachahmen kann, wird er selbst wiederum durch diese ergänzt und veredelt. Nach dem Brand erscheint er hart und metallisch oder weich und nachgiebig und harmoniert mit natürlichen wie auch künstlich geschaffenen Formen.

Für die Praxis ist es wichtig zu bedenken, dass Ton beim Brennen schrumpft. Später hinzukommende Materialien sollten bereits bei der Herstellung berücksichtigt werden, damit sie sich organisch einfügen und nicht nachträglich „angeklebt" wirken. Die Beispiele zeigen, wie ungewohnte, artfremde Werkstoffe nach dem Brand einfallsreich eingesetzt werden können. Anleihen an andere Kunst- und Handwerksbereiche eröffnen uns ganz neue Dimensionen für die Zukunft der Keramik. Ein Objekt ist erst fertig, wenn sein Schöpfer beschließt, dass es fertig ist!

↑ Die wollige Masse eines Schaffells ist in diesem Wandschmuck von JAN BEENY (Keramik) und KATHY WILLIAMS (Textilkunst) perfekt in Szene gesetzt. Beide Künstler haben eine ihnen gemäße Ausdrucksform gewählt und zu einem eindrucksvollen Ganzen vereint.

← Der Keramiker STEVE HARRISON beschäftigt sich mit Salzglasuren, vereinnahmt aber auch andere Materialien wie Knäufe aus Silber oder Hartholz in sein Werk. Extravagante Tüllen lockern die strenge Gestaltung auf.

← Die Steinzeugschale von MONICA SINCLAIR SMITH greift das Thema Materialmix in ungewohnter Form auf: Mundstücke von bunten Luftballons dringen durch Löcher in den Scherbenwänden und schaffen spannende Kontraste. Partystimmung in der Keramikszene!

GIOVANNA NICKLIN arbeitet mit Glas und Keramik. Porzellanelemente mit Sgraffito und Unterglasurmalerei sind bei diesem Objekt mit Glaswänden kombiniert, die aus zwischen zwei Lagen Fensterglas eingeschmolzenen zerbrochenen farbigen Glassplittern bestehen. Die Kanten sind mit Kupferfolie betont. →

← Arrangement aus unterschiedlichen Werkstoffen von REBECCA GREEN. Nach dem Schrühen wurden die Teile mit Gemüseabfällen, Sägemehl, Kupfercarbonat, Magnesiumcarbonat und Salz in Brennkapseln gebrannt, um sie alt und verwittert erscheinen zu lassen.

„Fliegender Fisch" aus einer Serie von ROSAMONDE INGRAM. Die lebhaft glasierten keramischen Komponenten werden von der Künstlerin mit Strandgut und Fundgegenständen zu ausgefallenen Hängeskulpturen verbunden.

Gedrehtes Steinzeug-Gefäß von $\rightarrow$ RICHARD CAPSTICK. Rakubrand und Nachreduktion in Sägemehl, nachträglich mit einem Griff aus einem Stück Hartholz ergänzt

Nachreduziertes $\rightarrow$ Rakugefäß mit Federn und Ständer aus eloxiertem Messing von JOHN COMMANE

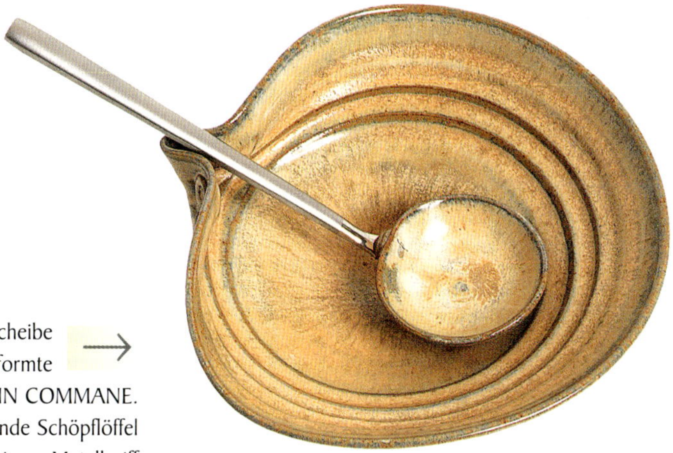

Auf der Scheibe $\rightarrow$ gedrehte, verformte Schale von JOHN COMMANE. Der passende Schöpflöffel ist mit einem Metallgriff versehen.

Rakuleuchte aus grobem $\leftarrow$ Ton von RICHARD CAPSTICK. Der von Hand aufgebaute, nach dem Rakubrand in Sägemehl nachreduzierte Tonkörper ist durch ein Glaselement vervollständigt.

Die harten, geschmie- $\rightarrow$ deten Eisengriffe kontrastieren extrem mit den glänzenden Porzellanwänden, deren Wellenmotiv die Henkelform nochmals aufgreift. Drei Gefäße von JOANNA HOWELLS

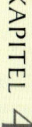

Gesundheit und Sicherheit

ES IST WICHTIG, beim Verarbeiten und Brennen von Keramik Sicherheitsan-
forderungen zu beachten und Vernunft walten zu lassen. Lesen Sie bitte folgende
Hinweise für die Praxis.

GEFÄHRLICHE SUBSTANZEN

Manche Stoffe sind giftig und müssen vorsichtig verarbeitet werden. Alle Materialien sollten
vom Hersteller oder Lieferanten ausreichend beschriftet sein. Er stellt auch Datenblätter zur
Verfügung. Halten Sie sich bitte bei Lagerung und Verarbeitung
unbedingt an die Herstellerangaben.

Beschädigte Packungen sollten immer durch neue ersetzt werden.
Trockene Substanzen werden in gut schließenden Plastikgefäßen
aufbewahrt. Vermeiden Sie Glasbehälter in der Werkstatt. Tüten
und Behältnisse sollten versiegelt oder fest geschlossen bleiben,
solange sie nicht in Gebrauch sind. Benutzen Sie zur Entnahme
immer einen Löffel oder eine Kelle.

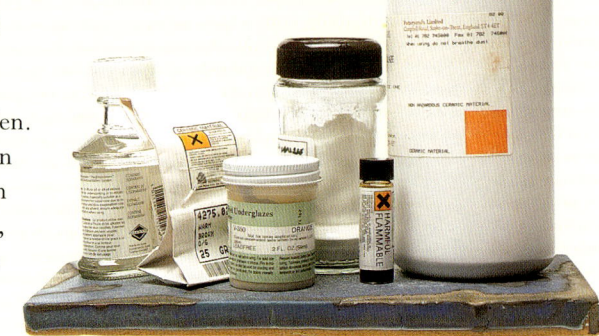

STAUB

Staub ist wahrscheinlich der störendste und unangenehmste Stoff in
der Töpferwerkstatt. Manche Substanzen sind giftig und dürfen weder
eingeatmet noch geschluckt werden. Selbst reiner Tonstaub ist
problematisch. Darin enthaltene Quarzpartikel sind so winzig, dass sie
von Nase und Atemwegen nicht ausgefiltert werden, sich in der Lunge
ablagern und dadurch dauerhafte Gesundheitsschäden verursachen
können. Beachten Sie bitte:

SCHUTZKLEIDUNG

- Die bevorzugte Schutzkleidung besteht aus Chemiefasern (Polyester),
  die die Staubpartikel nicht so stark aufnehmen wie
  Naturfasern. Kleidung regelmäßig waschen.
- Bei staubaufwirbelnden Tätigkeiten wie
  Anmischen von Glasuren, Umgang mit
  Tonpulver, Sandstrahlen etc. immer
  eine Maske tragen!

Staubmaske

- Beim Spritzen bitte eine Atemmaske
  verwenden, Geräte und Belüftung
  regelmäßig überprüfen. Moderne Spritzkabinen mit Abzug sind heute
  üblich und noch benutzerfreundlicher.

WERKSTATTROUTINE

- Wischen Sie verschüttete Substanzen sofort auf. Nicht erst trocknen lassen!
- Halten Sie Einrichtung, Wände und Böden durch feuchtes Wischen sauber, statt zu
  kehren.
- Sauberkeit bedeutet Gesundheit. In der Keramikwerkstatt bitte nie essen,
  trinken oder rauchen!

Filtermaske

ELEKTRIZITÄT

• Bringen Sie elektrische Geräte und Steckdosen nicht mit Wasser in Berührung. Bedienen Sie entsprechende Teile nur mit trockenen Händen.

• Manche Geräte und Maschinen sind mit Schutzvorrichtungen versehen. Entfernen Sie diese bitte niemals und betreiben Sie Elektrogeräte nie ohne Gehäuse.

• Die Verlegung elektrischer Leitungen sollte Elektrikern und Fachleuten überlassen bleiben. Hantieren Sie nicht selber damit herum. Unsachgemäß installierte Kabel und damit betriebene Geräte sind eine Gefahrenquelle! Ein im Sicherungskasten eingebauter Fehlerstrom-Schutzschalter (FI-Schalter) mit 0,03 A Ansprechschwelle ist empfehlenswert.

BRENNÖFEN

• Gasöfen müssen am Brenner mit einem Flammen-überwachungsfühler ausgerüstet sein, damit Gas nicht unentzündet austritt und so ein Explosions-risiko entsteht.

• Während des Betriebes dürfen keine brennbaren Materialien in die Nähe von Brennöfen gelangen.

• Die beim Brand austretenden Dämpfe und Abgase können beim Einatmen gesundheitsschädlich sein. Schmelzfarben, Lüster, Decklack und einige andere Stoffe produzieren schädliche Dämpfe. Der Brenn-raum muss gut belüftet sein. Nach Möglichkeit steht der Brennofen sowieso in einem separaten Raum, nicht in der Werkstatt.

RAKU

• Verwenden Sie keinerlei Lösungsmittel mit niedrigem Entflammungs-punkt oder brennbare Flüssigkeiten wie z.B. Spiritus in der Nähe von Ofen und Reduktionsbehältern.

• Tragen Sie beim Hantieren am Brennofen hitzefeste Rakuhandschuhe und festes, schützendes Schuhwerk (keine Sandalen!). Herumflatternde Kleidung bitte vermeiden. Loses Haar zurückbinden.

• Beim Raku ist ein Gesichtsschild empfehlenswert.

• Produzieren Sie möglichst wenig Rauch und atmen Sie ihn nicht ein.

• Denken Sie daran, dass auch nicht mehr rot glühende Gefäße noch sehr heiß sein können und bei Berührung Brandwunden verursachen.

• Wenn die Gefäße zum Nachreduzieren in eine Tonne in Sägemehl gebettet werden, kann es gefährlich sein, den Deckel abzuheben,

Rakubrille

um schon vor der endgültigen Auskühlung Luft ins Innere zu lassen. Die plötzliche Luftzu-fuhr kann Explosionen und unerwartete Stichflammen bewirken. Sägemehl und Holzspäne aus mit Holzschutzmitteln behandeltem Holz flackern gern unkontrolliert auf. Auch das ist gefährlich.

• Weitere Tipps zum sicheren Umgang mit brennbaren Stoffen finden Sie auf Seite 116.

• Nehmen Sie bitte Rücksicht auf Nachbarn und Tiere.

hitzefeste Rakuhandschuhe

Glossar

ABDREHEN: Nach dem Formen auf der Töpferscheibe werden Gefäße im lederharten Zustand meist nochmals kopfüber auf die Scheibe gelegt. Mit Metallschlingen oder Klingen werden Überschüsse abgenommen und Details wie Fußringe ausgearbeitet bzw. wird die Form insgesamt verfeinert.

ASCHE: Häufiger Zusatz in Glasuren, dient als Flussmittel. Üblicherweise wird Holzasche verwendet, daneben aber auch die Asche von Kohle und diversen Pflanzen. Manche Aschen enthalten einen hohen Siliziumoxidanteil und ergeben zusammen mit Ton einfache Steinzeugglasuren.

BALL CLAY: Sehr bildsame, helle, hochbrennende Tone. Bestandteil von Glasuren, Drehton und sonstigen Massen

BENTONIT: Plastischer, vulkanischer Ton, der in kleinen Mengen als Stellmittel in Glasuren und in Massen zur Verbesserung der Bildsamkeit zugegeben wird

BILDSAMKEIT: Plastizität, Formbarkeit der Masse

BRAND/BRENNEN: Durch Hitzeeinwirkung im Brennofen verändert sich der rohe Ton in Keramik. Die üblichsten Temperaturbereiche liegen um 800 °C für Raku, gefolgt von Irdenware, Steinzeug und schließlich Porzellan, das bei bis zu 1400 °C gebrannt wird.

CHINA CLAY: (Englisches) Kaolin

DELFTER WARE: Zinnglasierte Keramik, ähnlich wie Majolika und Fayence, nach der holländischen Stadt Delft benannt

DREHEN: Formen des Tons auf der rotierenden Töpferscheibe im Zusammenspiel von Zentrifugalkräften und formenden Händen. Es gibt verschiedenste Modelle von Töpferscheiben - von der improvisierten, mit der Hand oder durch eine Hilfsperson bewegten Scheibe über Konstruktionen mit durch die Füße angestoßenem Schwungrad bis zu modernen, leistungsfähigen elektrischen Drehscheiben. Wahrscheinlich kamen Töpferscheiben bereits vor etwa 5000 Jahren im alten Ägypten auf.

EINDREHEN/ÜBERDREHEN: Plastischer Ton wird mit Hilfe eines Metallprofils in oder auf eine rotierende Gipsform geformt. Das Profil greift dabei innen bzw. an der Außenwand. In der Industrie gebräuchlich, manchmal auch im Keramikstudio angewendet

EINMALBRAND/EINFACHBRAND: Fertigstellung der Keramikware direkt im Glasurbrand ohne vorheriges Schrühen. Dazu werden meist Glasuren oder Pigmente direkt auf den lederharten oder trockenen Scherben aufgetragen.

EISENOXID: Gebräuchlichstes und vielseitigstes farbgebendes Oxid, Bestandteil vieler Engoben, Glasuren und Massen. Rotes Eisenoxid (rostfarben) ist am verbreitetsten. Weitere Farbtöne sind schwarzes Eisen, Dunkelrot und Ockergelb.

ENGOBE: Tonschlicker mit zugesetztem Flussmittel, Zwischenstufe zwischen Ton und Glasur

FEUERFEST: Massen und Werkstoffe, die sehr hohe Temperaturen aushalten, ohne zu schmelzen. Steine zum Ofenbau und Ofenplatten bestehen aus hoch feuerfesten Materialien

FLOCKUNGSMITTEL: Salz oder Säure (oft Essig oder Calciumchlorid) als Zusatz zu Schlicker und Engobe wirkt verdickend und hält die Suspension gleichmäßig, verhindert zu schnelles Absetzen

FLUSSMITTEL: Unverzichtbarer Glasurbestandteil zum Absenken des Schmelzpunktes von Quarz. Manche Oxide wirken als Flussmittel. Jedes hat seine eigenen Charakteristika.

FRITTE: Die in niedrigbrennenden Glasuren verwendete Substanz wird durch Erhitzen und Zusammenschmelzen mehrerer Ingredienzen und anschließendes Zermahlen zu einem Pulver hergestellt. Lösliche oder giftige Stoffe werden dadurch gebunden und können gefahrlos verwendet werden.

GARBRAND: Glasurbrand

GIESSTON: Gießmassen werden aus Ton und Wasser gemischt, enthalten aber auch ein Verflüssigungsmittel, um den Wasseranteil niedrig zu halten. Der Brei wird in Gipsformen gegossen und stehen gelassen, bis er sich an den Innenwänden der Form absetzt. Überschüsse werden abgegossen, die Restfeuchtigkeit wird vom Gips aufgenommen.

GLASUR: Glasartige Substanz zum Aufschmelzen auf keramische Oberflächen. Die ablaufenden chemischen Prozesse erlauben zahlreiche Effekte. Die komplizierte Glasurenchemie ist ein faszinierendes Experimentierfeld.

GLATTBRAND: Glasurbrand

IRDENWARE: Bei relativ niedrigen Temperaturen gebrannte Keramik (etwa 1000-1180 °C). Der Scherben sintert nicht, bleibt also ohne zusätzliche Glasur porös. Natürliche rote Terrakottamassen haben einen relativ hohen Eisengehalt. Da Eisen als Flussmittel wirkt, überstehen sie keine höheren Temperaturen. Die Industrie verarbeitet weitgehend gemischte Massen für weiße Irdenware.

KEGEL: Hilfsmittel zum Messen der Brenntemperatur im Ofen aus kegelförmig zusammen gepressten Glasurbestandteilen. Der Kegel erweicht und „fällt" bei genau definierten Temperaturen und wird im Ofen so aufgestellt, dass er sich durch die Schaulöcher beobachten lässt. Kegel helfen den exakten Garbrandpunkt von Massen und Glasuren zu bestimmen.

KAOLIN ($Al_2O_3 \cdot 2SiO_2 \cdot 2H_2O$)**:** Primärton in seiner reinsten Form

KAPSELBRAND: Topfartige Kapseln aus feuerfestem Ton nehmen beim Brand die Ware auf, um sie vor ungleichmäßiger Hitze und Verunreinigungen zu schützen. (Der zungenbrecherische englische „saggar maker's bottom knocker" formt mit einem flachen Klopfholz die Böden für Brennkapseln...)

KNETEN: Vorbereitung des Tons durch Kneten von Hand zu einer homogenen, gebrauchsfertigen Masse. Dadurch werden ungleichmäßige Strukturen und Lufteinschlüsse beseitigt. Durch spiralförmiges Kneten lagern sich die Tonplättchen in einer zum Drehen vorteilhaften Weise.

KOBALT: Kräftig blauer Farbstoff, der ursprünglich aus Persien stammen soll. Auf chinesischem Porzellan häufig eingesetzt. Blauweiße Dekore haben bei der Keramikgestaltung eine lange Tradition.

KORUNDSTEIN: Harter, fester Steinblock, mit dem sich rauhe Stellen bei gebrannter Keramik abschleifen und glätten lassen

KUPFEROXID/-CARBONAT ($CuO/CuCO_3$)**:** Starker Farbstoff in der Keramik. Ergibt Grün-, Braun- und Schwarztöne, kann im Reduktionsbrand blutrot färben

LEDERHART: Zustand beim Trocknen der Rohware, in dem der Scherben zwar noch leicht feucht, aber nicht mehr plastisch ist. In dieser Phase kann er leicht bearbeitet und gehandhabt werden, ohne seine Form zu verlieren.

156

MALMEDIUM: Substanz oder Flüssigkeit, mit der Farbstoffe und Pigmente zu malfähiger Konsistenz verrührt werden. Im Keramikbereich werden heute immer öfter Medien auf Wasserbasis benutzt. Sie sind einfacher zu handhaben und weniger gesundheitsschädlich als die früheren Stoffe auf Ölbasis, die zudem leicht entflammbar waren. Im Fachhandel werden etliche Fabrikate, oft auf der Basis von Glycerin, angeboten. Über die genaue Verwendung sollte man sich ebenfalls dort informieren.

MASSE: Gebrauchsfertiger Ton. Oft Mischungen, die auch nicht plastische Materialien wie Sand und Schamotte enthalten können

MUFFEL siehe Kapselbrand

PORZELLAN: Stark verglasende weiße Masse mit hohem Kaolingehalt. Im alten China entwickelt und weit verbreitet. Porzellanmassen sind wenig plastisch und daher schwierig zu verarbeiten. Sie vertragen Brenntemperaturen bis 1400 °C, der sehr dünn geformte Scherben wird nach dem Brand durchscheinend.

PYROMETER: Mit Thermoelement am Ofen angeschlossenes Temperaturmessgerät mit analoger oder digitaler Anzeige. Heute wird die digitale Version bevorzugt

QUARZ: Siliziumdioxid (SiO_2) ist der hauptsächliche glasbildende Bestandteil in Glasuren. Oft auch im Ton vorhanden. Es schmilzt erst bei etwa 1800 °C und wird daher immer in Verbindung mit einem Flussmittel zur Erniedrigung des Schmelzpunktes in vernünftige Brennbereiche verwendet.

RAKEL: In Holz gefasste Gummileiste, die beim Siebdruck zum Durchpressen der Farbe durch das Sieb dient

ROHBRAND siehe Schrühbrand

SÄGEMEHLBRAND: Sägemehl und -späne werden häufig zum Nachreduzieren oder Räuchern von Keramik und für Rauchbrandverfahren bei niedrigen Temperaturen als Brennstoff eingesetzt.

SCHERBEN: Ton, Tongefäß, Keramik

SCHLICKERGUSS siehe Gießton

SCHMAUCHEN: Räuchern in Anwesenheit von Wasserdampf

SCHRÜHBRAND/SCHRÜHEN: Erster Brand. Die im rohen Scherben noch enthaltene Feuchtigkeit entweicht als Dampf, alle organischen Partikel verbrennen. Der Ton erhärtet in einer nicht umkehrbaren chemischen Reaktion zu starrer Form. Schrühbrände laufen meist bei 850-1000 °C ab, für weniger poröse Waren auch höher. Meist werden Keramikobjekte vor dem Glasieren und der weiteren Gestaltung geschrüht.

SINTERN siehe Verglasung

STEINZEUG: Gesinterte Keramik, die bei über 1200 °C gebrannt wird. Steinzeug ist hart, fest und wasserdicht. Seine Wasser-Absorptionsrate liegt bei unter 1 %.

TEMPERN: Beibehalten einer bestimmten Temperatur (meist der Endtemperatur) beim Glasurbrand für eine bestimmte Zeit, damit die Glasuren sich verflüssigen und in der gewünschten Weise entwickeln.

TERRAKOTTA siehe Irdenware

TJANTING: Kleines Kännchen für flüssiges Wachs, traditionell für Stoffbatiken eingesetzt. Eignet sich auch für Wachsausspartechniken bei Keramik

T-MATERIAL: Stark schamottierte temperaturwechselbeständige weiße Masse, ideal für Raku

TON ($Al_2O_3 \cdot 2SiO_2 \cdot 2H_2O$): Im Prinzip Mischung aus verwittertem Granit und Feldspat-haltigem Gestein. Hydriertes Aluminiumsilikat. Primärton bildet sich direkt an den Fundstätten. Der reinste Primärton ist Kaolin. Durch Witterungseinflüsse und Erdbewegungen an andere Stellen transportierte Sekundärtone nehmen durch Verunreinigungen Flussmittel auf und färben sich ein. Sie erfordern niedrigere Brenntemperaturen.

TRÜBUNGSMITTEL: Glasurzusatz, der eine Eintrübung bewirkt (oft Zinn- oder Titanoxid oder Zirkonsilikat)

ÜBERDREHEN siehe Eindrehen

VERFLÜSSIGER: Alkalischer Zusatz (meist Natriumcarbonat, -silikat oder -phosphate) zu Engobe und Schlicker, der die Substanz ohne weitere Wasserzugabe flüssiger macht. Die Tonpartikel bleiben gleichmäßig verteilt im Schwebezustand, was besonders für Gießmassen wichtig ist.

VERGLASUNG (auch Sintern oder Dichtbrennen): Chemischer Prozess, bei dem sich die im Ton enthaltenen Substanzen im letzten Brennstadium zu einer dichten, glasartigen Struktur verbinden. Der Scherben wird dadurch hart und unempfindlich. Die Sinterungstemperatur ist gleichzeitig der Punkt, bis zu dem eine Masse ohne sich zu verformen gebrannt werden kann.

VERSÄUBERN (VERPUTZEN): Reinigen gedrehter Ware im lederharten Zustand mit einem feuchten Schwamm, Entfernen von Graten und Unebenheiten

WASSERBASIS siehe Malmedium

Register

159

Bildnachweis

Abkürzungen: u = unten, o = oben, m = Mitte, l = links, r = rechts

Der Verlag dankt folgenden Personen und Institutionen für die Bildrechte in diesem Band:
8 or: The Art Archive/Musée du Louvre Paris/Dagli Orti; 8 mr: Jeremy Hartley/Panos Pictures; 147 ol: Guyson International Limited.

Verlag und Autor danken den folgenden Künstlern für die Zustimmung, ihre Werke in diesem Band zu reproduzieren (wo der Fotograf bekannt ist, erscheint sein Name in Klammern):
6 ol: Jo Connell; 6 or: Ruth Lyne; 6 u: Jennie Hale/Louise Darby; 7 o: Jo Connell; 7 m: Jo Connell; 7 u: Jo Connell; 8 ml: Jo Connell; 8 ul: Peter Beard (Peter Beard); 8 ur: Jo Connell; 9 ol und r: Jo Connell; 9 m: Molly Attrill; 9 ur: Joy Bosworth (River Studios); 9 ul: Fleur Harvey (Alan Hayward); 10: alle Jo Connell außer mr Dawn Kyra Harbord, ur: Rosemary Cochrane, um: Lisa Hammond; 11 o: Peter Hayes; 11 m: Janet Halligan (M. W. Halligan); 11 mr: Jonathan Chiswell Jones; 11 ur: Jo Connell; 11 ul: Penkridge Ceramics; 12 ol: Mal Magson; 12 om: Sue Dyer; 12 or: Gerry Unsworth; 13 ol: Sue Dyer; 13 om: Peter Ilsley; 13 or: Jo Connell; 13 ml: Jo Connell; 13 m: Paul Young; 13 ml: Lorraine Richardson; 13 um: Lorraine Richardson; 13 ur: Paul Young; 14 o: Ruth Lyne; 14 m: Frank Smith; 14 u: Anne Brodie; 15 m: John Commane; 16 u und m: Ruth Lyne; 16 ur: Sarah Leyman; 17 m: Ruth Lyne; 17 ur: David Binns; 18 o und m: Susan Nemeth (Stephen Brayne); 18 u: Sabina Teuteberg (Steve Bryne); 20 l: Jack Docherty; 20 m: Bridget Aldridge; 20 r: Reg Moon; 21 l: Les Rucinski; 21 r: Bridget Aldridge; 22: alle Jo Connell; 23 ul: Mal Magson; 23 o und ur: Jo Connell; 24 o: Nigel Edmondson; 24 m: Joanna Howells (Martin Avery); 24 u: May Ling Beadsmoore; 24 m: David Binns; 25 m: Andrew Mason; 25 ul: Carlos Van Reisburg Versluys; 25 r: Jan Beeny; 26 ul: May Ling Beadsmoore; 26 ur: Andrew Mason; 27 ul: Nigel Edmondson; 27 ur: Louise Darby; 28 u: Jonathan Garrett; 29 ul: Jo Connell; 29 um: Jonathan Garrett; 29 m: Les Rucinski; 29 ur: Jo Connell; 30 u: Louise Darby; 31 ul: Jo Connell; 31 um: Frank Smith; 31 ur: Andrew Cox; 32 ul: Les Rucinski; 32 ur: Jim Malone. 33 mr: Christine Geddes; 33 ur: Rosemary Cochrane; 34 ul: Jo Connell; 34 um: Steve Taylor; 34 ur: John Commane; 35 ul: Antonia Salmon; 35 um: Ardine Spitters; 35 ur: Lorraine Richardson; 36 o: Les Rucinski; 36 m: Edward Pooley; 36 u: Sarah Monk; 37 o: Jo Connell; 37 u: Ruth Barker; 38 u: Edward Pooley; 39 ul: Töpferei Whichford; 39 ur: Jo Connell; 40 u: Jo Connell; 40 mr: Paul Young; 41 ul: Steve Mattison; 41 ur: Sarah Monk (John Meredith); 42 ul: Heather Morris; 42 ur: Laura Vickers; 43 ul: Christine Geddes; 43 mr: Les Rucinski; 43 ur: Juliette Goddard (Juliette Goddard); 44 o: Fleur Harvey; 44 m: Jude Jelfs; 44 u: Christy Keeny; 45 um: Sue Dyer; 45 ur: Fiona Thompson; 46 ul: Jean Paul Landreau; 46 um: Vivienne Ross; 46 ur: Jude Jelfs; 47 m: Jean Paul Landreau; 48 ur: Carol Wheeler; 49 ul: Jo Connell; 49 um: Jo Connell; 49 ur: Fiona Thompson; 50: Heather Morris; 51 ur: Sue Dyer; 52 ur: Carol Wheeler; 53 ul: Jo Connell; 53 ur: Fleur Harvey; 54 o: Caroline Whyman (Caroline Whyman); 54 m: Jonna Behrens; 54 u: Mark Dally (Mark Dally); 54 ur: Kochevet Ben-David (Heini Schneible); 55 ol: John Calver; 55 ur: Ralph Jandrell; 56 ul: Nick Somerville; 56 ur: John Commane; 57 ul: Paul Young; 57 um: Molly Attrill; 57 ur: Derek Emms; 58 ul: Paul Young; 58 ur: Kochevet Ben-David (Heini Schneible); 59 ul: Mark Dally (Mark Dally); 59 um: Nick Hoogland; 59 ur: Willi Singleton; 60 ul: Paul Young; 60 ur: Molly Attrill; 61 ur, 61 m: Paul Young, Gabrielle Rucinski; 62 ul: Jean Paul Landreau; 62 um: Jo Connell; 62 ur: Molly Attrill; 63 ul und m: John Commane; 64 or: Paul Young; 64 u: Jonna Behrens; 65 ur: John Commane; 66 ul: Jo Connell; 66 ur: Alex McErlain; 67 ul: Michael Casson; 67 um und r: Willi Singleton; 68 ul: Christine Geddes; 68 ur: Dominique Keeling; 69 ml: Francoise Dufayard; 69 mr und ur: Molly Attrill; 70: Töpferei Boscastle; 71 m: Peter Ilsley; 72 ur: Peter Ilsley; 73 ur: Jo Connell; 74 ul: Sue Dyer; 74 ur: Caroline Whyman (Caroline Whyman); 75 ul: Nicholas Homoky (Nicholas Homoky); 75 ur: Sue Dyer; 76 ul: Willi Singleton; 76 ur: Jill Fanshawe Kato; 77 ul: Christine Geddes; 77 um: Jo Connell; 77 ur: Gerry Unsworth; 78 ol: Annette Bridges; 78 om: Carol Peevor; 78 or: Katrina Pechal; 79 ol: Bridget Aldridge; 79 om: Jo Connell; 79 or: Ashley Howard; 79 ml: Fran Tristram (Rod Bailey); 79 m: Steve Harrison (Patrick Harrison); 79 mr: Peter Ilsley; 79 ul: Janet Hamer (Janet Hamer); 79 um: Gerry Unsworth; 79 ur: Lorraine Richardson; 80 o: Anna Lambert; 80 m: Roger Lewis; 80 u: Brian Ashley; 81 m: Nicholas Mosse; 82 u: Paul Scott; 83 ul: Jan Bunyan; 83 um: Bennett Cooper; 83 ur: Karen Woolf; 84 ul: Jan Bunyan; 85 ul: Nicholas Mosse; 85 um: Lorraine Richardson; 86 o: Victoria Hughes (Victoria Hughes); 86 m: Ashley Howard (Stephen Brayne); 86 u: Katrina Pechal; 87 ul: Ashley Howard; 87 um: Fran Tristram (Rod Bailey); 87 ur: John Jelfs (John Jelfs); 88 ul: Andrew McGarva; 88 ur: Alan Caiger Smith/Louise Darby; 89 ol: Töpferei Thunig; 89 um: Victoria Hughes (Victoria Hughes); 89 ur: Molly Attrill; 89 mr: Lorraine Richardson; 90 ul Gerry Unsworth; 90 um: John Commane; 90 mr: Gerry Unsworth; 90 ur: Jo Connell; 91 ul: John Commane; 91 um: Jo Connell; 92 ur: Fran Tristram (Rod Bailey); 92 ml: Clive Davies; 92 m: Karen Ann Wood; 92 u: Bronwyn Williams Ellis (Bronwyn Williams Ellis); 93 ul: Andrew Mason; 93 um: Carolyn Genders; 93 ul: Peter Beard (Peter Beard); 94 ml: Annette Bridges; 94 ur: Bridget Aldridge; 95 ol: Paul Young; 95 or: Andrew Matheson; 95 um: Ashley Howard; 95 ur: Katrina Pechal; 96 Christy Keeny; 97 ml: Carol Peevor; 97 ul: Seth Draper; 97 um: Hans Coper/Louise Darby; 97 ur: Carol Peevor; 98 o: Joanna Howells (Martin Avery); 98 m: Emili Biarnes Rabier; 98 u: John Calver; 99 ol: Kate Malone (Peter Chatterton); 99 or: Steve Harrison; 99 ul: Steve Harrison (Patrick Harrison); 99 ur: Steve Mills; 100 ul: Andrew Hemus; 100 ur: Derek Emms; 101 or: Joanna Howells (Martin Avery); 101 m: Mike Reynolds; 101 ur: Jill Fanshawe Kato; 103 ul: Jonathan Chiswell Jones; 103 um: Paul Spence; 103 ur: Janet Hamer (Janet Hamer); 104 ul: Rosemary Cochrane; 104 ur: Walter Keeler/Louise Darby; 105 ul: May Ling Beadsmoore; 105 um: Rosemary Cochrane; 105 mr: May Ling Beadsmoore; 105 ur: Lisa Hammond; 107 ul: Peter Ilsley; 107 um und r: Kate Malone (Peter Chatterton); 108 ul: Claire Botterill; 108 om: Stephen Murfitt; 108 or: June Taylor; 109 ul: Gordon Thomas; 109 om: Jerry Caplan; 109 ol: Tony Blekinsopp; 109 ml: Elizabeth Michl; 109 m: Christine Gittins; 109 mr: June Taylor; 109 ul: Bridget Aldridge; 109 um: Clive Oates; 109 ur: Jo Connell; 110 o: Geoff Townsend; 110 m: Jaqui Atkin; 110 u: Elizabeth Michl; 110 ur: Tessa Wolfe Murray; 111 o: Ardine Spitters; 111 ul: Christine Gittins; 111 ur: Elizabeth Michl; 112 ul: Elizabeth Michl; 112 ur: Ardine Spitters; 113 ul: Ardine Spitters; 113 ur: Tamasine Holman (Tamasine Holman); 114 ul: Gerry Unsworth; 114 um und r: Christine Gittins; 115: Bridget Aldridge; 117 ul und r: June Taylor; 117 m: Geoff Townsend; 117 or: Sebastian Blackie; 118 ur: John Commane; 119 ul: Jo Connell; 119 um und r: John Commane; 120 o: Mervyn Nichol (Mervyn Nichol); 120 m: Jo Connell; 120 u: Tony White; 120 ur: Stephen Murfitt; 121 m: Clive Oates; 122-123 von l nach r: Stephen Murfitt (Terry Beard); 122 ul: Richard Capstick; 122 ur: Jo Connell; 123 ul: Gordon Thomas; 123 ur: Tony White; 124 ul: Jo Connell; 124 ur: Jerry Caplan; 125 o: Tony Blekinsopp; 125 ur: Jo Connell; 126-127: Tony Blekinsopp; 127 ul: John Commane; 127 um: David Roberts; 127 ur: Heather Morris; 128 u: Mervyn Nichol (Mervyn Nichol); 129 mr: Tony Blekinsopp; 129 ul: Clive Oates; 129 um: Claire Botterill; 129 ur: Harry Dancey; 130 ol: Will Levi Marshall; 130 om: Monica Sinclair Smith; 130 or: Heather Morris; 131 ol: Philomena Pretsell (John McKenzie); 131 or: John Commane; 131 ml: Stephanie Redfern; 131 m: Dimitra Grivellis (Stephen Brayne); 131 ml: Heather Morris; 131 ur: Maria Stewart; 131 um: David MacGregor; 131 ur: Anne James; 132 o: Andrew Docherty; 132 u: Stephanie Redfern; 132 u: Philomena Pretsell (John McKenzie); 132 ur: Laura Vickers; 133 or: Will Levi Marshall; 133 ul: Virginia Graham; 134: Stephanie Redfern; 135 ul: Malcolm Unsworth; 136 mr: Jo Connell; 136 ul: Ken Whittingham; 137: alle Jo Connell; 139 ur: Will Levi Marshall; 140 o: Mary Rich; 140 m: Gerry Unsworth; 140 ur: Philomena Pretsell (John McKenzie); 141 m und u: David MacGregor; 142 ul: Gerry Unsworth; 142 ur: Les Rucinski; 143 m: Maria Stewart; 143 ul: Mary Rich; 143 um: Gerry Unsworth; 143 ur: Les Rucinski; 144 ur: Anne James; 144 ul: Gerry Unsworth; 145 um und r: John Wheeldon; 146 o: Peter Beard (Peter Beard); 146 m: Joy Bosworth (River Studios); 146 ul und r: Dimitra Grivellis (Stephen Brayne); 146 ur: Aki Moriuchi; 148 u und ul: Dimitra Grivellis (Stephen Brayne); 149 um: Les Rucinski; 149 ur: Jo Connell; 150 ul und r: Gabrielle Rucinski; 150 m: Aki Moriuchi; 151 l: Heather Morris; 151 um: Joy Bosworth (River Studios); 151 ur: Heather Morris; 152 ol: Steve Harrison (Patrick Harrison); 152 or: Jan Beeny/Kathy Williams (Jan Beeny); 152 m: Monica Sinclair Smith; 152 ur: Giovanna Nicklin; 152 ul: Rebecca Green; 153 ol: Rosamonde Ingram; 153 or: Richard Capstick; 153 ml und r: John Commane; 153 ul: Richard Capstick; 153 ur: Joanna Howells (Abbas Nazari).

Für alle anderen Fotos und Illustrationen liegen die Rechte bei Quarto. Der Bildnachweis wurde mit größter Sorgfalt zusammengestellt. Dennoch wird keine Gewähr für Vollständigkeit und Richtigkeit übernommen.

Danksagungen des Autos

Ich danke den vielen Menschen, die mich bei diesem Buch unterstützten. Folgende Personen demonstrierten ihre verschiedenen Techniken und Fertigkeiten vor der Kamera: Bridget Aldridge, Tony Blenkinsopp, Jan Bunyan, John Commane, Louise Darby, Sue Dyer, Janet Hamer, Peter Ilsley, Ruth Lyne, Heather Morris, Stephen Murfitt, Carol Peevor, Edward Pooley, Stephanie Redfern, Lorraine Richardson, Les Rucinski, Frank Smith, Maria Stewart, June Taylor, Gerry Unsworth, Malcolm Unsworth, Carol Wheeler, Ken Whittingham, Paul Young.

Viele Fotos stammen vom Autor. Das Material hierzu stammt von vielen anderen, worunter besonders zu erwähnen sind: Sebastian Blackie, Rosemary Cochrane, DBS (Midlands) Ltd., Elizabeth Michl, Andrew Matheson, North Warwickshire & Hinckley College, Gill Pemberton, Mike Reynolds, Thompson Evans Collection. Dank gebührt auch den zahlreichen Töpfern, die Fotos ihrer Werke zur Verfügung stellten. Sie haben dieses Buch belebt und bereichert, indem sie den Reichtum und die Vielfalt ihrer Kreativität und ihres Professionalismus zeigten, wie sie heute die Studiotöpferszene charakterisieren.

Besonderer Dank geht an John Commane für seine Hilfe im Studio und an Rosemary Cochrane für ihre Inspirationen. Ganz herzlich aber danke ich meinem Mann John für seine Geduld und Unterstützung, sowohl in moralischer wie in technischer Hinsicht.